毛泽东
教我们学管理

MAOZEDONG
JIAO WOMEN XUE GUANLI

张　勇　刘启明　莫志斌◎编著

中共党史出版社

图书在版编目(CIP)数据

毛泽东教我们学管理 / 张勇,刘启明,莫志斌编著.—3 版. —北京:中共党史出版社,2021.1(2025.7 重印)

ISBN 978-7-5098-5094-7

Ⅰ.①毛… Ⅱ.①张… ②刘…③莫… Ⅲ.①毛泽东(1893-1976)—管理学—研究 Ⅳ.A841.64

中国版本图书馆 CIP 数据核字(2019)第 053002 号

书　　名:毛泽东教我们学管理
作　　者:张勇 刘启明 莫志斌

出版发行:中共党史出版社
责任编辑:贾欣琪
社　　址:北京市海淀区芙蓉里南街 6 号院 1 号楼　邮编:100080
网　　址:www.dscbs.com.cn
经　　销:新华书店
印　　刷:三河市天润建兴印务有限公司
开　　本:710mm×1000mm　1/16
字　　数:260 千字
印　　张:20
版　　次:2003 年 6 月第 1 版　2009 年 5 月第 2 版　2021 年 1 月第 3 版
印　　次:2025 年 8 月第 3 次印刷
书　　号:ISBN　978-7-5098-5094-7
定　　价:68.00 元

借鉴伟人智慧　吸取伟人养分

毛泽东是中国的历史巨人，也是世界的历史巨人。他不仅书写了中国的历史，也改写了世界的历史。

是他，一个农民的儿子，一个生长在山沟的赤子，他用自己的奋斗开创了许许多多个第一，创造了无数个奇迹。他是中国共产党的主要创始人之一，是中华人民共和国的缔造者，担任党和国家的最高领导职务数十年之久。

天时、地利、人和是人们走向成功的基本要素。毛泽东出生于 19 世纪末，成长在 20 世纪，这是中国发生根本变革的时代，时代需要英雄，时代造就了英雄。毛泽东是时代的弄潮者。

人们走向成功，既需要有利的客观环境，更离不开主观努力。毛泽东的一生是革命的一生，奋斗的一生，拼搏的一生。强健的体魄、高尚的道德情操、完美的人格、独特的性格、和谐的人际关系、科学的工作方法，这一切一切，都是毛泽东走向成功的必要条件。

人类要继续前进，我们的事业要继续进步，人们需要更多的成功。正因为这样，我们研究毛泽东的成功智慧，更具有特殊的意义。我们可以借鉴毛泽东的用人之道、处事方法、交往艺术和管理经验等成功智慧，在未来少走弯路，更快捷地走向成功；我们可以学习毛泽东的成功经验，让我们的事业取得更大的成功；我们可以从毛泽东的成功智慧中吸取养分，把事业，把人生推向新的高峰！

管
理

Contents

目录

第一章 管理者的素质

第二章 管理中的决策艺术

第三章 党内管理的艺术

第四章 管理干部的艺术

第五章 管理政权的艺术

第六章 管理经济的艺术

第七章 外交管理的艺术

第八章　管理教育、科技、文艺等的艺术

第九章　军队管理艺术

第十章 管理亲人和身边人的艺术

第十一章 管理社会事务的艺术

第十二章　管理风格

管理

第一章

管理者的素质

毛泽东堪称中国乃至世界上的一位卓越的管理家。他在管理世界上人口最多的东方大国的各项事务中，得心应手，游刃有余。其出神入化、炉火纯青的管理艺术，为后人所景仰。毛泽东在管理方面取得的巨大成功，无不得益于他全面而出色的管理素质和才干。

一、博览群书　勤学不辍

学习是提高管理素质的一条重要途径，只有通过不断的学习，才能积累知识，增长才干。如果不去学习，则很难胜任管理工作，成为一个合格的管理者。毛泽东一贯都很重视学习，从少年时代起，他就坚持每天在油灯下勤学苦读，博览群书。他读书的范围非常广泛，从古今中外的帝王将相、著名政治家、思想家、军事家等人的人物传记到马克思列宁主义的理论著作；从《二十四史》《资治通鉴》等历史书籍到《西游记》《红楼梦》等文学作品；从人文科学到自然科学……包罗万象，无所不有。

毛泽东青少年时期养成的这种良好的读书习惯，一直伴随了他整个一生。无论是在革命战争年代还是在和平建设时期，他都是书不离人，手不释卷。不管工作多么繁忙，他总要抽出时间每晚夜读。毛泽东晚年时，视力下降得很快，身体也大不如前，但他仍然坚持自学苏联政治经济学和英语。在他弥留之际，仍坚持看书。

毛泽东一生酷爱读书，并非只是作为消遣，而是带有明确的目的，根据不同时期的需要，选择看不同的书籍。他像安排打仗的战略那样仔细地安排着对知识的占有。正是由于对知识孜孜不倦的追求，加上对中国国情的深入了解，使得他能够将马克思主义理论和中国革命的具体实践完美地结合在一起，在管理有着6亿人口的东方大国中得心应手，驾轻就熟。

1902年至1906年，毛泽东在韶山南岸私塾读书，所学课本为中国传统基础教育必读的经书，如《三字经》《诗经》《论语》等。对于其中的精彩段落，他能背诵如流，这令他受益匪浅，并对中国历史产生了浓厚的兴趣。随着年龄的增长，这种兴趣有增无减，到老不衰。以至于在他的报告和写作中可以对《诗经》《论语》等典籍中的名言警句信手拈来、出口成章。

1906年至1909年，毛泽东停学在家，除白天参加繁重的体力劳动外，晚上还要帮父亲记账。但他仍然坚持自学，经常晚上在小油灯下勤奋读书至天亮。毛泽东的父亲是个精明而较为吝啬的人，认为毛泽东晚上读书浪费了灯油，经常训斥他。但毛泽东等父亲睡着了之后，偷偷地再起床看书。在此期间，他阅读了大量当时被认为是旁门左道的杂书，如《精忠传》《西游记》《水浒传》《三国演义》等，常常看得如痴如醉。在这些传奇小说和神话故事中，少年毛泽东逐渐发现了一个问题：为什么书中叙述的都是帝王将相，才子佳人，而农民却当不了书中的主人翁呢？他带着这个看似简单，其实又难于解释的问题，询问了韶山冲里的很多人，但都未得到答案。为此，他纳闷了两年，最后还是自己找出了答案。农民终年劳作，却无钱读书，自然写书的人都不是农民，写书人也瞧不起农民，当然不会写关于农民的书。毛泽东深深地热爱着和他朝夕相处的农民，他对周围的小朋友说：等我们长大了，也要写书，写农民的书，写穷苦人的书。

1910年秋，毛泽东考入湖南湘乡县立东山高等小学堂。期间他经常到学堂藏书阁借阅中外历史、地理书籍，了解尧、舜、秦始皇、汉武帝等中国古代帝王的事迹，对他们大为仰慕。他从一本世界英杰传里，读到了拿破仑、叶卡捷琳娜、彼得大帝、惠灵顿、卢梭、林肯等人的事迹，对他们的历史功绩深表钦佩。在这里，他还接触到了早期资产阶级及维新派代表人物郑观应的《盛世危言》，对帝国主义的侵略和清政府的腐败无能深为痛恨，对民族危亡忧心如焚。

1913年春，毛泽东考入湖南四师，次年进入一师。在长沙，毛泽东的眼界大大开阔了。为寻找救国救民的真理，他又对哲学、伦理学、法律等学科产生了浓厚的兴趣，如饥似渴地研读亚当·斯密的《原富》、达尔文的《物种起源》、斯宾塞的《逻辑》和孟德斯鸠的《法意》等书籍。此外，报刊室也是他每天必去的地方。毛泽东读报刊非常认真，常常随身带着地图、字典和笔记本，报刊上提到的地名，就查看地图，找出位置，疑难字则查查字典，凡重要消息、文章、资料，不论长短，他总是从头到尾认真读完，并做摘记，写出心得。对于自己订阅的报纸中的重要资料，则剪下来积攒装订成册。

1918年秋，毛泽东来到北京，在北京大学图书馆当助理员。他利用管理报刊之便，阅读了大量新出版的报纸杂志，汲取了许多新知识，对政治的兴趣不断增长。他认真阅读了李大钊发表的《庶民的胜利》《布尔什维主义的胜利》等歌颂俄国十月革命和宣传马克思主义的文章，逐渐转变为一个马克思主义者。

在艰苦的革命战争环境里，毛泽东依然保持着每日读书看报的习惯。每到一地，他都派人四处收集书报。1932 年红军打下漳州后，他找到一本《反杜林论》译本，如获至宝。在长征途中，他一直把这本书带在身边，因病躺在担架上行军时仍反复研读。

中华人民共和国成立后，为探索适合中国情况的社会主义建设道路，毛泽东更是急于弥补自己知识结构上的缺陷。他曾对旧友说：我很想请两三年假学习自然科学，可惜，可能不容许我有这样长的假期。尽管如此，他还是尽可能地挤出时间阅读自然科学书籍，钻研天文学、物理学、土壤学、化学、地质等方面的自然科学知识。到了晚年他还雄心勃勃地计划带队骑马去黄河源头考察。此外，他还坚持自学英语和苏联政治经济学教材。

对于现代管理者来说，经常学习，尽可能地扩大自己的知识面是非常必要的。通过学习，使自己的知识体系更加完善，从而能够把实践经验上升到理论高度，这样在从事管理工作时才能得心应手。然而，我们现在有些管理者常以工作忙为由，不重视学习相关科学知识，在工作中完全凭经验办事，往往会导致严重的经验主义和教条主义错误，造成管理失败。因此，我们要学习毛泽东同志博览群书、勤学不辍的进取精神，储备知识，增长才干，真正成为一名合格的管理者。

二、胸怀坦荡　虚怀若谷

要想管理好一项事业，必须要有广阔的胸襟、坦荡的胸怀，有容人之量。只有这样，才能化消极因素为积极因素，凝聚人心，团结一切可以团结的人，推动各项事业和工作的顺利发展。毛泽东一生胸怀坦荡、虚怀若谷。对于和自己政见不一，甚至蓄意伤害过自己的人，他从不斤斤计较，耿耿于怀，反而主动地加以团结，以情动人，以理服人，化干戈为玉帛。同时，他也很善于听取各种不同意见，从谏如流，采百家之长，明治国之理。这些良好品质，是他能成为一个伟大管理者的重要因素。

1934 年 1 月，中共六届五中全会使王明“左”倾错误发展到顶点，张闻天被“左”倾的苏区中央局安排为中央政府人民委员会主席。毛泽东则只留任苏维埃中央执行委员会主席，实质上被完全剥夺了对军队和政府的领导权。在这种情况下，毛泽东不但对张闻天毫无敌意，反而主动与他接近，多次与他彻夜长谈，交换对时局的看法。张闻天在毛泽东耐心的说服帮助下，开始与王明“左”倾错误决裂。在广昌战役后的一次军委会议上，他公开站在毛泽东一边，同博古发生了激烈的争论。在 1935 年 1 月召开的遵义会议上，张闻天和王稼祥等人极力支持毛泽东的意见，对实现党的历史上生死攸关的转折起了良好的作用。对于张闻天的转变，毛泽东后来多次赞不绝口。在中共七大上，毛泽东说，如果没有洛甫（张闻天）、王稼祥两位同志从第三次“左”倾路线中分化出来，就不可能开好遵义会议。同志们把账记在我的名下，但我不能忘记这两个人。

毛泽东还很善于听取不同意见，对于不同方面的意见他都能凭着广阔的胸襟妥善处理。

1945 年，黄炎培等 6 位国民党参政员应毛泽东之邀，飞赴延安访问。毛泽东邀黄炎培等人到他家，谈了整整一下午。毛泽东问黄炎培，来到延安考察了几天有何感想？黄炎培坦率地说：“我生 60 多年，耳闻不说，所亲眼看到的，真所谓‘其兴也浡焉，其亡也忽焉’，一人、一家、一团体、一地方乃至一国，不少单位都没有能跳出这周期率的支配力。大凡初时聚精会神，没有一事不用心，没有一人不卖力，也许那时艰难困苦，只有从万死中觅取一生。继而环境渐渐好转了，精神也渐渐放下了。有的因为历时长久，自然地惰性发作，由少数演为多数，到风气养成，虽有大力，无法扭转，并且无法补救，也有因为区域一步步扩大了，它的扩大，有的出于自然发展，到干部人才渐渐竭蹶，艰于应付的时候，环境倒越加复杂起来了，控制力不免薄弱了。一部历史‘政怠宦成’的也有，‘人亡政息’的也有，‘求荣取辱’的也有。总之，没有能跳出这个周期率。中共诸君从过去到现在，我略略地了解了解，就是希望找出一条新路，来跳出这个周期率的支配。”黄炎培这一席耿耿诤言，掷地有声。毛泽东高兴地答道：“我们已经找到了新路，我们能跳出这周期率。这条新路，就是民主。只有让人民来监督政府，政府才不敢松懈，只有人人起来负责，才不会人亡政息。”毛泽东的这番话，至今仍是不易的至理名言。

中华人民共和国成立后，黄炎培担任政务院副总理兼轻工业部部长。在土改运动中，他不断收到一些工商界人士的告状信，他怀着不安的心情向党中央毛泽东转达了这些信件。毛泽东并没有简单地对黄炎培加以批评和指责，而是诚恳地以各种方式用事实启发他的觉悟，希望他进步。毛泽东多次亲笔写信给黄炎培，把各地土改材料送给他参阅，还介绍苏南区党委书记陈丕显与他见面恳谈。当黄炎培初步了解了基层情况后，主动要求下乡考察。对此，毛泽东给予了积极的支持。在毛泽东看来，只要是人，总会有认识不足的地方，这种认识不足，对群众来说，就会引起对政策的不理解，而对领导来说，则会引起政策的失误。为了避免这种认识不足，就必须使群众和领导通过广泛而不是狭窄，随意而不是刻意的频繁接触加深理解。为此，毛泽东经常通过与具有不同社会经历的人交往，倾听逆耳之言，提高自己的认识，显示了他虚怀若谷的伟人品格。

对于敌人，毛泽东也同样表现出坦荡的胸怀。1945 年 8 月 28 日，毛泽东赴重庆同蒋介石进行谈判。9 月 3 日下午，毛泽东在去“桃园”于右任住处的路上，突然踅入同处“桃园”中的戴府，拜访了国民党的顽固反共分子戴季陶。戴季陶一向反共坚决，思想保守，他万万没有想到毛泽东会去看他。他对毛泽东的宽广胸襟深为佩服，并请张治中代他宴请毛泽东，“表示敬意”。他在邀请信中说：“前日毛先生惠访，未得畅聆教言，深以为歉！一别二十年，一切国民所感受苦难之解决，均系毛先生此次欣然惠临重庆，不可不一聚也。”9 月 13 日晚，毛泽东同周恩来、王若飞应邀出席了戴季陶的宴会。

陈立夫是国民党反共头面人物之一，对于国共两党进行和平谈判，他极力反对，认为：“与共产党谈判只会助长共产党的声势”，“对共产党问题，只有动大手术才行”。对这样一个人物，毛泽东并没有采取躲避的方式，而是主动去接触，通过坦诚相见，做转化工作。两人一见面，毛泽东先以回忆往事的口气谈起大革命时国共合作的情景，然后批评国民党实行反共剿共是错误政策。面对毛泽东坦荡的胸怀，机敏的理论，陈立夫无以措词，不得不表示要对这次国共和谈“尽心效力”。

毛泽东有着宽广的胸襟、博大的胸怀，他不但善于听取党内外朋友的意见，只要说的是对的就积极照办，而且对反对自己反对错了的人也总是开诚布公，让对方放下思想包袱；他不但乐于团结一切爱国进步的仁人志士一道工作，而且善于同敌对者接触，不计前嫌，化敌为友。正因为毛泽东这种坦荡的胸怀，使他善于和不同的人打交道，能最大限度地团结一切可以团结的力量，结成最广泛的统一战线，成功地管理国家和社会事务。

三、深沉的忧患意识

深沉的忧患意识是一个优秀管理者的必备素质之一。管理一项伟大的事业，不能因取得一点成绩就沾沾自喜，高枕无忧，要时时警惕有害于整个事业的种种不良倾向。

毛泽东深沉的忧患意识中，忧国忧民是他忧患的重心，从少年时代起，他就把顾炎武所说的“天下兴亡，匹夫有责”作为座右铭，以拯救中华为己任。毛泽东极端蔑视那些碌碌无为，满足于一己私利的小人。他一生中谈论最多的是社会、世界、宇宙，以天下为己任，挽狂澜于即倾，救国家于危亡，解民众于倒悬。正是毛泽东这种难能可贵的忧患意识，使他团结了一大批追求救国救民真理的革命志士，引导中国革命的航船绕过了一个个大险滩，胜利地驶向彼岸。革命胜利前后，毛泽东担心广大干部群众经受不住敌人的“糖衣炮弹”的袭击，告诫他们说：“夺取全国胜利，只是万里长征走完了第一步，革命以后的路程更长，工作更伟大，更艰苦。”和平建设年代，毛泽东又提醒全国人民不能“把枕头塞得高高地睡觉”，必须高度警惕和时刻防止帝国主义“和平演变”阴谋的实现。毛泽东晚年最忧患的是中国重演“落后挨打”的历史悲剧，比较重视发展生产力，并为探索适合中国国情的生产力发展道路而付出了很多的心血。虽然由于历史条件和主观因素的限制，在实践过程中出现了一些偏差，但不管怎么说，毛泽东的这些忧患意识是富于远见和战略眼光的。正是由于这种强烈的“忧国忧民”之心，使得他毅然将自己的一生都奉献到救国救民的革命和建设事业的实践中，并成为中国乃至世界历史上一位伟大的管理家。

20世纪初，中国社会剧烈动荡，“国将不国”，民不聊生，国家和民族处于危亡之秋。基于对现实的深切体验，青年毛泽东深为国家、民族的现状及未来担忧。

早在韶山读书期间，毛泽东就阅读了早期改良主义者冯桂芬的《校邠庐抗议》和郑观应的《盛世危言》等进步书籍，书中揭露了西方列强对中国的血腥侵略和清政府的腐败无能，其中一句“呜呼，中国将其亡矣!”更是令他忧心如焚。

1910年秋，毛泽东走出韶山，来到湘乡县立东山高等小学堂读书。期间，他写的《救国图存论》《宋襄公论》等作文，深得老师嘉许，为寻求救国救民的真理，他不仅如饥似渴地从书中了解我国古代帝王将相的治国之道，而且还广泛阅读了许多有关外国著名政治家和思想家的介绍书籍，对他们的历史功绩深表钦佩，盼望中国也有类似人物的出现，以拯救民族危亡。

有一次晚自修课时，毛泽东向同学萧三借了一本《世界英雄豪杰传》。几天后，他很客气地，像犯了错误似地将书还给萧三说：“对不起，我把书弄脏了。”萧三打开书一看，整册书里都用墨笔画了许多圈点，圈的最密的是华盛顿、拿破仑、彼得大帝、叶卡捷琳娜、惠灵顿、林肯、卢梭、孟德斯鸠等人的传记。毛泽东说：“中国也要有这样的人物，我们应该讲求富国强兵之道，才不致蹈安南、高丽、印度的覆辙。你知道，中国有句古语：‘前车之覆，后世之鉴’，而且我们每个国民都应该努力。顾炎武说得好：‘天下兴亡，匹夫有责’。”停了一会儿，他又说：“中国积弱不振，要使它富强、独立起来，要有很长的时间，但是时间不要紧，你看!”他翻开书里一页指着说：“华盛顿经过了8年艰苦战争之后，才得到胜利，建立了美国。”

1915年5月7日，日本政府妄图独霸中国，向袁世凯提出要求承认“二十一条”的最后通牒，并限其48小时内答复。正在长沙一师求学的毛泽东义愤填膺地写到："五月七日，民国奇耻，何以报仇，在我学子!"1916 年，日俄再次签订分持蒙满权益协定。毛泽东马上在一封信中写到："思之思之，日人诚我劲敌! 感以纵横万里而屈于三岛，民数号四万万而对此三千万者为之奴，满蒙去而北边动，胡马入中原，况山东已去，开济之路已为攫去，则入河南矣。二十年内，非一战不足以图存……吾侪无他事可做，欲完自身以保子孙，止有磨砺以待日本。"

从 1917 年起，毛泽东怀着一颗赤诚的忧国忧民之心，积极投身到挽救民族危亡的社会实践中。他先后参加创办新民学会，主编《湘江评论》，组织发起驱张运动，创办《文化书社》等活动。1919 年五四运动后，马克思主义思潮在中国兴起，令毛泽东耳目一新，他逐渐认识到只有共产主义才是救国救民的真理，并成为一名坚定的马克思主义者，积极参加创建中国共产党的活动，全心投入中国人民的解放事业之中。

三大战役结束后，国民党的统治土崩瓦解，中国革命的最后胜利指日可待。深沉的忧患意识使毛泽东此时异常清醒，并未被胜利冲昏头脑。他居安思危，在中共七届二中全会上谆谆告诫全党干部群众说："敌人的武力是不能征服我们的，这一点已经得到证明了，资产阶级的捧场则可能征服我们队伍中的意志薄弱者。可能有这样一些共产党人，他们是不曾被拿枪的敌人征服过的，他们在这些敌人面前不愧英雄的称号；但是经不起人们用糖衣裹着的炮弹的攻击，他们在糖弹面前要打败仗。我们必须预防这种情况。夺取全国胜利，这只是万里长征走完了第一步。如果这一步也值得骄傲，那是比较渺小的……中国的革命是伟大的，但革命以后的路程更长，工作更伟大，更艰苦。"

深沉的忧患意识，是促使一个人不断奋进的巨大动力，使其勇敢地承担自己的社会责任。我国古代著名的政治家、思想家都有一种深沉的忧患意识，如孔子的"君子忧道不忧贫"；孟子的"忧以天下"，"忧民之忧"；范仲淹的"先天下之忧而忧，后天下之乐而乐"；顾炎武的"天下兴亡，匹夫有责"等。

毛泽东一生心忧天下，为国为民，值得现在的管理者学习。

四、出色的组织才能

组织才能是管理者必备的一项素质。一个管理者如果能把属下的干部、群众有效地组织起来，朝着一个明确的目标而共同努力奋斗，任何事业都将无往而不胜。近代以来的中国社会，号称“积贫积弱”“一盘散沙”。在某种意义上，这是中国社会的一大弱点。但是弱点不在于它的“贫”“弱”，也不在于它是“沙”，最根本的原因在于它的“散”，如果有人能将这些“散沙”集中起来，用水调和，捏合成团，将会产生钢筋水泥那样强大的力量。但当时中国即缺乏这样一个伟大的组织家，因此越“积”越“贫”，越“积”越“弱”。民主革命的先行者孙中山先生，一生都在探寻救国救民的真理，并为此发动过无数次武装起义，但最后都功亏一篑。究其原因，根本的在于他忽视了广大人民群众的力量，没有发动和组织群众，孤军奋战，在强大的国内外敌人面前显得力单势孤。同时，从同盟会到中华革命党再到中国国民党，都是组织涣散，派系林立，犹如一盘散沙，战斗力不强。因此，孙中山虽心怀满腔爱国热情，但终究难实现其救国大志。

毛泽东能领导着革命队伍由寡到众，由弱到强，并赢得最终的胜利，这与他卓越的组织才能是密不可分的。在学生时代，他就已经显示出了较强的组织能力。

1917 年 10 月 8 日，湖南一师学友会改选，毛泽东由于才华出众，被推选为总务兼教育研究部部长。在此之前，总务和各部部长均由学监和教员充任，他开创了学生任其职的先例。

毛泽东在一师学友会工作期间，表现出极大的工作热情和出色的组织才能，为促进一师同学德育、智育、体育的全面发展做了大量工作。

当选后的一周内，毛泽东便在学友会职工会议上提出六项议案并被通过：第一，征集会金；第二，确定各部开演和学生参加各部的办法，聘定各部指导教员及每周活动的次数等；第三，编制预算；第四，公布成绩，设立学生成绩展览处；第五，学友会和各部详作工作记录，建立“记录本”制度；第六，设立图书室。1918年2月19日，他和代会长方维夏召集学友会庶务、会计、文牍和各部部长、组长开会，商讨本期会务进行计划。他向会议提出学友会各部活动计划、校运动会、办刊、夜校和经费等问题，“经众磋商许久”，均为会议通过。

在毛泽东的精心组织下，学友会的各项活动开展得有声有色，在湖南一师产生了广泛的影响，吸引了越来越多的人加入，师生们对毛泽东的组织才华称道不已。

毛泽东在接受马克思主义后，更加注重对自己组织能力的培养。在实践中，他逐渐认识到了人民群众的巨大力量。但当时的中国民众处于一盘散沙的状态。毛泽东认为：要把散沙捏成团，必须要有泥浆，毛泽东用来联合民众的泥浆，有工会、农会、学生会以及各种社团，这些都是小联合，大联合的媒体则是共产党。

无论是搞小联合，还是搞大联合，毛泽东都表现出独特的组织天才。1922年他组织长沙泥木工工会就是一例。那些泥匠、瓦匠、木匠，向来都是个体手艺工人，虽有共同利益和斗争要求，但很难集中统一起来。毛泽东采取的办法是：首先接近党员和积极分子，再通过他们广泛地接触群众，了解工人的疾苦和愿望。在此基础上，由积极分子分头在工人中组织最基层的组织“十人团”，把分散的泥木工匠捆成十人一团的小集体，有一个积极分子就可以集中十个工人。经过大约三个月，组织起了100多个这样的“十人团”，联合了1000多工人，再在这个基础上成立长沙泥木工工会。毛泽东为工会制订了18条章法，并用最积极的党员和骨干担任领导工作。一堆6000余人的“散沙”很快被他捏成团了。

青年毛泽东已敏锐地认识到：“世界上有两种人，有的人善于做具体事情，有的人善于做组织工作，前者要多于后者。但是，每个人都有他的长处。”他感到，一位组织家的才能，就在于能够把各种人的长处融合起来，他不应该挑剔别人的弱点，而应该鼓励所有积极因素的联合。

要把群众组织起来，就必须有一个擅长于组织工作的党。而要把党组织起来，就必须有一个既有扎实的理论功底，又有出色的组织才能的革命领袖。只有有了这样的革命领袖和革命的政党，才能经受得起历史的考验。毛泽东凭着卓越的组织才能，将三者恰当地结合在一起，形成了一个坚不可摧的整体。

1935 年遵义会议，确立了毛泽东在党中央和红军的领导地位后，他就着手组建坚强有力的领导集团。他凭着超强的组织能力，组成了一个以他为核心，包括刘少奇、周恩来、朱德等人在内的强大领导集体。这个集体，正如周恩来所说的，通过党内的组织与团结，形成了像钢筋水泥那样强有力的力量。

同时，毛泽东加强了在组织上建党的工作，完善从中央到地方各级的政权机构。通过整党整风运动，纯洁了党的组织，端正了党风，严肃了党规党纪，克服了主观主义、官僚主义、教条主义等党内不良作风，增强了党的战斗力。中国共产党擅长组织，具有强大的组织能力与组织优势，这是他能够战胜国民党，取得中国革命胜利的根本保障。

凭着强大的领导群体和政党组织，毛泽东充分发动和组织群众，确立了“从群众中来，到群众中去”的工作路线。在全国各地广泛地建立民兵组织，发动人民起来进行游击战争，最终战胜了国内外的强大敌人，赢得了革命的胜利。

毛泽东组织才干的杰出之处在于，他把一个本身贫弱、涣散的群体有效地组织起来，把它改造成为一个强有力的群体，并且因此而取得了可以说是史无前例的光辉成就。

斯大林曾说过：“要始终成为无产阶级革命和无产阶级政党的领袖，就必须一身兼备理论力量和无产阶级的实际组织经验。”毛泽东就是集理论力量与组织才干于一身的伟大管理者。

我们有些管理者虽然具有较高的理论水平，作报告、写总结引经据典，头头是道。但在实际工作中，却很难管理好下属，造成人浮于事，工作效率低下。面对这种情况，他们总认为是下属素质低下，朽木不可雕，为此抱怨不已。殊不知关键原因是由于自己组织能力欠缺。对于管理者来说，关键的关键，不是组成的材料，而是管理者如何把它们组织起来，搭配起来。组织得好，弱点可以变成优点，劣势可以变成优势，贫弱的东西同样可以产生强大的力量。对于一个人是这样，对于一个民族来说也是这样。毛泽东管理的成功经验，最充分地证明了这一点!

五、目光远大 见识卓越

毛泽东作为党和国家的最高管理者，看问题时，总是比别人站得高，看得远。他的整个思想从不会停留在一些鸡毛蒜皮的小事上，而是全神贯注地运思于全局，一旦对全局了如指掌，他就能从容不迫、应付自如，决不会惊慌失措，顾此失彼。正因为毛泽东目光远大，见识卓越，中国共产党历史上很多事情还处在萌芽状态时就被他言中，因此在开展工作时，他能成竹在胸，做到有条不紊。毛泽东所以对事物发展趋势能有科学的预见，并不是拍脑袋想当然的产物，也不是受到什么神秘主义的点化而顿悟得来的，而是完全根据事物发展的规律进行合理预想，推断出来的，是对必然规律、必然逻辑的未来作用结果的正确反映。毛泽东长远的历史眼光，深邃的洞察力，敏锐的分析判断力，正是一个管理者应具备的关键性素质。

1947 年 3 月，国民党胡宗南部 15 个旅 14 万人向延安进犯。此次进攻延安，蒋介石是下了很大赌注的，不仅投入了他嫡系的战略总预备队，而且在西安集中了占空军 3/5 的近百架飞机助战。而我陕甘宁边区连同晋绥驰援的部队加在一起，不过 6 个旅 2 万人，仅为敌人兵力的 1/10，而且装备较差、弹药缺乏。

毛泽东远见卓识，对形势作出了正确的判断。他认为蒋介石组织这次进攻的军事企图是“首先解决西北问题”，割断我党右臂，并且驱逐我党中央和人民解放军总部出西北，然后调动兵力进攻华北，达到其各个击破的目的。高瞻远瞩的毛泽东此时心中所想到的并不仅仅是延安，而是整个解放战争的大局。他大胆地预测：蒋介石在进攻能力快要枯竭之时，使用突袭方法进攻延安，完全无损于人民解放战争胜利的大局，挽救不了蒋介石集团灭亡的命运。经过一番深思熟虑，毛泽东果断地决定在延安外围进行阻击，迟滞敌军行动之后，主动放弃延安，全部撤出，留下空城一座，用一个延安城，换取整个解放战争的胜利。

延安是世界闻名的红色首都，广大解放军战士在此战斗生活多年，想到要如此轻易地把延安拱手送给蒋介石，心情都十分沉重。很多人思想上转不过弯，要求坚决死守延安城，并向毛泽东提出了许多保卫延安的办法。时任中共中央书记处办公室主任的师哲，就曾向毛泽东建议说：一定要疏散吗？可否设法保住延安而不撤退？例如，我们集中一部分兵力，部署在大道两侧，待敌人进入边区，到达富县甘泉一线时，予以迎头痛击，消灭他部分力量，让敌人知难而退，这样，延安不就保住了吗？

毛泽东点燃了一支烟，微笑着耐心地解释说："你的想法不高明，不高明。不应该拦挡他们进占延安。你知道吗？蒋介石的阿Q精神十足，占领了延安，他就以为自己胜利了，但实际上只要他一占领延安，他就输掉了一切。首先，全国人民乃至全世界就都知道了是蒋介石背信弃义，破坏和平，发动内战，祸国殃民，不得人心，这是主要的一面。不过，蒋委员长也有自己的想法：只要一占领延安，他就可以向全国、全世界宣布：'共匪巢穴'共产党总部已被捣毁，现在只留下股'匪'，而他只是在'剿匪'，这样，也就可以挡住外来的干预。不过这只是蒋委员长自己的想法，是他个人的打算，并非公论，但此人的特点就在这里。他只顾想他自己的，而别人在想什么，怎么想的，他一概不管。另外须知，延安既然是一个世界名城，也就是一个沉重的包袱，他既然要背这个包袱，那就让他背上吧，而且话还得说回来，你既然可以打到延安来，我也可以打到南京去。来而不往非礼也嘛!"

毛泽东接着说："你懂得拳击吗？收回拳头，是为了打出去更有力！陕西群众基础好，周旋余地大，他从南门进，我们从东门出。"

毛泽东胸有成竹，他不是害怕蒋介石进攻延安，而是害怕蒋介石不来进攻。他的一席话使师哲茅塞顿开。

与当地的老乡，毛泽东把道理讲得更通俗："譬如有一个人，背个很重的包袱，包袱里尽是金银财富，碰见了个拦路打劫的强盗，要抢他的财宝。这个该怎么办呢？如果他舍不得暂时扔下包袱，他的手脚很不方便，跟强盗对打起来，就会打不赢，要是被强盗打死，金银财宝也就丢了。反过来，如果他把包袱一扔，轻装上阵，那就动作灵活，能使出全身武艺同强盗对拼，不但能把强盗打退，还可能把强盗打死，最后也就保住了金银财宝。我们暂时放弃延安，就是把包袱让给敌人背上，使自己打起仗来更主动、更灵活，这样就能大量消灭敌人。到了一定的时机，再举行反攻，延安就会重新回到我们的手里。”

其实，毛泽东同样和战士们一样对延安怀有深厚的感情。他在接见新四旅干部时说，吃了延安十年的小米饭，要离开延安，感情上不通呀。再说，我们在延安住了十几年，都一直是处在和平环境之中，现在一有战争就走，怎么对得起老百姓。但是，毛泽东并没有拘泥于个人感情，他高瞻远瞩，鼓励大家说：我军打仗，不在一城一池的得失，而在于消灭敌人的有生力量。存人失地，人地皆存；存地失人，人地皆失。敌人进延安是握着拳头的，他到了延安，就要把指头伸开，这样就便于我们一个个地切掉它，要告诉同志们，少则一年，多则两年，我们就要回来，我们要以延安换取全中国。

事情果然如毛泽东所料，一年又一个月之后，延安重新回到了人民解放军手中。

在保延安，还是暂时撤出延安以争取更大胜利的问题上，毛泽东远见卓识，不拘泥于眼前的利益得失，而是从全局出发，对整个战局进行深入分析，作出了正确的判断，表现了他高瞻远瞩的管理才干。正因为他悟大道、顾大局，因此在管理繁杂的国家事务时，总能全局在胸、处惊不乱、大智若愚、大巧若拙。

六、严于律己 廉洁奉公

俗话说：上梁不正下梁歪。管理者要想管理好手下的人，首先必须要管理好自己，时时处处注意自己的言行举止，模范地遵守各项规章制度，不搞特殊化。只有这样才能为下属树立一个良好的榜样，赢得他们的尊重和爱戴，使他们自愿地服从你的管理。如果管理者不能以身作则，放松对自己的要求，工作懒散、生活作风腐化，则很难服众，甚至会导致上行下效，管理起来困难重重，很难开展好工作。

毛泽东堪称是严于律己的楷模，他多次讲过："流水不腐，户枢不蠹。共产党是执政党，必须经常地整顿作风，反对官僚主义，宗派主义和主观主义，防止脱离群众，防止腐败变质。"毛泽东是这样说的，也是这样做的。他一生严于律己，廉洁奉公，为广大党员干部树立了光辉的榜样。

1935年5月，红军顺利地通过了彝族人民聚居的大小凉山地区后，来到了擦罗场。因为敌情万分紧张，后有数十万敌军拼命逼来，前有四川军阀扼守着大渡河所有的渡口，又派兵向各个渡口紧急增援。因此，毛泽东和"总部"首长研究决定，急令部队连夜向安顺场出发，并且命令：为了在大渡河架设浮桥，每人必须携带两根毛竹。毛泽东给自己找好了四根毛竹，比规定的多拿一倍。出发后，他看见背负过重的战士和上了年纪的炊事员，在这样蜿蜒曲折、忽起忽伏的羊肠小路上夜行急进，十分吃力，又替他们背枪、背米。警卫员们知道毛泽东经过一整天强行军已经是相当疲倦了，便再三要求毛泽东给他们分出两根毛竹来。可是毛泽东不同意，他边走边说："执行命令，大家都有份。我有多少力气就使多少力气。你们背的东西也不轻嘛!"毛泽东严于律己的高风亮节，给了广大官兵以很大的鼓舞，他们看到首长身先士卒，与战士们同甘共苦，于是都信心百倍，斗志昂扬，顺利地到达了陕北。

土地革命战争时期，毛泽东为严肃军纪，密切军民关系，亲自制定了红军战士每人必须遵守的"三大纪律，八项注意"。他不仅以此要求广大官兵，而且自己也处处以之为行为准则，恪守军规。1930年春，毛泽东来到寻邬城调查民情。工作人员吴吉清知道毛泽东爱吃辣椒，便跑步出去挨家挨户地看，后来终于看到一家老农的窗前晒了几串红红的辣椒。吴吉清一敲门，那家的主人便迎了出来。一见面，吴吉清就开门见山地说："我们首长爱吃辣椒，不知你的辣椒能不能给我一点?"那老农很痛快地伸手就摘了一串给他。吴吉清高兴地竟忘了向老乡说句客套话，提起辣椒，拔腿就跑回了伙房。吃饭时，毛泽东见端来的饭菜中，多了一盘辣椒，便问："吴吉清，哪里来的辣椒啊?"吴吉清得意地说："向老农要的。""要的?"毛泽东站起来，背着手来回走了几步，接着说："参军后，连长给你讲了'三大纪律，六项注意'没有?"（注：后来又增加两条，八项注意）"没有"。吴吉清回答说，真有点丈二和尚摸不着头脑。看到这情景，毛泽东便和蔼地说："吴吉清同志，这件事不能怪你，主要是我们对党的政策宣传不够，教育还跟不上。一会儿告诉你们连长，叫司务长从我的伙食费里，把辣椒钱给老农送去，还要给人家道歉。另外，再告诉他，下午的政治课，由我来给你们上。”拿点老乡的辣椒本是件微不足道的小事，可毛泽东却非常认真，严格遵守部队纪律，“不因事小而为之”。

三大战役胜利结束后，革命即将胜利，毛泽东也将成为新中国的第一任国家元首，但他并未放松对自己的要求。在进北京之前，他就立下了一个自律的誓言：我们决不当李自成，我们一定要考出个好成绩。

的确，中华人民共和国成立后，他一直信守着这个誓言，依然保持着战争年代时的俭朴作风。他那里白布的被褥，用块布包起来的麦皮枕头，补了又补的睡衣和毛巾被……这是在他辞世之后，人们才看到的。其实，这是他一生的写照。全国人民生活水平都提高了，吃穿住用也都变了样，但他却依然故我，他不是办不到，他就是不办，也不准别人办，卫士们回忆说：“不经主席同意，没人敢扔他一件旧衣裤。”

吃红烧肉，本是毛泽东的嗜好，但三年自然灾害期间，他却对保健医生说；“我不吃猪肉和鸡了，猪肉和鸡要出口换机器，我看有米饭、青菜，有盐、油就可以了，我们要和全国人民一起度荒还债。”毛泽东不吃猪肉，服务人员又琢磨着弄点鱼和别的肉类给主席吃。谁知这样做，毛泽东又有了新的规定：“不吃荤菜了，只吃米饭和青菜，从 1961 年 1 月 1 日开始实行。”看到主席伙食如此清淡，身边的工作人员都非常痛心，于是联合起来对毛泽东说：“主席，您这样下去会把身体搞垮的，党和人民需要您，全国人民需要您啊!”毛泽东却慢慢地说出了自己的心事：“全国人民都是这样，我一个人吃了不舒服啊!”

至于毛泽东的廉洁奉公，就更为人们所熟悉了。可以这样说，他未因私事动用过公家一分钱。有一次他想请渔民和他多谈一会儿话，渔民说，他太忙，要去卖鱼。毛泽东便答应把他的鱼全买下来，渔民才与他继续聊天。这买鱼的钱也是他自己出的。毛泽东对生活困难的身边工作人员和亲戚、朋友，从来都是慷慨解囊，但这些钱都是从他的工资和稿费中支出的。他也没有利用他的影响为任何一位亲属、故交安排工作。

毛泽东虽身为国家最高管理者，但他却从不搞任何特权，不为自己谋任何私利，凡要求他人做到的，自己首先做到。他这种严于律己，廉洁奉公的高尚品质，赢得了人们的无限尊敬和爱戴，激励着全国人民同心同德地进行社会主义建设。

七、俯首甘为孺子牛

毛泽东对鲁迅诗中的一句“横眉冷对千夫指，俯首甘为孺子牛”十分推崇，并引之为座右铭。他说：“一切革命者，都应该以鲁迅为榜样，做无产阶级和人民大众的‘牛’，鞠躬尽瘁，死而后已。”毛泽东一生都时刻想着人民，把为人民服务作为毕生信守的最高宗旨。他曾多次在谈到自己的道德理想时说：人不应该自私自利，不应该为自己干活就有劲，为人民服务就缺少热情和干劲。就是在这种道德理想的鞭策下，毛泽东自始至终躬行实践，甘愿为人民奉献一切，任劳任怨地工作，为管理好国家和人民的事业呕心沥血。

解放战争打响后，毛泽东为领导全国人民赢得革命的最后胜利，日以继夜地埋头工作，指挥作战，常常是几天几夜不睡觉。震惊中外的三大战役胜利结束后，毛泽东非常兴奋，同时也非常疲惫，卫士长李银桥非常关切主席的健康，为帮他减轻疲劳，恢复精力，提出了给他梳头。毛泽东点点头答应了。梳齿从头发间梳过，黑黑的头发整齐地向后披着。忽然，李银桥觉得眼前一亮，忙俯下身去仔细观察，忍不住失声喊叫到：“哎呀，主席，您有了一根白头发!”毛泽东此时正在闭目养神，听到李银桥的话，深深地“嗯”了一声。李银桥轻轻地将白发拔下来递到毛泽东面前请他看。毛泽东眼睛一眨不眨地凝视了一会儿，笑了笑，用略带沙哑的声音慢慢说道：“白了一根头发，胜了三大战役，值得。”

中华人民共和国成立后，百业待兴。毛泽东为领导全国人民重建家园，争取财政经济状况的尽快好转，使中华民族早日屹立于世界民族之林，他日理万机，夜以继日地工作。在繁忙的工作中，毛泽东并没有忘记在那艰苦的战争年代为革命做出过卓越贡献的老区人民的疾苦。他很想知道当地人民现在的生活状况。为此，他委托秘书叶子龙召集了一部分同志，回革命老区了解情况。毛泽东认为，只有真正体察劳动人民的疾苦，才可能作出有益于人民的决策。

1951年春，我国北方遇上了历史上少有的干旱，而此时正是庄稼生长需要大量水分的时候。毛泽东时刻关心着人民的疾苦，心急如焚。他常常望着一片云彩也没有的天空自言自语："为什么老天还不下雨？"也许是他的虔诚感动了上帝，5月24日，天空突然下起了大雨。工作人员都十分了解毛泽东的心思，尽管他刚刚睡下，还是向他报告这一喜讯。毛泽东听后，异常兴奋，睡意全无，立即穿好衣服，并把警卫员叫来，让他赶快到郊区农村看看，向农民了解一下情况，听听农民对这场雨有什么反映。出去了解情况的同志回来向毛泽东详细报告了这场雨对庄稼生长的好处及农民兴高采烈的情景。毛泽东开心地笑了："现在靠天，总有一天老天不下雨，也要打粮食。"

毛泽东和广大人民群众的心息息相通，他急人民所急，想人民所想，先天下之忧而忧，后天下之乐而乐。在他的心目中，世界上任何事，其重要性都不会超过人民的利益，因而一旦他了解到人民的疾苦，就会放下手中正在进行的，在别人看来都是非常重要的事，去关心和帮助群众。

1944年的一天，中共延安市委书记张汉武接到中央办公厅的通知，说毛泽东有紧急事找他。一路上，张汉武不停揣摩，到底是何事，劳主席亲自接见，难道有新的战争任务？他快步来到枣园，一见到毛泽东就急切地问有什么任务。毛泽东微笑着让他坐下，请他喝茶吸烟，问他知不知道侯家沟的两个小村里妇女为什么不能生孩子，是不是水有问题？张汉武也听闻过此事，但由于工作繁忙，没有派人去调查原因。毛泽东当即指示他去请中央医院把水化验一下。张汉武为难地说："好是好，只怕这种小事医院不干。"毛泽东严肃地说，对于共产党人来讲，人民的疾苦绝不是小事，应当让医院派人去。在延安市委的配合下，医院查出侯家沟的水中含有大量有害物质。医院指导群众进行了处理，并对群众的疾病进行了治疗。一年以后，侯家沟里就传出了婴儿的啼哭声。

在各种不同场合，毛泽东总是教育干部和工作人员要全心全意为人民服务。他不止一次地说：我们走到哪里，都不要忘记为人民兴利除弊，我们共产党的干部战士就是为人民服务的。正是由于毛泽东始终把人民的利益放在第一位，因此每当危急关头，他总是不顾自己的个人安危，与人民同舟共济。

1946年，我军接连取得羊马河和蟠龙战役的伟大胜利后，胡宗南慌忙调遣他的二十九军军长刘戡率4个旅向王家湾猛扑过来。中共中央一方面转移，另一方面紧张地同当地的老乡们一起坚壁清野，准备和敌人在山里周旋。在这十分紧张的时刻，毛泽东心中仍然惦记老百姓的安危，他对同志们说："敌人从东边来，我们要有计划地组织老乡撤退，不能让老乡受损失。把我们的行动方向告诉村干部，让他们带领群众跟着转移。"当时有人担心，这么多群众拖儿带女跟着，会暴露行动方向，影响毛泽东的安全，于是提议让老乡们向其他方向转移。毛泽东十分严厉地批评了这种想法，他说："我们是人民的军队，一定要让老乡跟自己的部队一起撤退，这样可以减少损失。现在军民已凝成一体，就应该对群众负责到底。已经向东走了的群众，要派人追回来。"

毛泽东把全心全意为人民服务作为一个革命者最起码的道德准则，他认为"为人民利益而死，就比泰山还重；替法西斯卖力，替剥削人民和压迫人民的人去死，就比鸿毛还轻。"毛泽东在全国人民心中能树立崇高的威望，不仅是由于他杰出的政治、军事才干，而且也因为他"俯首甘为孺子牛"的奉献精神。今天的管理者们要以毛泽东为榜样，时刻心想人民，切切实实为人民谋福利。只有这样，才能在工作中得到人民群众的衷心拥护和支持，更好地履行自己的职责。

八、谦虚谨慎 不骄不躁

中共八大的开幕词中有一句至理名言："谦虚使人进步，骄傲使人落后。"谦虚谨慎是毛泽东的优良品质之一。他虽身为党和国家的最高领导人，却经常自称是"人民群众的学生"，特别赞赏"活到老，学到老"的精神。正是因为这种谦虚的品质，使得他能在管理国家和社会事务中，从不自以为是，而是充分发扬民主，广泛征求党内外意见，领导着我国的革命和建设事业不断地走向胜利。我们从他对毛泽东思想的态度中，可以清楚地认识到一代伟人的谦逊品质。

毛泽东思想这一科学概念是王稼祥在1943年7月第一次明确提出来的。1945年6月，中共七大通过的党章中，正式确定“中国共产党，以马克思列宁主义的理论与中国革命的实践之统一的思想——毛泽东思想，作为自己一切工作的指针”。此后，学习研究毛泽东思想也就成了中国共产党思想理论建设的重要内容。对此，毛泽东本人始终保持了比较谨慎的态度。

1943年是毛泽东50岁诞辰。为表示祝贺，党内有些同志提出为他祝寿，并提出结合祝寿来宣传毛泽东思想。毛泽东闻讯后，立即致信给当时中共中央宣传部部长凯丰说：“生日决定不做，做生日的太多了，会生出许多不良影响，且当前是内外困难的时候，时机也不好，我的思想（马列）自觉没有成熟，还不是学习的时候，不是鼓吹的时候；要鼓吹只宜以某些片断去鼓吹（例如整风文件中的几件），不宜当作体系去鼓吹，因为我的体系还没有成熟。”1943年，有人建议将毛泽东思想改成毛泽东主义，毛泽东极不赞成这个提法，他说：“不能在马克思列宁主义之外，再搞一个什么主义，不要一个国家、一个政党的领袖都搞成另一个主义……我们就是一个主义，马克思主义。”1945年召开的中共七大决定将毛泽东思想作为我们党的指导思想，并将其写入党章。毛泽东虽表示同意，但却声明毛泽东思想不是他个人的思想，而是从大家中来的，是集体智慧的结晶。1948年8月，华北大学校长吴玉章在给周恩来的电报中表示，想在华北大学成立典礼上提出：“主要的要学毛泽东主义”，“把毛泽东思想改成毛泽东主义”，毛泽东知道后立即复电表示坚决反对这种提法，并说：“有些同志在刊物上将我的名字和马恩列斯并列，说成什么‘马恩列斯毛’，也是错误的。”

中华人民共和国成立后，毛泽东在全国人民心目中的声望更高，“毛泽东思想”这一提法也更为普及，但毛泽东对他个人及其“毛泽东思想”的宣传，仍然保持着谦虚的态度。1951年，陈伯达写了《论毛泽东思想》的小册子，并想在全国大力宣传。毛泽东知道后，当即严肃指出：不要把我和马列并列，我们要谦虚。根据毛泽东的意见，此书出英文版时，便改名为《毛泽东论中国革命》。1952年9月25日，毛泽东在审阅《人民日报》国庆社论送审稿时，再次批示：在宣传中尽可能不用毛泽东思想这个名词。1953年5月24日，毛泽东在萧克关于军委例会通过的内务条令、纪律条令、队列条令等三个草案的报告上批示道："凡有'毛泽东思想'字样的地方均改为'毛泽东同志的著作'字样。"1954年12月5日，中共中央发出了关于毛泽东思想应如何解释的通知："关于'毛泽东思想'应如何解释的问题，今后可用口头答复如下：党章已明确指出：'毛泽东思想'即是'马克思列宁主义的理论与中国革命的实践之统一的思想'，它的内容和马克思列宁主义是同一的。毛泽东同志曾指示今后不要再用'毛泽东思想'这个提法，以免引起重大误解。"毛泽东在通知稿后面又加了一句："在写文章做讲演遇到需要提到毛泽东思想的时候，可用毛泽东同志的著作等字样。"正是由于毛泽东的谦虚，也为了顾及当时国际共产主义的形势，这时毛泽东对"毛泽东思想"的提法变得更加谨慎。在1956年召开的中共八大的各项报告中，均未提及"毛泽东思想"一词，八大后的几年，也极少出现"毛泽东思想"这一概念。

"文化大革命"前后，在林彪、江青等别有用心者的大力鼓吹下，全国上下对毛泽东的个人崇拜达到了顶峰。即使在这个时候，毛泽东对极度吹捧"毛泽东思想"的倾向，还是保持着一定程度的清醒。1964年3月，毛泽东在谈及《毛泽东选集》时说："毛选里的这些东西，是群众教给我们的，是付出了流血的代价的。"1966年，针对林彪极力神化毛泽东著作这一倾向，毛泽东在一封信中写道："我历来不相信，我那几本书，有那样大的神通，现在经他一吹，全党全国都吹起来了，真是王婆卖瓜，自卖自夸。""文化大革命"中，毛泽东屡次提醒党内其他领导说：以后请注意不要用"最高最活……""顶峰""最高指示"一类的语言。在针对对外宣传中存在的将"毛泽东思想"强加于人的作法，毛泽东再三指出：不要以人家是否接受毛泽东思想来判断人家这个党是好的还是坏的，不要以这个作标准。

从毛泽东对"毛泽东思想"的态度中，我们可以深刻地体会到他这种难能可贵的谦虚品质。毛泽东始终对自己保持着清醒的认识，而这种认识，更源于他对连绵不绝的时间和空间的深邃洞察，这种洞察远不是一个人做出点谦虚的姿态就能做到的。毛泽东无疑具有这种洞察力和"风物长宜放眼量"的气派，所以，他成了一个影响20世纪历史进程的伟人。

中共十一届三中全会以来，我国的改革开放和社会主义现代化建设取得了举世瞩目的伟大成就，我们完全有理由感到自豪，但我们决不能自满，决不能懈怠，决不能停滞，成绩越大，形势越好，越要谦虚谨慎，保持清醒的头脑。我们应该学习毛泽东同志谦虚谨慎的品质，继续保持谦虚、谨慎、不骄、不躁的作风，取得更大的成绩。

九、求真务实

求真务实，不坐而论道，是毛泽东一贯坚持和提倡的作风。他那高度抽象的思辨力，丰富浪漫的想象力，无不与现实的实践活动紧密地结合在一起，构成他管理素质的重要部分。毛泽东务实的首要特征，就是以实事求是、理论联系实际为人生行事的原则和方法，致力于解决实际工作中的问题，即把马克思主义理论与中国的实际结合起来，以解决中国革命和建设的实际问题。他对那种不顾实际的空想和空谈甚为鄙视，也反对那种只因一时热情而凭“主观冥想”来制定计划的浮泛作风，以为“理想固要紧，现实尤其要紧”，认为理想应与现实结合起来，以事实为依据，因为“事实是当前的，是不能消灭的，是知了就要行的。”

“实事求是”是毛泽东思想的“核心”“精髓”和“根本点”。毛泽东曾对“实事求是”作过精辟的解释，他说：“实事”，就是客观存在的一切事物，“是”就是客观事物的内部联系，即规律性，“求”就是我们去研究。

求真务实的良好品质，在毛泽东少年时代便已开始培养。毛泽东走进湖南一师校园的第一天，就抬头看见徐特立手书的“实事求是”几个大字赫然镌写于校门口。这是一师校训的根本和师生们的座右铭。在一师时，对毛泽东影响最大的两位老师徐特立和杨昌济都具有实学遗风。特别是杨昌济，他一贯倡导讲求实际躬行实践的作风。他告诫学生说，为学要首重“力行”，认为“能力行，则博学，深思皆为力行之用；不能力行，则博学、深思亦徒劳而已矣”。毛泽东通过杨昌济而接受了经世致用的务实作风和务实精神。

1917年暑假，毛泽东为了解中国国情，寻求救国救民的真理，与萧子升从长沙出发，穿着草鞋，背着包袱、雨伞，漫游了宁乡、安化、益阳、沅江、长沙五县。他们虽身无分文，但心忧天下，通过游学的方式加深了对中国农村现实情况的了解，这为他以后提出“农村包围城市，最后夺取城市”的创想奠定了思想基础。

1919年春，毛泽东参与组织青年学生赴法勤工俭学的活动，但他却决定自己不出国，留在国内从中国现实中探索救国救民的道路。他觉得，中国有许多事物需要深入的研究、调查，中国处在伟大的变动中，自己不能离开这个战斗的环境。

土地革命时期，工农革命军与国民党军队比较起来，力量非常弱小。毛泽东坚决反对照搬苏联经验，不考虑敌我力量的悬殊对比，去攻打中心城市。他首先考虑到的问题是如何保存自己，“打得赢就打，打不赢就走”。长征后期，他力主打到苏联去。抗战初期提出“山地游击战”方针等，都表现出毛泽东在关键时刻非常务实。上井冈山就是一个非常典型的例子。

1927年秋收起义失败后，毛泽东在文家市主持召开前敌委员会会议，讨论工农革命军今后的行动方向问题。一师师长坚持取浏阳直攻长沙的计划，这也符合中共中央原来的主张，部队中有不少人也抱有这种情绪。毛泽东从实际出发，对当时的客观形势作了深入的思考。他认为当时全国革命形势已走向低潮，反动军事力量在各处都大大超过了革命力量。就湘赣边界来说，当时农民没有充分发动起来，农民起义也没有形成巨大声势，单靠工农革命军的现有力量不可能攻占国民党军队强固设防的长沙，湖南省委原来的计划也无法实现。所以断然主张放弃进攻长沙。那么，实行退却，退到哪里去呢?

经过深入细致的分析，毛泽东果断地率部直奔井冈山。井冈山地处罗霄山脉的中段，山高林密，翠竹长青，山泉淙淙，地势险峻。它处于两省四县即湖南酃县和江西遂川、永新、宁冈的交界处。

在历史上，这里曾多次成为农民武装积聚和发展的基地。从军事的角度来看，井冈山具有十分重要的战略地位以及良好的自然条件和社会条件。这里远离敌人控制的长沙、武汉、南昌等中心城市和交通要道，反动统治力量比较薄弱，又有两省军阀间的矛盾可以利用。加上大革命时期，井冈山地区的几个县都建立了党的组织和农民自卫军，积累了一些武装斗争经验，有较好的群众基础；地形险要，以宁冈为中心的数百公里内，崇山峻岭，道路稀少，交通不便。井冈山的中心地区更是峭壁耸立，森林茂密，居高临下，易守难攻。此外，这里还盛产粮食，四周均为物产丰富之地，便于筹款筹粮。正是由于这种特殊的地理位置和自然社会环境，决定了一旦在此实行武装割据，开展游击战争，必将同时对湖南、江西乃至湖北产生重要影响，以至进可以发展革命，退可以保存革命力量，使自己立于不败之地。用毛泽东自己的话来说："以宁冈为中心的罗霄山脉的中段，最利于我们的军事割据。"

在刚刚离开三湾时，毛泽东也只是有个奔向罗霄山脉的大致方位。而选中井冈山，则是他走遍了罗霄山脉之后，通过比较才确定的。

秋收起义失败后，毛泽东并没有盲目服从当时中共中央的错误指示，去"以卵击石"，而是一切从实际出发，看到暂时打不过强大的敌人，拉起队伍就走，赶快上山，先保存实力再说。实践证明，毛泽东的选择是无比英明正确的，正是由于井冈山上燃起的"星星之火"，造成了全国革命的"燎原之势"。

毛泽东一生做事都"不唯书，不唯上，只唯实"，深信只有实践才能出真知。他对半殖民地半封建的中国社会，尤其是中国农村的了解和认识，比与他同辈的许多人来说要深刻得多，具体得多。无论是战争年代，还是和平建设时期，毛泽东在他的一生中都始终身体力行，尽力地进行深入实际、深入群众的调查、研究。在实现马克思主义基本原理同中国革命的具体实践相结合这个根本点上，他是出类拔萃的。这是他能够集中全党智慧，把马克思主义中国化，创立毛泽东思想，并成为一个伟大的管理家的根本原因之所在。

十、恪守信用　绝不食言

"诚实信用"是管理者必备的一项素质。如果一个管理者言行不一，出尔反尔，则很难赢得下属的信任和支持，工作上也将会遇到更多的麻烦。毛泽东一生中都很注重信用二字，言必信，行必果。他对自己说过的话，从来都是很负责任的，决不因为自己位高权重，而轻易失信于人。即使是对身边的工作人员，他也是“一诺千金”。

在毛泽东身边工作，往往是地位高、职务低，工作辛苦。有人难免产生埋怨情绪，心里想着和自己一起参加工作的人，都已经是中层以上干部，而自己只不过还是一个普普通通的工作人员，有些人怕毛泽东长期把他们留在身边，得不到升迁的机会。毛泽东很理解他们的这种心情，为此还和李银桥之间发生了一个“三订约”的感人故事。

1947 年春，国民党集中重点兵力进攻山东和陕北解放区。出于战略上的考虑，中共中央撤离延安，转战陕北。为安全起见，中央决定加强对毛泽东的保卫工作。这年 8 月的一天，中央纵队参谋长叶子龙、副参谋长汪东兴找到当时正在给周恩来当警卫的李银桥谈话，希望调他到毛泽东身边当卫士。李银桥想到和自己一起当兵的人都已是营、团级干部了，而自己如果不下去锻炼，一直给首长干警卫工作，职务很难得到提升。他知道毛泽东是个很恋旧的人，去了之后，怕毛泽东与他接触时间一长，产生感情，不肯放他走，不是很情愿到毛泽东身边工作，但最终他还是服从了组织上的安排。就这样，李银桥来到了毛泽东身边。

当李银桥当面把不愿意再干警卫工作的想法告诉毛泽东后，毛泽东并未生气，反而赞扬了他的诚实。然后笑着对他说：“你到我这里来工作，我们只是分工的不同，都是为人民服务……当我的卫士，地位够高，职务太低，我给你安个长，作我的卫士组的组长。”

看到李银桥表示同意了，毛泽东便和他开始了第一次“订约”。他作了个手势说：“半年，你帮我半年忙，算是借用，你看行不行？”李银桥爽快地答应了。从此，李银桥便投入了保卫毛泽东的工作。他聪明机警，而且善于察言观色，很快便熟悉了毛泽东的性格特点和生活习惯。毛泽东只需一个眼神、一个手势，他便知道是什么意思，很快就能干净利落地把事情办好。这种默契的配合，令毛泽东很是高兴。他曾几次对李银桥说：“我们合得来，你是善于发现规律的人。”

转眼间，半年的时间很快就到了。毛泽东虽日理万机，但他并未忘记订约之事，1948年2月的一天，他试探性地问李银桥："半年，整好半年……你，不想走吗？"李银桥心情很矛盾，但性格直爽的他还是向毛泽东表露了自己的真实想法："想走……如果主席……"毛泽东打断了他的话，果断地说："不，咱们有言在先，我不食言，你可以走了。"毛泽东宽广的胸襟让李银桥感到万分惭愧，想想自己以前的想法，真是以小人之心度君子之腹。他红着脸，不好意思地对毛泽东说："主席已经同意我走，那么，以前订的约算是结束，如果需要，我们还可以订约。"毛泽东会心地笑了："好，那好，我们重新订约。半年，你再帮我半年，看我打败胡宗南。"第二次订约，就这样在欢快的气氛中开始了。接下来的一个月里，在毛泽东的英明领导下，彭德怀率西北野战军与国民党胡宗南部进行了生死决战，歼敌3万余人，取得了辉煌的战果。被胡宗南侵占了一年又一个月的延安，又重新回到了人民解放军的手中。李银桥在跟随毛泽东转战陕北的岁月中，亲眼目睹了一代伟人为了全国人民的解放事业，全然不顾个人安危，日夜操劳，忘我工作的感人事迹，深深地被毛泽东的超凡智慧和顽强意志所折服。毛泽东高尚的人格散发出无穷的魅力，把李银桥深深地吸引住了，令他再也不愿意离开毛泽东了。

1948年8月，第二次订约的半年期限又到了。此时，中共中央已转移到河北西柏坡。毛泽东此时正运筹帷幄，准备发动三大战役，给国民党以致命的一击。在解放战争的关键时刻，毛泽东仍未忘记与李银桥的约定，他微笑着对李银桥说："又到日子了，我想再借用你半年，看我彻底打败蒋介石。"李银桥喜出望外，连声答应。只要主席不撵他走，他愿意一辈子给主席做卫士。

这次谈话之后，毛泽东和李银桥心有灵犀，谁也不再提起"定约"之事。

毛泽东是党和国家的最高领导人，日常工作十分繁忙，但他并未忘记与一个普通工作人员的小小约定，严守信用。只要时间一到，他便主动地征求李银桥的意见，决不依靠自己的权势而强人所难，失信于人。

我国历来是一个礼仪之邦，一部《论语》"诚信"二字不知讲了多少遍。孔老先生教我们每日三省吾身："为人谋而不忠乎？与朋友交而不信乎？传不习乎？""老者安之，朋友信之，少者怀之。""民无信不立，国无信不强。"

我们一定要继承中华民族的优良传统，学习毛泽东的"信用观"，无论事情大小，都要恪守信用，不能失信于人。

管理

第二章

管理中的决策艺术

决策是管理的核心。可以说，整个管理过程都是围绕着决策的制定和组织实施而展开的。毛泽东有着高超的决策艺术，他在决策时沉着冷静、机智果敢、灵活多变、思维缜密，这为他管理上的成功增加了重要的砝码。

一、趋利避害 科学决策

任何事物都是处在不断发展变化中的。管理者在决策中制定了预定的总体目标后，一定要对事物的多向性曲折发展变化趋势和多种可能性的未来结局进行正负效应的评估、选择，然后本着趋利避害的原则加以调节和控制，使事物朝着理想的方向和目标发展变化。

毛泽东在认识世界，改造世界的进程中，始终坚持从多种可能中把握历史发展的必然趋势。他总是通过预测，事先认识改造对象的多向性未来发展变化趋势和多向性未来结局，然后按照党和人民的价值取向制定因势利导、补救应变、趋利避害的对策，加以有效的调节和控制，通过这种对策和控制，促使事物走向并实现有利的未来结局，避免导致有害的未来结局。

毛泽东制定趋利避害决策的调节和控制原则，是向着最坏的一种可能性作出对策准备，争取最好的可能性。他再三提醒人们，谋划对策，一定要事先注意全面预知出现多种未来结局的可能性。只有立足最坏的情况，从最坏的可能性来设想，来制定调控对策，多作几手准备，才能防止意外情况的发生，立足主动地位，争取好的可能性实现。他说："向着最坏的一种可能性作准备是完全必要的，但这不是抛弃好的可能性，而正是为着争取好的可能性并使之变为现实的一个条件。"

在战争领域，毛泽东历来坚持全面预测，预知战争发展的多种可能性，坚持立足最坏的情况，作万无一失的多方准备，争取最好的结果，这种趋利避害的决策原则。这样制定的决策付诸实践，遇到多种情况都能应付裕如，遇到最坏的情况也能化险为夷，终操胜券。

解放战争的第二年，国民党蒋介石的反革命力量在人民革命力量的打击下大大削弱，被迫由"全面进攻"改为"重点进攻"。毛泽东目光敏锐，他从战略战术两个方面科学地分析了形势后认为，中国的时局将要发展到一个新的阶段，军事形势在向着有利于人民的方向发展。虽然从军队的数量和武器装备来看，蒋介石仍占有优势，其主子美帝国主义仍在源源不断地援助他，但蒋介石的军事攻势已经衰弱下去，这表现为蒋军兵力不敷分配，兵员不足规定数额，战线又拉得过长，消耗过多，蒋军士气在日益低落。

在重大变化来临之际，毛泽东抓住关系整个战争全局的重要关节，就是说我们不应等到敌人的进攻被完全粉碎，我军在数量装备上都超过敌人之后再去展开战略反攻，而应抓住有利时机，不让敌人喘息，全面转入反攻。

机不可失，时不再来。毛泽东及时作出了“大举反击，经略中原”的战略决策。按照毛泽东的伟大决策，1947 年 7 月至 9 月，我人民解放军在各个战场先后转入了全国规模的战略反攻，敌人被迫转入战略防御。

根据敌我双方兵力的部署，以及各种主客观条件，毛泽东把战略进攻的矛头选在中原地区的大别山，这是敌人战略上最敏感而又最薄弱的地区。

为了使跃进大别山，夺取中原的决策付诸实施，毛泽东指定由刘伯承、邓小平率领晋冀鲁豫野战军主力担负进军大别山的光荣使命，以 12 万余大军远离根据地，一举跃进到敌人的深远后方去作战，这种独特的进攻样式是史无前例的。不难设想，要实现这样伟大的战略计划，决不是轻而易举的。毛泽东对刘邓大军出动后敌人可能采取的对策和我军外线作战的复杂情况事先进行了全面的预测。他预见到刘邓大军可能会面临三种结局：一是付出代价，不能大量歼敌，难以立足，被迫退缩回来；二是付出了代价站不稳脚，在周围打游击；三是付出了代价，站稳了脚。为此，毛泽东事先告诫刘邓大军要作好充分的思想准备，从最坏处着想，随时准备应付最坏的局面，同时力争站稳脚跟。刘邓大军按照毛泽东趋利避害的指导原则，充分发挥自觉能动性，终于在大别山站住了脚，扎下了根，胜利地实现了毛泽东估计的三个前途中最好的前途，对改变全国战局起了决定性的作用。

1948 年 9 月 16 日至 9 月 24 日进行的济南战役，是我军对国民党坚固设防的战略要地济南进行的一场大规模的攻坚战。敌军不仅有 11 万多重兵把守济南，而且在徐州一带集中了 17 万机动兵力，准备随时驰援济南守军，此役我军将面临攻济打援双重硬仗。

战役前制订作战计划时，毛泽东提出，战役计划应以能应付最坏情况为根本出发点。他通过科学预测，估计到攻济打援可能出现的多种不同情况，其中包括援敌距离已近之时我军尚未攻克济南这种最不利的情况。在战役部署上，他着重谋划了对付这种最不利情况的打法。1948 年 9 月 11 日，他在电报中再次提醒我军作战部队：“准备对付最困难的情况，并以此作为一切部署和工作的主要出发点。”

遵照毛泽东制定的趋利避害的决策，我军攻城兵团巧打快打，迅速全歼守敌。同时打援兵团严阵以待，迫使徐州方面敌军惧怕被歼，始终未敢北援。由于我军趋利避害对策得当，避免了我军攻济未克，援敌逼近这种最不利的情况出现，使整个战役大获全胜，为其后进行淮海战役创造了极为有利的条件。

1948 年 10 月 27 日，毛泽东为中央军委起草的给淮海战役各有关指挥员的电报中说：“你们在研究部署时，除根据当前情况外，还要估计到情况的某些可能的变化，要设想敌可能变化的几种情况，其中应包括一种较严重的情况，要准备在这种情况下有对付的办法。”这又是全面预测，预见战役发展变化的多种可能性，立足最坏情况，科学制定趋利避害决策，争取最好结果的范例。

上述三个例子，只是一个缩影。其实在毛泽东作出的许多决策中，都体现出了趋利避害的科学性。他并不害怕和逃避失败，但又通过各种方式去争取达到最好的结果，实现预期的决策目标。由于毛泽东在决策前准备充分，考虑周全，作好了最坏的打算，这样使得他在对敌斗争中处处处于主动地位，成为一个令任何对手都望而生畏的杰出政治家、军事家。

二、集思广益 民主决策

决策是管理的核心。可以说，整个管理过程都是围绕着决策的制定和组织实施而展开的。诺贝尔经济学奖获得者西蒙甚至强调，管理就是决策，决策充满了整个管理过程。由此可见，决策在管理中的重要地位。由于管理涉及范围广泛，而个人的能力、智力是有限的，每个人都有自己知识上的盲区，再杰出的人物也不可能样样精通。因此，单凭精英人物的个人判断或依赖小集团的群体决策，都难以完成现代社会所赋予的决策使命。由此可见，借助外脑，发挥思想库的作用，是管理决策不可缺少的外部条件。管理者在进行决策时，让专家和富有实际经验的人来参与，做到集思广益、群策群力，能够为决策成功奠定坚实的基础。

毛泽东在进行决策时，善于借助多个外脑，既有普通群众，又有资深专家；既有党内人士，又有党外同志。外脑多了，代表性就提高了，方方面面的意见、建议就可能反映到决策内容中去了。20 世纪 50 年代，毛泽东在治理三峡、规划长江的决策中，就充分听取了群众和水利专家的意见，集思广益，进行民主决策，从而避免了共和国历史上的一次巨大灾难。

长江是中华民族的母亲河，也是亚洲第一大河。久负盛名的长江三峡，更是风光无限，水利资源非常丰富，养育了无数代勤劳的中华儿女，但长年的水患也给两岸人民带来了深重的灾难。于是治理长江，兴利除害，便成了中华民族世世代代的课题。20 世纪初，一个在长江上游末端的三峡筑坝拦洪的方案便已提出，但长年的战乱，使这一计划长期搁浅。

中华人民共和国刚刚成立，心忧天下的毛泽东就开始为治理三峡、规划长江的重大决策而费心尽力。1953 年 2 月，毛泽东亲自南下武汉，视察长江，听取了当时长江水利委员会主任林一山关于修建三峡工程设想的汇报。当听说即使修一大批梯级水库拦洪蓄水，也还是抵不上一个三峡水库时，毛泽东对这个毕其功于一役的大工程深表赞许。

随后几年，毛泽东又多次视察长江，并深入到群众中，听取他们对三峡工程的意见。在林一山的建议下，毛泽东又请中苏专家对三峡大坝进行了查勘。为慎重起见，1958 年元月，毛泽东又召集林一山和持反对意见的新中国另一位水利专家李锐到南宁开会，让两人当面各陈己见。林、李两人在会上从容不迫，侃侃而谈。

林一山从汉朝贾让治水谈起。2000 多年间，长江洪水为害，平均十年一次。辛亥革命以来的 40 年中，平均五年一次，可见长江洪灾越来越严重。长期汛期来自宜昌三峡以上的洪水占全流域洪水量的百分之五十以上。如果在上游末端的三峡修建一个巨型水库，就能将上游川江涌来的洪水控制住。而只有在三峡修水库才能有如此巨大的库容，宜昌以下支流则找不到一个有如此控制效果的库址。在治理长江的诸多效益中，林一山侧重谈了发电的问题。他用一大堆数字说明了毛泽东最热衷的钢铁工业的发展与电力增长的比例关系，又用了一系列数字，说明其他耗电工业对电力增加的需要，而要促使水利发电量快速增长，关键就是要修三峡这个巨型的水电站。至于技术上的可能性，林一山认为现有的三个方案，同国外类似难度相比，没有什么不可克服的困难。他估计投资总数为72亿元，这个数字在国家财政承受的范围之内。至于开工时间，林一山说：由于三峡枢纽的各项经济效益非常显著，我们不应当推迟兴建，宜在1963年正式开工，1973年全部完成。

李锐针锋相对，力加反驳。他首先论证三峡工程不是防洪的最佳方案。三峡工程位于长江三峡末端，故只能管住上游到宜昌以上的洪水，控制长江流域的百分之五十，对处于中下游的几大支流则无能为力，而修建三峡工程要吃掉几乎多年所有水电基建投资，使其他多项对长江支流治理有很好作用的水电工程都被挤掉，这只能妨碍长江防洪设施的总体建设，甚至影响全国水电工程事业的发展。李锐认为，解决长江洪水灾害的办法，从战略上讲是先支后干，因为长江干流的洪水与支流息息相关。在支流通过修建水电站，水土保持等措施进行治理，等于将长江洪水分而治之。这样即可解决本地区的水患，又减轻了干流洪水的压力，而逐步修建这些大中型工程，国家财力也承受得起。李锐还特别强调了移民问题，指出如按坝高200米修建三峡水库，估计移民至少要105万，这是极重要，极困难的问题。另外，李锐还提醒说，我国是一个刚刚结束了百年战乱的国家，财贫力弱、科技落后，缺乏实施三峡工程的实力。如果硬行上马，必将后患无穷。

李锐和林一山两人各执一词，双方都言之成理，述之有据。毛泽东认真地听完两人的陈述后，吩咐两人各写一篇文章，三天后交卷。三天后，毛泽东再次召集会议，将两份方案提交各分管领导讨论，充分征求各方意见。在听取正反双方激烈的辩论后，毛泽东权衡再三认为，当前修建三峡工程的时机还不成熟，他当即拍板定案，作出最后决策：暂缓上马三峡工程，日后再议。会后，毛泽东将三峡工程的问题交周恩来亲自处理。50年代这段“三峡公案”至此告一段落。

事实证明，毛泽东的这一决策是无比正确的。当历史发展到20世纪90年代，世界科技水平已有了和当年不能同日而语的发展，当国内外修建巨型水电工程已有了丰富的经验和惨痛的教训，当人类对自然的认识已大大深化，我国政府再次对三峡工程进行论证时，发现三峡工程原来有那么多的难题还没有解决，而且至今解决起来难度仍然很大。许多人都感慨地说："如果当初三峡工程上马，将是中国的一场巨大灾难。"

在科学技术日新月异的今天，新情况、新问题不断地涌现，这无疑增加了管理者决策上的难度。单凭管理者个人或一个管理集团的能力，显然已无法满足科学决策的要求。管理者在进行决策时，应当充分发扬民主、广泛征求各方面的意见，集思广益，使党的各项决策更加科学，从而避免重大错误的发生。

三、抓住时机　果断决策

政治和军事上的斗争形势，千变万化，机会稍纵即逝。能否把握时机，果断地进行决策，是决定最后胜负的关键。三大战役胜利结束后，国民党在全国的统治土崩瓦解，不甘心失败的蒋介石在美帝国主义的支持下，力图通过国际斡旋和"和平谈判"，实现"隔江而治"的美梦。抓住时机，一举消灭国民党反动派的残余势力，将革命进行到底，还是就此止步，使革命半途而废？在两种关系国家、民族前途的选择面前，毛泽东抓住时机，果断地下令发动渡江战役，彻底摧毁了国民党在中国的统治，充分地体现了其超凡的决策艺术。

从 1946 年夏到 1949 年春，全国解放战争经过了战略防御、战略进攻和战略决战三个阶段，中国人民革命战争在全国胜利的局面已经确定。辽沈、淮海、平津三大战役的胜利，解放了长春、北平、天津、徐州及济南、郑州等大城市。人民解放军已由战争开始时的 127 万增加到 400 万人，并完成了统一整编，其中的第二、第三、第四野战军共 200 万人已为渡江作战进行了充分的准备。

与此同时，蒋介石的反动统治则已陷入四分五裂的状态，处于崩溃的边缘。其主力部队基本已被消灭，余部分布在从新疆到台湾一带，已无法在战略上组织有效的防御。

在此情况下，美帝国主义和国民党反动派要想继续用硬下去的方法来挽救他们的失败，已经是办不到的了。因而，他们就一天比一天地重视用政治斗争的方法，来阻止中国革命的继续向前发展。他们的如意算盘是：一方面组织外交、军事力量和所谓地方势力在长江以南继续顽抗，以阻止人民解放军渡江南进；另一方面，装出一副可怜巴巴的样子，玩弄“和平”阴谋，先搞一个南北对立的中国，作为缓兵之计，取得喘息时间，利用此时机，将国民党正规军重新扩充到350万至500万人，然后卷土重来。

这期间，美帝国主义还策动那些既与国民党有关系，又同革命阵营有联系的人，组成革命内部的“反对派”，以阻止革命前进，至少使革命带上温和的色彩。因此，有的人就向中国共产党呼吁“和平”，把战争“立即停下来”，替国家“保留一点元气”；有人乘机在西南活动，妄图在美国的支持下，能得天下一分，形成三足鼎立之势；也有自称为人民朋友的人士，劝说共产党要怜惜敌人，要实施“仁政”；在革命阵营内部，也有人过高地估计敌人的力量，害怕美帝国主义出兵干涉，引起第三次世界大战，主张中国革命就此止步。

1949年元旦，日暮途穷的蒋介石在内外交困下，发表了求和声明，宣称要在确保国民党反动统治，维持伪法统、伪宪法和确保国民党部队等条件下，与中国共产党进行和平谈判。当时的一些友邦，特别是苏联，对中国形势也做出了错误的估计，他们担心人民解放军继续前进，会引起帝国主义的直接出兵干涉，因而希望人民解放军不要打过长江，暂时把革命局限在长江以北。

形势的发展在全国人民面前提出了一个非常尖锐而且迫切需要解决的问题：是将革命进行到底，还是将革命半途而废呢？毛泽东审时度势，抓住时机，果断决策：排除一切干扰，发动渡江战役，将革命进行到底。

1949年元旦，毛泽东为新华社写了题为《将革命进行到底》的新年献辞，指出：反动派的阶级本性是不会改变的，“敌人是不会自行消灭的，无论是中国的反动派，或是美帝国主义在中国的侵略势力，都不会自行退出历史舞台”，你不打，他就不倒。他提醒人们，必须善于分清敌友，不要“怜惜蛇一样的恶人”，“一切革命的人民和一切人民的朋友要愈加巩固地团结一致，用革命的方法，“坚决彻底消灭一切反动势力”，使中国人民来一个大解放。

事情的发展证实了毛泽东预言的正确性。毫无和谈诚意的蒋介石反动集团拒绝在《国内和平协定》修正案上签字，从而宣告了国民党政府和平阴谋的彻底破产。

4 月 20 日深夜，毛泽东和朱德联名发布《向全国进军的命令》，命令人民解放军“奋勇前进，坚决、彻底、干净、全部地歼灭中国境内一切敢于抵抗的国民党反动派，解放全国人民，保卫中国领土主权的独立和完整”。“逮捕一切怙恶不悛的战争罪犯”。人民解放军百万雄师横渡长江，以秋风扫落叶之势，直捣南京，23 日解放南京。美国政府和国民党政府“划江而治”以阻止中国革命发展的阴谋终于被粉碎。

善于抓住机遇，进行果断决策，是管理者成熟的标志之一。作为统领全局的管理者，毛泽东洞若观火，能够准确地从纷繁复杂的局势中，看清问题的本质。他抓住敌我双方军事力量发生根本性转变的有利时机，果断地作出了“将革命进行到底”的决策，彻底粉碎了敌人的和谈阴谋，其睿智和果敢令人叹服。

四、力排众议　明智决策

1936 年 12 月 12 日，满腔爱国热情的张学良和杨虎城两将军在西安发动兵谏，扣押前来督剿红军的蒋介石和随行的国民党政务委员十余人，逼使蒋介石停止内战，实行联共抗日，震惊中外的西安事变爆发。

西安事变在国内外引起了巨大的反响。日本企图乘机扩大事端，造成国民党和共产党及张、杨之间的大规模内战。英、美、苏则出于自身利益的考虑，主张和平解决西安事变。在南京政府内，以何应钦为首的亲日派，欲置蒋于死地，取蒋而代之，极力主张讨伐张、杨。而与蒋有密切关系的宋美龄、宋子文等人，则坚决主张营救蒋介石，和平解决西安事变。各社会团体和国民党地方各实力派也意见各异，形势剑拔弩张，内战一触即发。

蒋介石被捉的消息传到延安，广大官兵和人民群众无不拍手称快，纷纷要求罢蒋、审蒋、杀蒋。中共中央内部的争论也十分激烈，以张国焘为首的极左派，极力主张“杀掉蒋介石”“打出潼关去”。“杀蒋”之声，在延安不绝于耳。

蒋介石是人民的公敌，屠杀过大批共产党员和革命志士。对外，他实行不抵抗政策，把东北拱手送给日本侵略者。当日军把魔爪伸向华北，妄图吞并中国的时候，他继续推行“攘外必先安内”的反动政策，对人民犯下了滔天罪行，可以说是死有余辜。杀蒋还是放蒋，迫切地需要以毛泽东为首的中共领导者作出决策。

毛泽东对国内外形势进行了深入细致的分析。他认为日本帝国主义和国内亲日派是欢迎杀掉蒋介石的，虽然日本在西安事变后，假惺惺地提出，要抱“冷静的监视态度”，“避免一切无用的刺激手段”，实际上是在挑拨离间，玩弄“以华制华”的伎俩，其险恶用心无非是指望中国内部大乱，从而坐享其“不战而胜”之成，达到侵略目的。由此可见，当时若杀掉蒋介石，虽然可满足一党一派的报仇心理，但是，站在中华民族的角度来说，将是很不明智的行为。西安事变虽然扣留了蒋介石和他的主要将领，但蒋介石在国民党中的领袖地位是无人能挑战的。如果迟疑不决与失误，就有可能爆发新的大规模内战，削弱全国的抗日力量，导致民族灾难。蒋介石虽然顽固反共，并对日一再妥协退让，但他毕竟还没有宣布放弃抗日和投降，有蒋介石在，至少国民党内部不会大乱，如果释放蒋介石，迫使他接受中共“停止内战，一致抗日”的主张，人们可能暂时想不通，但杀掉蒋介石可能引起大的内战。这样，无疑是在为日本侵略者开辟通道。所以，从大局出发，必须释放蒋介石。

毛泽东高瞻远瞩，总揽全局，抓住了民族矛盾是当时中国的主要矛盾，一切都要有利于抗日这一个中心问题。因此，他没有为一党私仇所扰，而是从中华民族的前途和根本利益出发，全面科学地估计和分析了当时错综复杂的国际形势，力排众议，作出了和平解决西安事变的正确决策。

为了解开广大干部群众思想上的疙瘩，毛泽东在红军大学对这一决策作了精辟的解释。他说，我们要分清局部与全局的关系，不杀蒋介石不足以平民愤，但现在不能杀他。因为杀他正中了日本帝国主义和汉奸卖国贼的下怀。国民党亲日派正打着“讨伐叛逆”旗号，扬言要炸平西安，阴谋用这种手段置蒋介石于死地，以便取而代之。蒋介石一死，各派军阀群龙无首，必然会天下大乱，而这样的结果，只能使日本侵略者坐收渔人之利，这次被捉的蒋介石，既不同于俄国十月革命被捉的沙皇尼古拉二世，也不同于滑铁卢被擒的拿破仑，前者是革命胜利的结果，后者是革命失利的结果。这次抓蒋介石，是出其不意，攻其不备，他的实力还原封不动地保留在那里，杀掉一个蒋介石，还会产生许多新的“蒋介石”。这些人各自为政，相互混战，未必比一个蒋介石好对付。相反，留下蒋介石这个头头，可逼他抗日。总之，捉蒋放蒋，有利于抗日。一旦走上全民族共同抗日的道路，共产党不仅可以实现抗日救国的大计，而且可以重新获得公开发展势力的大好时机，为将来更好地对付蒋介石增加本钱。现在不杀他，只是暂时放他一马，等我们力量强大了再从他手上夺取天下，比杀掉一个人岂不更合算吗？

日本侵略者和亲日派唯恐我们不杀掉蒋介石，而蒋介石又最怕死。在这样生死攸关的时刻。他会认识到他抗日则生，不抗日则死。再加上宋氏兄妹的劝说，他肯定会以抗日的担保换取性命的。如果蒋介石背信弃义，不信守抗日的承诺。那他只会更失去民心，遭国人唾骂，更不好做人，蒋介石不会蠢到这一步。尽管他骨子里还想着反共，但他不会公开宣称他不要抗日只要反共。

接着，毛泽东又作了一个形象而生动的比喻：我国北方有许多毛驴，但都懒得驮东西上山。陕北农村对付懒驴有一个方法：一拉、二推、三打。蒋介石就是一头懒驴，要想让其抗日，我们就要采取对付毛驴的办法，推他、拉他，再不动就照他的屁股上抽一鞭。当然懒驴也会踢人，我们推他的时候，还得多加提防。今后就是要对他既联合又斗争。

毛泽东的一席话，将和平解决西安事变的原因讲得通俗易懂，生动风趣，让广大干部群众豁然开朗。

历史的发展证明了毛泽东这一决策是无比英明的。西安事变的和平解决，粉碎了日本帝国主义和国内亲日派趁机扩大战争，引起中国内乱的阴谋。蒋介石被迫放弃了“攘外必先安内”的反动政策，用抗日的允诺保全了自身的性命，毛泽东则成就了逼蒋抗日的大计。

五、把握原则 灵活决策

毛泽东在其管理决策的活动过程中，非常重视原则性、严肃性，同时也特别重视策略的灵活性和创造性，并把两者有机地结合起来，在原则许可的范围内，因时而异、因地制宜，这使毛泽东的决策更具有艺术特色。重庆谈判，就充分地体现了毛泽东决策中的这一特色。

1945 年 8 月，日本侵略者宣布无条件投降，抗日战争胜利结束。中国人民在饱尝了多年的战乱之苦后，迫切需要建立一个独立、和平、民主、团结、富强的新中国，休养生息。然而，蒋介石却企图趁机抢占人民抗日胜利的果实，在美帝国主义支持下，积极准备内战，妄图一举消灭共产党，继续维持国民党一党专政的法西斯独裁统治。

蒋介石虽然蓄意挑起内战，但慑于国内外要求实现和平民主的强大政治压力，也为了争取时间把国民党军队从大后方调到内战前线，于是大打“和谈”的幌子，玩弄其假和平的诡计。从 1945 年 8 月 14 日至 23 日，蒋介石三次电邀毛泽东赴重庆谈判。

蒋介石的阴谋可谓是司马昭之心，人尽皆知。当时延安反对毛泽东去重庆的大有人在。原因是，当时的重庆正处在白色恐怖之中，而蒋介石本人又是一个极不守信的人，谁也忘不了 1927 年的四一二反革命政变。这种想法不无道理。但毛泽东认为，目前是两种命运、两种前途的大搏斗时期，如果他自己不去重庆，蒋介石政府会制造谣言，说共产党不要和平，不讲团结，这对刚从日本铁蹄下解放出来而渴望和平的人们是有影响的。如果念一己的安危不去谈判，就会使蒋介石的阴谋得逞，使我们在斗争中处于被动地位。如果不念个人安危，深入虎穴，就可揭穿蒋介石的阴谋；若谈判能够取得进展，就能避免战争，避免不必要的灾难，也能顺遂全国人民及我党一贯的和平主张，掌握以后局势的主动权，使形势朝着对人民有利的方向发展。

为揭穿蒋介石的假和平阴谋，毛泽东毅然决定亲赴重庆与蒋介石进行谈判。这充分体现了毛泽东作为一个无产阶级革命领袖的胆量气魄和大无畏的精神，更显示了他在革命紧要关头决策的原则性和灵活性。

针锋相对是原则性，也是灵活性。毛泽东讲，针锋相对，要看形势。有时候不去谈是针锋相对，有时候去谈，也是针锋相对，从前不去谈是对的，这次去也是对的，都是针锋相对。

在谈判中，毛泽东向国民党提出了八项原则性的意见：（一）在国共两党谈判有结果时，应召开有各党各派和无党派人士代表参加的政治会议；（二）在国民大会问题上，如国民党坚持旧代表有效，中共将不能与国民党成立协议；（三）应给人民以一般民主国家人民在平时所享受之自由，现行法令当依此原则予以废止或修正；（四）应予各党派以合法地位；（五）应释放一切政治犯，并列入共同声明中；（六）应承认解放区及一切收复区内的民选政权；（七）中共军队需改编为48个师，并在北平成立行营和政治委员会；（八）中共应参加分区受降。

根据毛泽东提出的“第一中国要和平，第二中国要民主”的基本原则，周恩来、王若飞等同国民党代表张群、张治中、邵力子等开始了艰难的谈判。双方争执最为激烈的是军队和解放区问题。

为了打破僵局，促成国共和谈达成协议，毛泽东在谈判中把原则性和灵活性巧妙地结合起来。他根据谈判的进展和事态的发展，随时调整策略。为表明中国共产党的和谈诚意，毛泽东在坚持不损害人民利益的前提下作了必要的让步，同意将军队整编为24个师或20个师。在坚决承认解放区民选政府的原则下，决定退出广东、浙江、苏南、皖南、皖中、湖南、湖北、河南（豫北不在内）的八个解放区，并将军队撤到长江以北。毛泽东在重庆谈判中的这一灵活举措，粉碎了国民党反动派的造谣诬蔑，揭穿了国民党的内战阴谋，赢得了全国人民和各民主党派的热烈赞同和支持。

在重庆谈判期间，毛泽东还会见了各民主党派代表，同时还与国民党各种人士接触，其中包括跟顽固派头目陈立夫、戴季陶打交道。对于这一作法，毛泽东身边的工作人员感到费解。毛泽东向大家解释说：不错，这些人是反共的，但是我到重庆来，还不是为跟反共头子蒋介石谈判吗？国民党现在是右派当权，要解决问题，光找左派不行，他们是赞同与我们合作的，但他们不掌权，解决问题还是要找右派，不能放弃和右派接触。毛泽东同陈立夫、戴季陶等人的接触，为后人树立了如何把革命的原则性和策略性统一起来的典范。

国共双方在重庆开展的这场谈判斗争，始终是与双方在战场上的斗争交织进行的。毫无和谈诚意的蒋介石在谈判期间，调动 80 余万军队，进攻解放区，挑动内战。对此无理行为，毛泽东毫不动摇地坚持了自卫的原则。他指示我方部队："要打，狠狠地打。"毛泽东称其为"以革命的两手反对反革命的两手"。

经过谈判桌和战场上的反复较量，国共双方斗智斗勇，最后蒋介石被迫在《国共双方会谈纪要》（"双十协定"）上签字，承认和平民主建国的大政方针。这样，如果国民党再发动内战，他们就在全国和全世界面前输了理，我们就有理由采取自卫战争，粉碎蒋介石的进攻。重庆谈判之所以能取得巨大胜利，除了毛泽东那种"一身系天下安危"的大无畏革命精神外，还在于他善于掌握形势，将原则性和灵活性完美地结合在一起，从而作出了正确的决策。

六、环环相扣 缜密决策

管理者在进行决策时，确立目标是首要的，无目标的决策是不可思议的。一项具体的决策，往往包括一个最终目标和为实现这个总目标而设置的各个分目标。各个分目标一环扣一环，相辅相成，相互促进，牵一发而动全身。因此，管理者在进行决策时，必须讲究环环相扣，节节相连，这样才能在决策中处处获得主动地位，从而实现决策的总目标。

毛泽东多谋善断，全局在胸，比一般人站得高，看得远。在指挥中国革命战争的实践中，他缜密思维，系统考虑，将实现决策的各个环节安排得恰到好处。在指导震惊中外的三大战役中，毛泽东精心策划战略部署，使三大战役环环相扣，贯穿成一个紧密联系的有机整体，始终牢牢地把握了战争的主动权。其善于决断，足智多谋的决策艺术在此体现得淋漓尽致。

1948 年 6 月，敌我双方军事力量的对比发生了质的变化。人民解放军在各个战场上共歼敌 264 万人，使国民党军队的总兵力由 430 万人减少到 365 万人，其中能够用于第一线作战的只有 170 余万人。这 170 余万人构成五个战略集团，被我人民解放军分割牵制在东北、华北、西北、中原、华东五个战场上，彼此孤立，处于相互不能支援的态势，大部分只能在其守备的点、线附近实施战役性机动，能够进行战略机动的兵力，已经是寥寥无几了。

1948 年 8 月，蒋介石在南京召开了一次极端秘密的军事会议，重新制定了他的军事战略：决定撤退华北、确保华中、坚持沈阳至 10 月底，以观时局发展，原则上不放弃沈阳，同时亦作撤退准备的作战指导计划，企图进行垂死挣扎。

另一方面，我人民解放军从 1946 年 7 月的 120 万人增加到 280 万人。虽然在数量上还少于国民党军队，但是在两年多的内线、外线作战中，人民解放军提高了战斗力，在大量消灭敌人之后，缴获了大批的武器，装备了自己，并建立了炮兵和工兵，提高了攻坚能力，在石家庄、四平等战役中，积累了攻坚作战的经验。部队不仅能打运动战，而且能够开展阵地攻坚战了。经过新式的整军运动，部队的军政素质得到进一步提高。解放区面积随着前线的胜利而不断扩大，解放区的土地改革深入人心，农业生产随之发展。群众积极性的提高，使人民解放军后方巩固，获得了取之不尽、用之不竭的人力、物力支援。

敌我双方的现实态势，使决策者面临着两种选择：要么立即组织力量向敌人展开大规模进攻，与敌人决战，各个消灭敌人的强大战略集团；要么等待时机，等到人民力量发展在全局上占绝对优势时，再与敌人决战。毛泽东透过弥漫的战争硝烟，科学地分析了战争形势，毅然决定抓住时机，进行辽沈、淮海、平津三大战役。

关于决战方向问题，当时有人主张首选华东战场，有人主张首先指向华北战场。毛泽东心系战争全局，他认为当时全国各战场的形势虽然在不同程度上有利于人民解放军的作战，但敌人在战略上却企图尽量延长坚守东北几个孤立要点的时间，牵制我东北人民解放军，使我军不能入关作战。同时，敌人又准备把东北敌军撤至华中地区，加强华中防御。如果我们把战略决战方向指向华东战场，则会使东北的敌人迅速撤退而实现他们的战略收缩企图；如果我们把战略决战的方向指向华北战场，则会使我军受到华北、东北两大战略集团的夹击而陷于被动。因此，东北战场是全国战局发展的关键。当时东北战场的军力对比和人心向背对我方都特别有利，选择东北作为战略决战的首战方向，是将初战的胜利建立在稳妥可靠的基础之上，也是毛泽东深思熟虑后作出的决策。

在实现战略决战的战役指挥上，毛泽东十分注意抓住关键环节，照顾战争发展的全局，他是抓住战略枢纽去部署战役，抓住战役枢纽去部署战斗的。

辽沈战役打响后，毛泽东按照将蒋军封闭在东北加以各个歼灭的构想，一方面要求东北我军打前所未有的大歼灭战，另一方面又命令华东我军避免打很大规模的歼灭战，每次歼敌不超过两个整编师，以免引起东北敌人退缩增援，抑留敌人在东北加以聚歼。

当淮海战役方兴未艾，平津战役即将发起之时，毛泽东又速电太原前线徐向前、周士第，要他们充分估计到若太原攻克过早，会使傅作义感到孤立，自动放弃平、津、张、唐，南撤或分别向西南撤退，增加尔后歼灭的困难这一情况。为此，应当立即停止攻击，进行政治攻势，部队固守既得阵地，就地休整，待东北我军入关攻击时，再攻克太原。

展开平津战役之际，为稳住平津之敌，不使蒋介石迅速决策海运平津诸敌南下，毛泽东又命令淮海前线总前委，在歼灭敌黄维兵团之后，留下杜聿明指挥下的邱清泉、李弥、孙元良诸兵团之余部，两星期内不作最后歼灭。

这些战斗服从战役，战役服从战略，一环扣一环，环环相接的决策部署，保证了我军能够达到大量地歼灭敌人有生力量，夺取决战胜利的目的。

三大战役历时 4 个月零 19 天，共歼灭国民党军 173 个师 154 万余人，从根本上动摇了国民党反动统治的基础，取得了战略决战的伟大胜利，也让世人领略到了毛泽东精湛的决策管理艺术。毛泽东在指挥我军与国民党军队进行生死大决战时，深谋远虑，缜密决策，使三大战役互相衔接，环环相扣，使我军始终处于主动地位，其炉火纯青的决策艺术令人深深地叹服。

七、不畏强暴 大胆决策

管理决策是确定未来活动的方向、内容和目标的行动，而人们对未来认识能力有限，目前预测的未来状况与未来的实际状况不可能完全相符。因此，在决策指导下进行的活动，既有成功的可能，也有失败的危险。任何决策都要冒一定程度的风险，组织决策者对待风险的不同态度会影响决策方案的选择。愿意承担风险的组织，通常会在被迫对环境作出反应以前，就已采取进攻性的行动，而不愿意承担风险的组织，通常只对环境作出被动的反应，错失决策良机，导致重大失误。因此，管理者在风险面前要有决断的魄力，要在充分听取各种意见的基础上，准确地对形势作出判断，果断决策。毛泽东就是一位勇于决策，敢于胜利的杰出管理者。

1950 年，正当我国人民致力于使疮痍满目的中国经济迅速走上恢复和发展的康庄大道的时候，美帝国主义悍然发动了侵略朝鲜的战争，同时派出海军第七舰队进入台湾海峡，侵占我国领土台湾省作为它的军事基地，美帝国主义纠集仆从国打着“联合国军”的旗号，气势汹汹，不可一世。在朝鲜仁川登陆后，肆无忌惮地越过“三八”线，并叫嚣在感恩节前结束朝鲜战争。万分危急之下，金日成于 10 月 1 日向毛泽东紧急求援，“请求您给予我们以特别援助，即在敌人进入‘三八’线以北地区的情况下，急盼中国人民解放军直接出兵援助我军作战。”

在兄弟邻邦处于危急存亡之际，在中国领土主权和国家安全受到严重威胁之时，要不要出兵，敢不敢同世界上头号帝国主义强国直接较量？这个严峻的问题，刻不容缓地亟待决策。

毛泽东心情极为复杂，反复思考着这个问题：新中国有没有力量出兵朝鲜同美国作战？能不能打赢这场战争？从中美双方的力量对比来看，1950 年美国钢产量达 8772 万吨，工农业总产值达 2800 亿美元，而中国同年钢产量只有 60 万吨，工农业总产值只有446亿元（大约折合100亿美元）。美国还拥有原子弹和各种世界上最先进的武器装备，并有世界上最大的军工生产能力，仅各种弹药每年就可生产数百万吨，而这时中国人民解放军的武器装备，基本上还是战争中缴获的陈旧武器，弹药的年生产能力也仅有几千吨。中美之间国力悬殊如此之大，出兵朝鲜，要冒非常之大的风险。

国庆之夜，毛泽东在中南海紧急召开中共中央政治局扩大会议，商讨是否出兵朝鲜一事。一些人认为，我们打了20多年仗，迫切需要休养生息。建国才一年，国内恢复工作头绪很多，困难重重，而且中国共产党已经成为一个要为5亿多人口负责的执政党，不像在农村根据地那样不怕打烂坛坛罐罐，不到万不得已的时候，最好不打这一仗。毛泽东认真倾听了各种意见，认为确有困难，出兵朝鲜确要冒很大的风险，一些同志不主张出兵，是可以理解的。但他坚定地认为，中国人民决不能容忍外国的侵略，也不能听任帝国主义者对自己邻邦肆意侵略而置之不理。他很动情地说：你们说的都有理由，但是别人着急，我们站在旁边看，怎么说，心里都难过。这里包含的辩证法则是，尽管有许多理由强调困难，但如果不把它同朝鲜正处于危急存亡时刻的形势及其产生的后果联系起来考虑，就不免陷入狭隘民族主义的小天地，而不能成为真正的国际主义者。毛泽东提醒与会者，只有把爱国主义和国际主义有机地结合起来，才能在出不出兵的问题上得出正确的结论。如果金日成危急了，我们不管。那么我们将来危急了，斯大林也不管，都这样的话，社会主义阵营的团结和无产阶级国际主义精神就成了一句空话。何况帮助朝鲜也有利于我们，若让敌人推进到鸭绿江边，我们东北大工业基地的安全将受到直接的威胁。

唇亡则齿寒，户破则堂危。毛泽东经过慎重考虑后，大胆作出了出兵朝鲜的决策。以什么样的名义入朝作战呢？毛泽东经过了广泛地征求党内外意见后，采纳民主人士黄炎培的建议，将入朝军定名为中国人民志愿军。师出有名，则战无不胜。这样既可以有效地援助朝鲜人民抗击美国的侵略，又可以不使中美两国公开进入战争状态，有利于继续保持国内的和平环境，同时也有利于维护世界和平。

10月8日，毛泽东以中国人民革命军事委员会主席的身份，发出了组建中国人民志愿军的命令，明确指出：“为了援助朝鲜人民解放战争，反对美帝国主义及其走狗的进攻，借以保卫朝鲜人民及东方各国人民的利益，将东北边防军改为中国人民志愿军，迅即向朝鲜境内出动，协同朝鲜同志向侵略者作战并争取光荣的胜利。”同时宣布“任命彭德怀同志为中国人民志愿军司令员兼政治委员”，并指示志愿军“严格地遵守军事纪律和政治纪律，只要坚决勇敢，善于团结当地人民，善于和侵略者作战，最后胜利就是我们的。”

10月9日，毛泽东委派周恩来飞赴莫斯科与斯大林会晤，商谈志愿军更换武器装备和空军支援问题。按照双方的约定，苏方将帮助志愿军更换武器装备，并提供空军支援。

但就在志愿军即将出发的时候，斯大林突然表示苏联空军目前尚未准备好，暂时无法出动支援中国人民志愿军作战。这个突如其来的变故，陡然增加了志愿军向朝鲜出兵的困难。毛泽东直接面对着在没有空军支援的不利条件下还能否向朝鲜派兵的问题。毛泽东深知：空军若不出动，将意味着中国人民志愿军只能依靠劣质装备的步兵，来同美国的海陆空军联合兵种作战，这不仅会给部队造成更大的损失，而且战争结果也难以预测。一旦战争扩大，美军轰炸大陆，进攻沿海，国内敌人和台湾蒋介石集团遥相呼应，民族资产阶级发生动摇，就难免引起国内政局的动荡，出现曾经估计的最不利的情况。可是，如果因此而暂时不出兵，唇齿相依的兄弟邻邦会说我们见死不救，中国也仍不能摆脱美国的战争威胁。

反复权衡利弊后，毛泽东重新下定决心，即使苏联不出动空军，中国也要迅即出兵。10月13日，毛泽东电告在莫斯科的周恩来：“我们认为应当参战，必须参战，参战利益极大。”这是中共中央、毛泽东对出兵朝鲜问题最后作出的正式决定，充分体现了中国方面不可移易的参战决心。

在10月1日以后的半个月内，毛泽东为最后定下出兵援朝的决心日夜焦虑，寝食不安，经常是服用安眠药也无法入睡。显然，派遣志愿军入朝作战，是他一生中最难作出的决策之一。这个决策的制定，体现了毛泽东临机决断关涉国家民族大计的复杂事务的魄力和胆识，以及他对国际战略形势的敏锐洞察力。中华人民共和国成立之初，当时手里握着原子弹的美帝国主义是不可一世的，他们没料到中国敢于出兵朝鲜与之作对。侵朝美军麦克阿瑟总部在其情况通报中曾经这样说：“最近中共领袖声称的，如果联军越过三八线，他们将进入北朝鲜不过是外交上的一种勒索。”麦克阿瑟还当着杜鲁门的面说，中国参战的可能性微乎其微。当中国人民志愿军突然出现在敌人面前，给侵略者以狠狠的打击时，杜鲁门跳出来威胁“不排除使用原子弹的可能”。毛泽东毫不畏惧地淡然一笑说：你一定要打，就让你打，你打你的原子弹，我打我的手榴弹，抓住弱点跟着你，最后打败你。

由毛泽东创议决策出兵的抗美援朝，无论从政治上看，还是从军事上看中国人民都取得了伟大的胜利，完全达到了抗击美国的侵略威胁和履行国际义务的既定目的，这场战争比中国历史上任何事件都更加有力地激发了中国人民的民族自豪感和自信心，极大地提高了中华民族的国际威望，使新中国在国际战略格局和国际事务中，日益成为一个不可忽视的重要因素。《剑桥中华人民共和国史》对此评价说：“中华人民共和国在朝鲜冒险付出的代价确实很高，但由于安全得到了保障和中国国际威望提高带来的益处超过了代价，因此，毛泽东政治上英明的声望更高了。”

八、尊重事实 有效决策

有效的决策是以事实为基础的。管理者在作出决策之前，应对客观事实进行充分的调查研究，把所有的资料都弄清楚，搞准确，从而把决策的目标建立在客观条件所允许的，在目前形势下所能及的基础之上，这样才能确保决策成功有效。

走以农村包围城市，最后夺取城市的工农武装割据道路，就是毛泽东在对中国国情进行实事求是的分析之后作出的有效决策。

轰轰烈烈的大革命失败后，中国革命暂时转入低潮。中国共产党人不屈不挠，英勇奋战，先后领导发动了南昌起义、广州起义、秋收起义等武装暴动，给以蒋介石为首的国民党反动派以有力的回击，但在强大的敌人面前，多次起义均遭到失败。中国革命与武装斗争的正确道路何在？选择适合中国国情的革命道路，这是一个十分重大的战略决策。

从当时国际共产主义运动提供的经验看，马克思、恩格斯曾经提出过无产阶级革命的一条基本原则，这就是一切围绕成功地组织城市工人武装起义。这条原则的依据是马、恩所处历史时代的欧洲发达资本主义国家的政治经济状况。列宁领导的俄国十月革命，就是在中心城市举行武装起义，然后把胜利扩大到农村，取得了全面的胜利。

毛泽东从多次起义的失败中总结经验教训。他清楚地认识到在中国，走以城市为中心夺取全国政权的革命道路是行不通的。由于马克思、列宁等革命导师所处的时代和各国的基本国情不同，他们不可能对中国的革命提供现成的答案。社会革命的道路没有固定的模式，各个国家的人民都必须依据当时特定的条件来确定自己的道路。中国革命的道路究竟应该如何选择？一向尊重客观事实，注重调查研究的毛泽东灵活地运用了马克思主义的基本原理，并把它与中国革命的实际结合起来，不为城市中心论所束缚，领导人民群众以革命的首创精神，走出了一条有中国特色的革命道路，即以农村包围城市，武装夺取政权的道路。

为什么选择把革命的大本营设在农村呢？毛泽东从当时中国革命所处的具体条件出发，对这个问题进行了透彻的分析：与俄国无产阶级比较起来，中国无产阶级的人数和力量都是十分弱小的。中国主要是一个农业国，农村人口占全国人口总数的近百分之九十，这就决定了农民是革命的主力军；其次，革命的敌人是无比强大的，他们的统治是以大城市为中心的，而革命的力量是弱小的，无力直接夺取大城市，即使夺取了，也无法坚持下去；最后，不同的帝国主义国家所扶植的不同的军阀派系之间的分裂和战争，使得农村革命政权的存在和发展成为可能。这就是说，中国的革命道路必须走农村包围城市的道路，而走这条道路，又决不能袭用黄巢、李闯王式的流寇主义的老路。这样一来，建立农村革命根据地的问题就凸现出来了。

毛泽东说：在这样的敌人面前，革命的根据地问题也就发生了。因为强大的帝国主义及其在中国的反动同盟军，总是长期地占据着中国的中心城市。如果革命的队伍不愿意和帝国主义及其走狗妥协，而要坚持奋斗下去；如果革命的队伍要准备积蓄和锻炼自己的力量，并避免在力量不够的时候和强大的敌人作决定胜负的战斗，那就必须把落后的农村造成先进的巩固的根据地，造成军事上、政治上、经济上、文化上的伟大的革命阵地，借以反对利用城市进攻农村区域的凶恶敌人，借以在长期战斗中逐步地争取革命的全面胜利。

决策中的深谋远虑和实事求是地分析形势，把马克思主义原理与中国实际相结合，是毛泽东能在中国革命的紧急关头，正确选择革命道路的重要原因。他把战略上的退却和进攻巧妙地结合起来，指导着中国革命把主要力量放到敌人统治力量薄弱而又有深厚革命基础的农村，在农村展开新的进攻。

毛泽东后来回顾上井冈山这段历史时曾说：为什么我们上井冈山呢？因为下面住不得，所以才上去的。有什么法子不上井冈山，打游击战？这是被逼上梁山的。

俗话说：识时务者为俊杰。这其中就包含着尊重事实的道理。如果当时中国共产党人只是一味地模仿苏联“城市中心”的革命道路，与敌人展开正面交锋，无异于是“以卵击石”，后果将不堪设想。到农村去建立革命根据地，保存、积蓄和发展革命力量，充分地尊重了客观事实，正确地反映了中国革命的规律。新民主主义革命的胜利，证明了毛泽东的远见卓识和这一决策的科学性。

一位外国评论家对毛泽东在中国革命道路的抉择中所起的重要作用，曾经给予了高度的评价。他说：为了完成俄国 1917 年伟大的十月社会主义革命，武装起义是从首都彼得格勒开始的，接着像导火索一样发展到其他地方。当时任何人，包括科学社会主义创始人自己，都不可能设想无产阶级革命会有其他的道路，但是出身于半殖民地半封建国家的毛泽东能够提出一条新的英明的道路，并且得到了推广。由于有了毛泽东的领导，中国革命首先从农村开始，建立农村革命根据地，以农村包围城市，最后一个一个夺取城市。钦佩之意，溢于言表。

九、军事史上的奇妙决策

1949 年蒋介石败退台湾后，在美帝国主义支持下，对我国东南沿海一带不断进行骚扰，大肆叫嚣反攻大陆。解放台、澎、金、马，完成祖国统一大业，是我国人民和军队的神圣义务和既定方针。为此，中华人民共和国成立以来，随着形式的发展，我国政府采取了各种措施，为完成这一方针进行了不懈的努力。在政治上，我国一再声明，台湾是中国不可分割的神圣领土，解放台湾是我国的内政，不容别国干涉，国共之间可以实行第三次合作，一切“和为贵”，并连续派人和蒋介石集团进行暗中商谈。外交上，我国一再反对美帝国主侵占中国的领土和干涉中国内政，希望中美进行会谈，解决美国从台湾和台湾海峡撤军的问题，实现中美邦交正常化。军事上，继朝鲜停战和1954年日内瓦会议后，我国又一再重申了一定要解放台湾和沿海岛屿的决心，并对金门岛进行了数次小规模的炮击，给美蒋的分裂活动以警告。

时至1958年，美国在全球更加横行霸道，积极推行“大规模报复战略”，挑动战争和进行战争威胁，并于7月中旬公然派遣海军陆战队5000余人侵入黎巴嫩，镇压中东人民的革命战争。蒋介石集团在美帝国主义的支持下，不仅和美国签定了对中国使用核武器的协定，还不断派遣飞机轰炸福建、广东、浙江、上海等沿海城市，派军舰和小股匪特在沿海登陆袭扰，并一再叫嚣反攻大陆，宣布台、澎、金、马等地进入紧急战备状态，千方百计要制造紧张局势，挑起中美战争，他好浑水摸鱼，重返大陆。

毛泽东密切关注着东南沿海一带局势的发展。7月中旬，毛泽东主持召开中央军委会议。经过反复讨论，会议作出了炮击金门的重大决策。会后，毛泽东一面积极指挥中央军委迅速作好战备部署，一面指示彭德怀、黄克诚：目前暂时不打，看一看形势。等彼方无理进攻，再行反攻。

等一切准备工作就绪后，毛泽东于8月23日正式下达炮击金门的命令。我军在一个小时内向金门岛密集发射了几万发炮弹，蒋军猝不及防，死伤惨重。

福建前线我军实施对金门大规模炮击时，美国总统艾森豪威尔在华盛顿三天睡不着觉，摸不清我军此举的意图。他从我空军入闽，在空战中已击败了蒋介石空军，牢牢地夺取了福建前线上空的制空权；我海军入闽，已基本控制了福建沿海的制海权；大批炮兵及坦克部队调入福建，鹰厦铁路已修通，福建前线包括汕头等地已修建了大批空军作战基地等种种迹象判断，我军这次大规模炮击金门的行动，决不只是要解放金门、马祖，而是要大举渡海解放台湾的前奏，下令将地中海美第六舰队一半舰只调到台湾海峡，和第七舰队会合，中东局势由此缓和下来。我军炮击金门支援中东人民革命斗争的战略目标实现。

9月4日，美国国务卿杜勒斯发表声明，公然要扩大美国在台湾海峡地区的侵略范围，对中国人民进行军事挑衅和战争讹诈。9月7日，蒋军以美舰护航，组成一支海上大编队，由台湾向金门开来，情况一下子变得更加复杂了。怎么办，打不打？如果一打，势必会把美舰一起打上，这就可能把美国拖下水，同美军发生直接冲突，造成一场国际性的大战争，而这对正集中精力进行社会主义建设的新中国是极为不利的。

针对日益复杂的形势，毛泽东深谋远虑，为避免与美军发生直接冲突，他指示前线部队：只打蒋舰，不打美舰。即使美舰向我开火，没有命令不准还击。毛泽东此举的目的在于试探美帝国主义所谓“美蒋共同防御条约”的效力究竟有多大，美军在台湾海峡的介入究竟到了什么程度。

9月7日中午12时整，美蒋海军联合编队抵达金门料罗湾港口。毛泽东得知情报后，立即下令开火，火力集中对准蒋舰及运输船只。没想到我军一开炮，美舰就丢下蒋舰及运输船只于不顾，立即掉头逃向台湾方向。蒋介石恼羞成怒，破口大骂美军不讲信义，双方之间争吵不断。

通过这次较量，毛泽东把美帝国主义的老底摸清楚了。虽然美帝貌似强大，在全世界到处横行霸道，不可一世，其实也只是一只纸老虎。它并不敢冒与我军发生直接冲突的危险，抛弃蒋介石，抱头鼠窜。

10月上旬，在我军对金门岛大规模的炮击进行了一个多月后，金门蒋军的海上补给被切断，粮食供应发生危机，弹药也已消耗殆尽，金门的防御工事也已被我军的炮火摧毁得差不多了，已到了弹尽粮绝之日。此时如果我军发动登陆，金门唾手可得。但毛泽东并未局限于一岛得失，而是从大局出发，针对美蒋矛盾激化的现状，马上改变策略，把原定封死金门，逼蒋撤退或打到一定程度相机登陆，解放金门的方针，改为对金门采取“封而不死，打而不登，保留金、马在蒋军手中”的方针。这一重大的决策改变，起到了良好的效果，它联合了蒋介石集团和美帝国主义进行斗争，进一步扩大了美蒋矛盾，彻底粉碎了美帝国主义妄图利用炮击事件，插手中国内政的阴谋。

中央军委根据毛泽东的指示，对金门岛不再发动大规模的炮击，而是打打停停、停停打打，后来发展到逢单日打，双日不打。而且炮击只是象征性的，逢年过节，停止三天炮击，让金门军民平安过节。蒋介石也心领神会，没有再次向我军挑衅。美蒋完全被毛泽东的高明策略牵着鼻子走，打炮也演变成为美蒋我三方之间的一种特殊对话，一种不在谈判桌上进行的谈判，这在古今中外的军事战争史上，都是十分罕见的奇观。

在军事上停止大规模进攻的同时，毛泽东又对台湾当局发动了政治攻势和外交斗争，他多次以国防部长彭德怀的名义发布《告台湾同胞书》，劝告广大台湾同胞说：你们绝大多数都是爱国的，甘心做美国人奴隶的只有少数，中国人的事只能由我们中国人自己解决。一时难于解决的，可以从长商议，化敌为友，此其时矣。一切爱国者都有出路，不要怕什么帝国主义，我们并不劝你们马上同美国人决裂，这样想，是不现实的，我们只是希望你们不要屈服于美国人的压力，随人俯仰，丧失主权，最后直到无存身之地，被人丢到大海里去。我们这些话是好心，非恶意，将来你们会慢慢理解的。

这些文告充分显示了毛泽东高瞻远瞩的战略眼光和博大胸襟，在台湾同胞中引起了强烈反响，为后来我国制定两岸三通政策提供了经验和借鉴。

毛泽东后来曾对搁浅解放金门一事作出过精辟的解释，他说："中国领土台湾，黎巴嫩以及所有在外国的军事基地，都是套在美帝国主义脖子上的绞索，不是别人，而是美国人自己制造的这种绞索，并把它套在自己的脖子上，而且把绞索的另一端交给了中国人民、阿拉伯人民和全世界一切爱好和平反对侵略的人民。美国人在这些地方停留得越久，套在他脖子上的绞索就将越紧。"

事实上，在我军大规模炮击金门以后，美国人也发现了金门、马祖是他的一个大包袱，想扔掉它，几次压迫蒋介石退出金门、马祖。但蒋介石不干，同美帝国主义闹独立，想借金、马拖住美国不放。我们不解放金、马，不让蒋介石扔掉这个包袱，也就不让美国人把这根绞索从自己脖子上脱掉。毛泽东这一政略、战略和外交策略，实在是高明至极。

炮击金门战斗的巨大胜利，不仅支援了当时中东人民的革命斗争，而且揭穿了美帝国主义"纸老虎"的真实面目，提高了世界人民同美帝国主义作斗争的勇气和信心。同时，它也警告了美帝国主义，中国人民一定要解放台湾，祖国统一大业是中国人民的事，决不允许任何外国势力干涉中国内政。在炮击金门的战斗中，毛泽东向台湾当局提出的进行谈判、和平解放台湾的方针，对我国后来提出的一国两制的构想具有深远的意义。

毛泽东在制定炮击金门的决策中，既坚持原则，力捍主权，又灵活机动，避免了事态的扩大，其打打停停，停停打打，军事、政治、外交三管齐下，克敌制胜的军事决策艺术在世界军事史上谱写了又一壮丽的篇章。

十、决策实施中的高超艺术

一项决策制定后，必须实施。如果只重视决策的制定，而忽视其实施，决策将会变得毫无意义。在决策的实施过程中，经常会遇到一些反对意见和各种阻力，管理者要善于根据形势发展的需要，尽力争取达到上下一心，贯彻执行既定的正确决策，以实现预期的目标。如果遇到不正确的反对意见，则要坚决地加以纠正和抵制，保证决策的贯彻实施。

长征后期，毛泽东对张国焘分裂红军的行为进行了坚决的斗争，保证了中央制定的“北上抗日”政策的贯彻执行，为三军陕北大会师奠定了坚实的基础，显示了他在决策实施中的高超艺术。

九一八事变后，中华民族陷入亡国灭种的危机之中。蒋介石却一意奉行“攘外必先安内”的反动政策，对中央革命根据地进行了疯狂“围剿”。江西是待不下去了，到哪里去能够迅速开展革命斗争呢？毛泽东经过反复思考，对形势作出了准确的判断，他将目光投向了能够直接对日本作战而又靠近苏联当时可能给予支援的北方。遵义会议后，以毛泽东为首的中共中央正确地作出了“北上抗日”的决策。

1935 年夏，历尽艰险的中央红军长征到达四川懋功，实现了和红四方面军的胜利会师。两河口会议决定红军集中主力向北进攻，以创造川陕甘革命根据地。按照中央既定的正确方针，一、四方面军会师后，两个方面军应在中央的统一领导下，高举“北上抗日”的旗帜，执行“北进陕甘”的计划，向抗日前线进军。为了便于统一指挥，两个方面军混编成左路军和右路军。张国焘的左路军中有支持党中央正确路线的朱德、刘伯承等人，毛泽东的右路军中有陈昌浩等人。

然而，事情的发展并不尽如人意。对于红军今后的发展方向，张国焘与中央心怀各异，他公开反对党中央，反对向东、向北发展的计划，主张应向西北，经阿坝集中主力向青海、新疆打。如有困难，暂时向南进攻（即西进或南下）。

张国焘主张西进或南下，主要来源于他对革命形势的悲观估计。他把第五次反“围剿”的失败看成和1927年大革命失败一样严重，认为中国革命已进入低潮，处于“总退却”阶段。由此，他对革命前途悲观失望，主张红军卷起苏维埃旗帜，向中国西北部边远地区退却，与敌休战。

针对张国焘的错误论调，毛泽东采取斗争和团结相结合的策略，多次致电张国焘，希望他从大局出发，立即率部北上。但张国焘一意孤行，背着中央致电陈昌浩，企图用“彻底开展党内斗争”的方法来挟持右路军和党中央随他西进。由于叶剑英的机警，毛泽东先于陈昌浩知道了电报的内容，形势非常紧张。因为毛泽东的部队早已分散，第一军团已经北上，而附近却有张国焘的两个军。彭德怀担心红四方面军会缴三军团的枪，他敦促毛泽东，抓一些人质，以防止出现红军部队自相残杀的不幸局面。

毛泽东没有采纳彭德怀的建议。他知道张国焘电文中“彻底开展党内斗争”是什么意思，但毕竟没有公开威胁要武力解决中央，如果先采取抓人质的办法，那一场残杀真是不可避免。机敏睿智的毛泽东装着什么都不知道的样子去见陈昌浩，陈昌浩向毛泽东转告了张国焘的命令。毛泽东设法争取陈昌浩赞同“北上”的主张。但陈对张国焘唯命是从，根本不听毛泽东的劝告。

最后的争取工作已经无济于事。毛泽东认识到事情已经到了千钧一发的时刻，如果张国焘的阴谋得逞，长征将会半途而废，天亮之前，红军内部可能就要互相残杀了。

怎么办？毛泽东知道劝说已无效，他设法先稳住陈昌浩，从陈控制的前敌指挥部中抽身而出，当晚便会同张闻天、博古、王稼祥和周恩来等人召开紧急会议，果断决定率红一、三军团迅速脱离险区，立即北上。

以什么名义离开呢？为了不打草惊蛇，给部队行动作掩护，毛泽东派叶剑英去通知陈昌浩说，部队要南下草地，需要准备更多的粮食，已动员部队在10日天一亮就去筹粮。陈昌浩认为毛泽东只有那么多人，不敢自行离开，因此没有表示反对。毛泽东抓住陈昌浩思想松懈的这一有利时机，当机立断，命叶剑英于10日凌晨2时率红一方面的同志悄悄离开前敌总指挥部，并带走了甘肃省的地图。随后，毛泽东也率部队悄然北上。

毛泽东在贯彻执行党中央制定的“北上抗日”决策的过程中，对张国焘的分裂行为采取了既团结又斗争的策略。他首先从团结的愿望出发，对张国焘进行了长期的、反反复复的、不厌其烦的耐心说服教育，真正做到了仁至义尽。在劝说争取无效，红军内部即将发生自相残杀的紧要关头，毛泽东高明地使出了一招金蝉脱壳，独立率部北上。这样，既坚持了“北上抗日”的正确方针，又避免了可能发生的红军内部自相残杀的悲剧，为三大主力会师陕北，踏上抗日前沿阵地奠定了决定性的基础，这充分显示了毛泽东在决策实施中的高超艺术。

杨尚昆在其回忆录中写道：“长征中，毛泽东率一、三军团单独北上，是极为关键的一步，没有这一步，也就没有一年后三大主力红军在西北大会师；如果没有北上这一着，一、四方面军统统集中在藏民居住的贫瘠地区，慢慢地就会被消灭。”

第三章

党内管理的艺术

毛泽东把党的建设比作“三大法宝”之一，说党是掌握统一战线、武装斗争这两个武器的英勇战士。中国问题的解决，关键在党。作为中国共产党的主要缔造者之一，建设好一个党是毛泽东一生的愿望。毛泽东善于把马列主义建党原理与中国实际情况相结合，提出了一系列新的党建理论和观点。在毛泽东党建理论的指导下，中国共产党迅速从幼年走向成熟，领导中国革命和建设取得了一个又一个胜利。

一、思想入党最重要

毛泽东在《井冈山的斗争》一文中指出：我们感觉到无产阶级思想领导的问题，是一个非常重要的问题。边界各县的党，几乎完全是农民成分的党，若不给以无产阶级的思想领导，其趋向是会要错误的。

由此，我们可以看出，毛泽东是非常重视党内的思想教育和管理的，在党内的成分大多数由非工人阶级出身的党员构成的情况下，加强党内的思想教育和管理尤其重要。加强党内的思想教育和管理就是要经常地、坚持不懈地把马列主义的普遍真理灌输到全体党员的头脑之中，高度重视和牢牢抓紧党内的思想教育工作；并要求全体党员深入到革命和生产斗争的实践中去，学会用马克思列宁主义的基本立场、观点、方法分析问题、解决问题，在改造客观世界的同时改造主观世界。使每一个党员都有纯正的无产阶级思想，树立共产主义的世界观、人生观和价值观。总之加强党内的思想教育管理要达到实现无产阶级思想对党的领导的目的。

加强党内的思想教育和管理对于中国共产党和中国革命来说，具有特殊的重要性。我党从 1927 年大革命失败以后，就把革命的重心由城市转到了农村。这时候，党的建设面临新的环境。在城市，产业工人是党发展党员的主要对象。在农村，党面临的主要工作对象是农民而不是工人。因此，在农村的环境中，党要巩固、发展、壮大，不但不能拒绝农民入党，而且还要大力发展农民入党。大量农民入党，不可避免地把各种落后的思想观念带入了党内，造成党内思想观念的严重不纯，这与党的无产阶级先锋队的性质是不相容的。怎样既能够大量吸收农民入党，使党在农村的新革命环境中继续得以发展壮大，又能够永葆自己的先进性呢。毛泽东经过努力的探索和研究，终于找到了一条正确的行之有效的道路，就是加强党的思想教育管理，用无产阶级思想去和各种非无产阶级思想，特别是小资产阶级思想作坚决的彻底的斗争，以克服之，改造之，达到无产阶级思想领导的目的。

1925年春节期间，毛泽东回到韶山，发动农民起来革命。乡亲们都来探望他，他借这个机会给他们讲反帝反封建的革命道理。农民钟志申，贫苦知识分子毛新枚、李耿侯以及庞叔侃等思想进步的青年农民，听得特别认真，满腔热情。毛泽东发现他们思想觉悟较高，常常把他们留下来，和他们畅谈十月社会主义革命和马克思列宁主义，为他们指引前进的方向。毛泽东用共产主义思想、阶级斗争观点教育他们，他们的觉悟提高得很快，决心跟着毛泽东干革命。

几个月来，在毛泽东的亲自教育和领导下，毛新枚、庞叔侃、李耿侯、钟志申等参加和组织了一系列的革命活动，在实践中接受革命的锻炼，他们在政治上、思想上、组织能力上迅速发展成熟，达到了成为无产阶级先锋战士的条件。毛泽东不失时机地发展吸收他们加入中国共产党。在他们入党之前，毛泽东详细地向他们讲解了中国共产党的性质、纲领和任务，阐述了在农村建党的重要意义。

1925年6月的一个晚上，一轮明月把整个韶山冲照得一片光明。毛泽东卧室上面小楼上的桐油灯放出格外明亮的光芒。在这里将举行入党宣誓仪式，暨韶山党支部成立会议。毛泽东身穿蓝布短衣，脸上露出喜悦而又庄严的神情。毛福轩、毛新枚、李耿侯、钟志申、庞叔侃都兴奋地围坐在毛泽东跟前，聆听着毛泽东的教导。毛泽东知道他们是农民出身，因此特别重视对他们进行革命道理的教育。他指出：共产党员要团结人民一起反帝反封建，在斗争中要挑重担，勇于牺牲个人，做无产阶级革命的先锋战士；还勉励他们为了实现共产主义的远大目标，要经得起长期斗争的考验。毛泽东这些教导深深地铭刻在毛新枚等人的心里，他们的心情像翻腾的江河那样，久久难以平静，是啊，从今天起，他们就要投入党的怀抱，成为一名中国共产党党员。共产党员应该怎样，不应该怎样，毛泽东已经给他们讲得很清楚了，他们决心：要像毛泽东教导的那样，以一位共产党员的标准要求自己，成为无产阶级的先锋战士。

在毛泽东的主持下，他们庄严地宣誓：

“努力革命，牺牲个人；服从组织，阶级斗争；严守秘密，永不叛党。”

他们纷纷表示：“我头可断，血可流，决不叛变革命!”

“我坚决革命到底!”

“我坚决为共产主义奋斗到最后一口气!”

宣誓完毕，毛泽东宣布成立党支部，以毛福轩担任党支部书记。这是韶山的第一批党员，他们组成了韶山第一个党支部。从此韶山农民革命运动就置于无产阶级政党的坚强领导之下，更加蓬勃地向前发展。

韶山最早的五个党员：毛福轩、毛新枚、李耿侯、钟志申和庞叔侃，先后在大革命时期和土地革命战争时期英勇牺牲，以热血和生命实现了他们“为共产主义事业奋斗到最后一口气”的誓言。他们没有辜负毛泽东的谆谆教导，他们以自己的光辉行动证明了毛泽东建党理论的正确性：不管党员的出身如何，只要从思想上入党，只要加强无产阶级思想的领导，就可以保持我党的无产阶级先锋队的性质。可以说加强党内的思想教育和管理是党的“生命线”。

二、你们要做刘宗敏 我可不想当李自成啊

1950年2月28日，毛泽东访苏归来到达沈阳。当地领导人可能考虑到他远途归来，一路辛苦，得好好招待；可能考虑到他很少吃过东北特产，想让他尝尝鲜，于是就准备了丰盛的饭菜，全是东北特产。毛泽东在高岗等的陪同下来到食堂。一进餐厅，看到满桌的好饭菜，脸一沉，但由于胡志明也在场，不好发火。就餐时，他只吃了面前一些空心菜，喝了几口葡萄酒，又吃了点饭，不一会儿就放下筷子。

饭后，毛泽东来到会议室，他说，今晚的菜太多，我们是人民的公仆，是为人民服务的，如果你们一层一层仿效下去，这么吃起来，在人民群众中将会有什么影响，你们要重温七届二中全会精神。在第二天的领导干部会议上，毛泽东想起这几天的切身经历，有感而发，他说：“这次和恩来同志等路过东北，主要想了解一下东北的工作情况。发现浪费太大。我在哈尔滨提过不要大吃大喝，到沈阳一看比哈

尔滨还厉害。我和恩来不是为了吃喝，搞得那么丰盛干什么？”接着，他又愤愤地说：“你们要做刘宗敏，我可不想当李自成啊！中央三令五申要谦虚谨慎，戒骄戒躁，要艰苦奋斗，你们应做表率……”

刘宗敏、李自成是明末农民起义中的历史人物。他们先是占领了北京，取得了成功，但在清军和吴三桂的进攻之下，被迫退出了北京，失败了。郭沫若在1944年3月的《甲申三百年祭》这篇历史论文中对李自成失败的教训进行了分析，他写道：

> 进了北京以后，自成便进了皇宫……将军刘宗敏所忙的拶夹降官，搜刮赃款。纷纷然，昏昏然，大家都像以为天下就已经太平了一样……尽管平时的军令是怎样严，在大家都陶醉了的时候，竟弄得刘将军“杀人无虚日，大抵兵丁掠抢民财者也”了。而且把吴三桂的父亲吴襄绑了起来，追求三桂的爱姬陈圆圆，“不得，拷掠酷甚”……就这样在京城里忙了足足一个月，到吴三桂……引清兵入关以后，四月十九日才由自成亲自出征，仓皇而去，仓皇而败，仓皇而返。

由此，我们可以看出，不是清军和吴三桂，而是腐败击垮了李自成的农民军。他们在进入北京之前，艰苦朴素，军纪严明，上下团结一心，战斗力强。进入北京之后，经受不住荣华富贵 、灯红酒绿、金钱美女等奢侈生活的诱惑和考验，一个个败下阵来，成为腐败的俘虏，丧失了农民革命军艰苦奋斗的本色，蜕化变质，最后落得个失败的结局，令人叹惜。

李自成失败的教训给毛泽东留下了深刻的印象。“创业难，守业更难”，难就难在不腐败，毛泽东熟读历史，不能不想到这一点。历史上的封建王朝，一兴一亡，不断更替。兴起了，是因为它政治清明，不腐败或较少腐败；灭亡了，是因为它政治黑暗，腐败透顶。农民革命也是如此，一般开始时，农民领袖保持本色，艰苦朴素，深受群众拥护，所以不断取得胜利。到后来，因胜利而骄傲，因骄傲而追求享乐，贪污腐化，脱离群众，最后失败。李自成、太平天国革命就是如此。历史经验告诉我们，无论在任何时候，都要有艰苦奋斗的精神，不能搞腐败。

党的性质和宗旨、党承担的历史任务决定了党员干部更不能搞腐败。中国共产党是无产阶级政党，是中国最广大人民利益的忠实代表，是全心全意为人民服务的。毛泽东多次指出，每一个共产党员都应当明白，共产党是为民族、为人民谋利益的政党，它本身决无私利可图。广大共产党员牢记毛泽东的教导，无论在革命战争年代，还是在和平建设时期都把全心全意为人民服务作为自己行动的准则，吃苦在前，享受在后，一心为民，一心为公，为了民族的解放，人民的幸福，不惜牺牲自己的一切。这种大公无私的共产主义品德和崇高的革命献身精神赢得了人民的衷心拥护，全力支持。人民的拥护和支持是我党的力量源泉，是我党立于不败之地的基础。可是党内也有一部分党员干部忘记了党的性质和宗旨，个人主义严重发展，闹名誉、闹地位，追求享受，贪污腐化，蜕化变质。如果对这种腐败现象掉以轻心，漠然置之，任其泛滥发展，则必将严重破坏党的形象，损害党同人民群众的关系，最终会导致党的质变和社会主义事业的失败。

毛泽东高瞻远瞩，从历史和现实的角度多次强调反对党内腐败的极端重要性，并且对腐败现象和腐败分子毫不手软，坚决清除。《甲申三百年祭》发表后的第二个月，1944 年 4 月 12 日，毛泽东在延安高级干部会上作《学习和时局》的报告，分析了党的几次大的骄傲引起的大挫折之后，进一步指出："全党同志对于这几次骄傲，几次错误，都要引以为戒。近日我们印了郭沫若论李自成的文章，也是叫同志们引为鉴戒，不要重犯胜利时致命的错误。"

1949 年 3 月 5 日到 13 日，中共中央在西柏坡举行了七届二中全会。这次会议是在即将夺取全国胜利的前夜召开的，毛泽东在会上作了报告和总结。他在报告的结尾处特别警告全党：

因为胜利，党内的骄傲情绪，以功臣自居的情绪，停顿起来不求进步的情绪，贪图享乐不愿再过艰苦生活的情绪，可能生长。因为胜利，人民感谢我们，资产阶级也会出来捧场。敌人的武力是不能征服我们的，这点已经得到证明。资产阶级的捧场则可能征服我们队伍的意志薄弱者。可能有这样的一些共产党人，他们是不曾被拿枪的敌人征服过的，他们在这些敌人面前不愧英雄的称号；但是经不起人们用糖衣裹着的炮弹的攻击，他们在糖弹面前要打败仗。我们必须预防这种情况。

尽管毛泽东多次提醒和告诫，还是有一部分党员干部被资产阶级"糖衣炮弹"击中。1951 年底，毛泽东部署和指挥了"三反"运动，结果查出了一批"蛀虫"，揪出一只只"老虎"，其中两个最大的贪污分子是刘青山、张子善。有人念其对革命有功，向毛泽东求情，不要判他们死刑。毛泽东认为对刘、张这样的蛀虫，不处死不足以教育全党，不足以挽救其他犯错误的干部。结果这两个大贪污犯得到了应有的惩处。长期以来，被传为我党反腐倡廉史的佳话。

现在，我党面临着执政的考验，改革开放的考验和反对“和平演变”的考验。这给我们从严治党、惩治腐败提出了更高的要求。我们一定要牢记毛泽东的教诲，把惩治腐败，搞好党风建设作为一项紧迫的任务，坚持不懈地抓下去。只有这样，才能密切党和人民群众的联系，才能使党的事业、社会主义事业永远立于不败之地、兴旺发达。

三、整风不整人

整风就是整顿错误的思想作风，树立正确的思想作风。一部分党员干部的头脑里有一大堆混乱的思想，如教条主义、经验主义、宗派主义、官僚主义、个人主义、享乐主义等。这些思想都是非无产阶级思想，对党，对革命和建设事业危害极大，如果不加清除，任其蔓延，则会危及整个党的生命。

整风的方针是“惩前毖后，治病救人”。好像医生治病一样，用药物攻其病灶，去病除痛，把人救活。整风所用的药物就是马列主义、毛泽东思想，用这种无产阶级正确的思想，去攻克、驱除头脑里的个人主义思想，达到“救人”的目的。

整风的步骤一般是，首先认真学习有关文件，领会其精神实质，作为批评和自我批评的武器。第二步是对照文件精神来检查本人的思想和工作，看看存在哪些问题，写出个人总结。第三步是进行批评和自我批评，让正确的思想和错误的思想交锋。第四步是分析犯错误的原因，指出其危害性。第五步是制订改正错误的计划和办法。整风的中心环节是批评和自我批评，在这个过程中，正确思想战胜并取代错误的思想。一个本来思想有污点的人变得思想纯正了，全党的思想经过整风的打扫和洗礼都变得统一和一致了，即统一在马列主义和毛泽东思想的基础之上。思想统一的结果是政治上和组织上的团结和统一。

所以，整风就是为了解决思想作风问题，它斗争的范围也限于思想领域，其实质就是党内思想斗争。并不涉及到个人的政治和组织方面的问题。一旦突破了思想领域的范围，整风就变成了整人。

毛泽东只整风，不整人，这是他的创造，当时在国际上并不被理解。共产国际根据错误的汇报，认为中共的延安整风是为了“排斥王明、周恩来”等人的。毛泽东向共产国际作了耐心的解释，双方的误会逐渐消除了。

喜欢整人是王明宗派主义者的特点。毛泽东曾经挨过王明路线的整，处境非常困难，他回忆说：“我们反对那一套过‘左’的政策。我们有一些马克思主义，可是我们被孤立。我这个菩萨，过去还灵，后头就不灵了。他们把我这个木菩萨浸到粪坑里，再拿出来，搞得臭得很。那时候，不但一个人也不上门，连一个鬼也不上门。我的任务是吃饭，睡觉和拉屎。还好，我的脑袋没有被砍掉。”王明等人并不是不想要毛泽东的脑袋，而是慑于毛泽东当时已经形成的国际国内的巨大影响。毛泽东后来和李银桥谈到王明时说：“此人曾经想要我的命呢。”

毛泽东虽然吃尽了王明等人的苦头，但延安整风时，毛泽东并没有整王明，相反积极帮助他改正错误，还千方百计使王明当选为中央委员。

王明在整风开始时，不肯作自我批评，不愿意承认错误。中共中央多次开会批评王明的错误。毛泽东在会上发言强调，检查王明的错误，要用历史的方法，从实际出发的方法，自我批评的方法。全党要团结，我们的标准是，把党斗好，不是斗翻，这次要避免历史上错误的斗争方法，要实行惩前毖后，治病救人的方针。这时王明因病没有参加会议，毛泽东多次去看望他，关心他的病情，还派人去听取王明的意见，给他做工作。经过耐心细致的批评和帮助，王明的思想认识有了一定的提高，当时是承认了自己的错误。

毛泽东胸怀宽广，不但没整王明，反而让他当中央委员。在中共七大代表选举中央委员时，针对许多代表不愿选王明的情况，毛泽东作了耐心的说服解释工作，希望大家要选王明。在代表投票后，大会宣布：唱票时可以自由活动，可是毛泽东不走，仍在会上听唱票，一直等到票快唱完了，王明的票过了半数，他才放心地起身走了。后来他说，如果王明选不上，大家心中都会不安的。

王明对毛泽东与毛泽东对王明两种截然不同的方式和态度说明了毛泽东在处理党内斗争问题上，不计个人恩怨、以大局为重的崇高境界和远大的眼光。有人曾对毛泽东要选王明为中央委员的做法不理解。毛泽东解释说：如果我们不选犯错误的人，我们就要犯错误。因为那是照着他们的办法办事。他们就是这样，不管你犯了什么错误，统统不要。如果我们也照那样办，以牙还牙，我们就是重复他们的错。毛泽东认为王明的“残酷斗争，无情打击”的整人方式是错误的，他不愿意重复这种方式，他要以“惩前毖后、治病救人”的整风方式开展党内斗争。他在不同场合多次强调，整风学习的主要目的是弄清问题，提高认识，而不是追查个人责任。

事实证明，王明的整人的党内斗争方式是非马克思主义的宗派主义的斗争方式，它把对敌斗争的方式搬到党内来对付革命同志，是极其错误的。它丝毫无助于解决党内的矛盾，只会带来党的分裂和力量的削弱。毛泽东匠心独运，创造了解决党内矛盾的新方式——整风的方式，正确地解决了党内斗争的基本原则问题。使全党在政治上、思想上达到了空前的团结和统一，为夺取中国革命的胜利创造了条件。在今天我们仍然要摒弃整人的方式，而用整风的方式来解决党内矛盾问题。

四、最好的办法还是自己来批评自己

自我批评就是当众检查自己的错误，并表示改正，它和批评是同一个事情的两个不同的环节，通常是批评引起自我批评。人家批评你，给你指出缺点和不足，你就得当面公开承认，并表示改正，这才能体现你虚心接受批评的诚意。

自我批评对一个人改正自己的错误是很有必要的。一方面它促使你深刻反思，找出犯错误的根源，从而在思想深处承认错误，从根本上解决问题。另一方面你当面说出了自己的错误，实际上你就向别人作了改正错误的承诺。从此别人就会根据你的承诺来观察你考察你；你在别人监督的目光之下，自然增加了改正错误的决心和勇气。同时，你作了自我批评，一般情况之下会得到或多或少的原谅，你就减轻了心理负担，为改正自己的错误创造了较好的心理条件。

作为无产阶级先锋战士的共产党人更应该有自我批评的精神和勇气。这是由共产党人的世界观和党性原则决定的。毛泽东说："有无认真的自我批评，也是我们和其他政党互相区别的显著标志之一。"他多次用"经常洗脸""经常扫地"等日常生活现象生动而深刻地阐述共产党人自我批评的必要性。他说："以中国最广大人民的最大利益为出发点的中国共产党人，相信自己的事业是完全合乎正义的，不惜牺牲自己个人的一切，随时准备拿出自己的生命去殉我们的事业，难道还有什么不适合人民需要的思想、观点、意思、办法，舍不得丢掉的吗？难道我们还欢迎任何政治的灰尘、政治的微生物来玷污我们清洁的面貌和侵蚀我们健全的肌体吗？"

毛泽东是这样说的，也是这样做的。作为党的领袖，他是我党勇于承担责任、敢于自我批评的典范。

从 1958 年开始，由于"大跃进"、人民公社化运动、"反右倾"等连续三年多的失误，国家生产建设和人民生活都出现了严重的困难。特别到 1960 年，经济困难的形势日益明显、越来越多地暴露出来。党中央和毛泽东决定对国民经济进行调整，制订了"调整、巩固、充实、提高"的八字方针，但由于全党的思想认识不一致，调整工作遇到一些阻力。为了总结经验教训，统一全党的思想，深入贯彻"八字"方针，迅速扭转国民经济困难的局面。1962 年 1 月中央在北京召开了扩大的工作会议，即"七千人大会"。毛泽东带头承担责任，作自我批评。他指出："同志们回去后，一定要把民主集中制健全起来，要发扬民主，采取主动，作自我批评……让人讲话，采取主动好，天不会塌下来，自己也不会垮台。不让人讲话呢？那就难免有一天要垮台。"他还说："去年 6 月 2 号，在中央北京工作会议的最后一天，我讲了自己的缺点和错误。我说，请同志们传达到各省、各地方去。事后知道，许多地方没有传达。似乎我的错误就可以隐瞒，而且应当隐瞒。同志们，不能隐瞒。凡是中央犯的错误，直接的归我负责，间接的我也有份，因为我是中央主席。我不是要别人推卸责任，其他一些同志也有责任，但是，第一个负责的应当是我。"

毛泽东这种坦诚的自我批评的态度感动了到会的所有同志。大家的思想明了，气也消了，干劲也足了，为做好国民经济的调整工作发挥了积极的领导和模范作用。

关于自我批评的重要意义，毛泽东在“七千人大会”上也作了说明：“最好的办法还是自己来批评自己！……自我批评的结果，人家就不爱听了，说：‘请你不要再讲了，老讲那一套!’这个时候你就可以不讲了，这才取得了主动。”可见，他告诉我们在自己犯了错误时，要得到别人的谅解，只有主动多作自我批评，这样才能争取由被动到主动。

有一些同志犯了错误百般掩饰，不作自我批评。因为害怕自己的面子受损、威信降低或乌纱帽被摘。其实这大错特错，我们党欢迎主动承认错误的同志，并允许其自行改正。你能够主动承认错误，说明你觉悟高，组织观念强，一般来说党和政府会根据你的错误性质及你的认错态度好，作出减免处分的决定。一个能经常作自我批评的人是不可能犯大错的。因为他一有小错就通过自我批评暴露出来，及时得到党和人民的帮助和监督，立即就改正过来了，不至于积小错为大错，步步滑向泥潭，最后不能自拔，落得个悲惨的下场。

批评和自我批评是毛泽东一贯倡导的党的优良作风之一。毛泽东自己身体力行，在自我批评方面做出了很好的表率。在今天改革开放的条件下，我们仍然要拿起这个武器，争取不犯错误或少犯错误，永远保持党的纯洁性和先进性。

五、不管什么人　对事不对人

1956 年，中共召开了八大。在此之前的 1955 年，进行了八大的文件起草工作。在八大文件起草、修改过程中，党中央充分发挥了集体智慧和民主精神。各文件草稿提出来以后，中央曾组织中央机关和省、市、自治区及军队党的领导同志进行反复讨论，征求意见。

毛泽东亲自领导并参加了八大文件的起草和修改工作。在这个过程中，他以平等的态度吸取并尊重刘少奇、周恩来等同志的修改意见。往往同一个地方，今天你改过来，明天我改过去，反复改几次。这个过程就是毛泽东在1956年9月13日七届七中全会第三次会议上谈到八大文件的修改方针时说的：第一次推翻你的，第二次推翻他的，推翻过来推翻过去，这也说明我们是有民主，不管什么人，对事不对人。

“不管什么人，对事不对人”，这句话道出了民主精神的实质。民主是建立在平等的基础之上。即所有的人，不管职务和地位高低，在真理面前，在具体决策面前一律平等，对的就接受，错的就反对，少数服从多数。没有这个平等，就没有真正的民主，只会是专制和一言堂。

从上面的例子可以看出，毛泽东是能够以平等的态度对待党内同志的，是重视发扬党内民主的。那种认为毛泽东刻意树立个人权威和个人崇拜的说法是站不住脚的。

从学生时代起，毛泽东就崇尚民主，痛恨专制，以后，他领导中国人民推翻了帝国主义、封建主义、官僚资本主义这三座大山，目的就是为了实现民族独立和人民的解放，建立人民民主的国家政权。人民能够当家作主是毛泽东梦寐以求的理想和奋斗目标。“民主”的观念在他的头脑当中扎下了根，并且在他工作、生活的各个方面表现出来，包括对党内的管理。

毛泽东在重大问题的决策上是很重视调查研究，很重视听取党内其他同志的意见的，是“虚怀若谷，从谏如流”的。军事上出谋划策，指挥千军万马，决胜于千里之外，是毛泽东的长项，是他最感到得心应手的一个方面。但是，他还是不骄傲自满，承认自己也会犯错误，并虚心接受不同意见。1948年1月，中央军委命令粟裕，要他准备带兵过江。但粟裕根据自己对形势的认真分析，提出了相反的意见，认为渡江南下，不一定能达到预期的目的。他把自己的分析和对策详细地向中央军委和毛泽东作了汇报。毛泽东对粟裕的意见极为重视，亲自召开会议仔细研究，最终改正了失误，采纳了粟裕的建议。如果毛泽东没有党内民主的精神，不虚怀纳言，就会与这个极重要的建议失之交臂了。

1945年，中共七大在延安召开。这次代表大会在毛泽东的领导下，始终洋溢着非常民主、非常团结、非常融洽的气氛。大会主席团尽一切可能让每一个代表都能发表自己的意见，真正体现了民主的精神。任何一个代表，如果没有让他发表意见的机会，那么不但不能集中他的智慧，而且也是对代表个人以及他所代表的那一部分党员群众的民主权利的不尊重。当时关向应正在中央医院养病，不能参加会议，毛泽东就要贺龙常常去看他，将会议进行的情况不断告诉他，并征求他的意见。所以毛泽东在尊重党的代表的民主权利方面是做得很好的，是令人感动的，对党内民主风气的形成是起了很好的示范作用的。

毛泽东的民主作风不但体现在对重大问题的决策上，而且体现在他能够以民主平等的态度对待党内同志方面。

彭德怀是毛泽东的爱将，毛泽东很看重彭德怀，彭德怀从内心很尊敬毛泽东，把他当作自己的老师和英明的领袖。彭曾经对主席称呼较随便，两人“老彭”“老毛”地叫，体现了同志间的亲切平等的关系。

抗日战争时期，在延安的一次会上，有些同志对彭德怀搞“百团大战”提出了不公正的批评，彭十分恼火，决心和毛泽东交换一下意见，并要求周恩来做中间人。三个人坐到一起，毛泽东平静地说：“咱们定下个君子协定：第一，把话讲透。第二，可以骂娘。第三，各自检讨，不准记仇，不得影响工作。”“我先给你作检讨。造成这样子的后果，责任全在我，事先没得向你通气，事后又没得向你作解释。‘百团大战’，是无可非议的。从组织手续上讲，你战前对军委有报告，当时军委和我个人也是同意了的。如果讲到缺点的话，那就是军委回电未到，你就提前动作了，但这也是可以理解的嘛。若说有错，首先错误在我，我不但同意了，给你发了电报，还向你提出这样的大战役是否可以多搞几次。”

彭德怀听后，积在心里的不解及埋怨一下子消失了。他说：“同志们的了解、信任胜过最高奖赏，有主席今晚这席话，就是现在叫我去死，也是死而无憾了。你还是了解我的，倒是我对你有误会，甚至有埋怨情绪，还要请你原谅，我是个粗人呀!”

“不! 你是一个有勇有谋、智勇双全的将领，在革命处在危难关头，你都是站在正确路线一边，这不仅是对我个人的支持，是帮助了革命。好吧，请你多给我提点意见吧。”

这时，周恩来笑着说：“君子协定的第一是把话说透，你不要错过这个机会哟。”彭德怀接着对毛泽东说：“那好，对你，我只有一条意见，会前应该给我老彭打个招呼，叫我也有点思想准备。”

彭德怀最后说了一段意味深长的话：“你毛泽东，我彭德怀，他周恩来，我们在党内都要自觉地接受党的监督和约束，办任何事情都要从党和人民利益出发，我们谁也不能头脑发热，独断专行，随心所欲。否则的话，势必给党和人民造成无可挽回的损失。如果发生了这种反常的事，那么对我们来说，就是欠了党和人民的债，是有罪的啊。”

毛泽东被深深地打动了，握住彭德怀的手，说：“你讲得太好了，我建议将你的这个观点，写到我们的党章里去，周恩来同志，你不反对吧?”

“我举双手赞成!”

我们可以从毛泽东与彭德怀谈话前的三项“君子协定”，可以看出毛泽东对同志的真诚、坦率、民主、平等的作风，和对下级关心、体谅、爱护的长者风范，以及谦虚、谨慎、敢于自我批评的宽阔胸怀。

为什么要发扬党内民主，毛泽东认为：中国共产党要领导中国革命和建设取得胜利，必须充分调动和发挥全党同志的积极性。而积极性的充分发挥有赖于党内生活的民主化。扩大党内民主，是巩固党和发展党的必要步骤，是使党在伟大斗争中生动活跃，胜任愉快，生长新的力量，突破战争难关的一个重要的武器。

今天我们要进行社会主义民主政治建设，发展党内民主尤其重要。中国共产党是执政党，没有党内的民主是难以有国家政治生活的民主的；没有党内的民主空气是难以在全社会形成浓厚的民主氛围的。只有加强党的民主集中制，发展党内的民主生活，才能有效地制止腐败，才能加快民主法制建设，加速实现把我国建成一个高度文明、高度民主的社会主义法治国家的目标。

六、虚心使人进步 骄傲使人落后

毛泽东在中共八大的开幕词中说：“虚心使人进步，骄傲使人落后，我们应当永远记住这个真理。”这个开幕词是田家英起草的，这句话是田家英的得意之笔，也是毛泽东很满意的一句话。因为它准确地概括了毛泽东治党治国的一贯要求。

我党的优良传统是“理论联系实际，密切联系群众，批评和自我批评”。这三大传统优良作风就体现了“虚心使人进步，骄傲使人落后”这个真理。只有虚心，才能接受来自群众的批评，才能作出真诚的自我批评。只有虚心，才能承认“群众是真正的英雄，而我们自己则往往是幼稚可笑的”，才能“放下臭架子，甘当小学生”，虚心向群众学习，才能真正地和群众打成一片，融为一体，形成紧密的联系。只有虚心，才能尊重群众，重视实践，才能把理论和实际结合起来。而党内的教条主义者则往往忽视了这个真理。他们自以为读了几本马列主义书籍，就认为“老子天下第一”，“尾巴翘到天上去了”，高傲得不行。他们看不起群众，忽视实践，也接受不了批评。总以为他们背的教条才是真正的马克思主义，而“山沟沟里是出不了马克思主义的”。在他们身上看不到党的优良作风的影子。

毛泽东领导中国共产党坚持并贯彻了“这个真理”才使中国的革命和建设事业取得了一个又一个的胜利，取得了辉煌的业绩。而教条主义背离了“这个真理”，使中国革命曾经遭到重大损失。这个正反对比，充分说明了“虚心使人进步，骄傲使人落后”的道理。

“虚心使人进步，骄傲使人落后”，告诉我们要努力学习，才能紧跟时代的步伐。

毛泽东一贯重视根据形势的发展变化的需要抓全党的学习。在革命战争年代，打仗是一切工作的中心。他很重视全党的政治理论和军事战略战术的学习。到1949年中共七届二中全会召开时，由于革命即将在全国取得胜利，党的工作重心将由农村转移到城市。根据形势的变化，毛泽东向全党提出了新的学习任务：“必须用极大的努力去学会管理城市和建设城市”，城市中的其他工作，都必须围绕着生产建设这个中心工作并为这个中心工作服务。因为只有学会做经济工作，才能在革命胜利后，把我国建设成为一个伟大的社会主义国家。到1956年中共八大召开，毛泽东致开幕词时，他进一步强调了加强学习的重要性。他说：“要把一个落后的农业的中国改变成为一个先进的工业化的中国，我们面前的工作是很艰苦的，我们的经验是很不够的。因此，必须善于学习。”

时代在前进，形势在变化，一个人也好，一个政党也好，只有顺应时代的要求，虚心学习，努力掌握新知识、新技能，才能与时俱进，作出更大的贡献。毛泽东抓全党学习的经验是应该借鉴的。

毛泽东不但号召全党虚心学习，他自己就是虚心学习的典范。有时反对者的嘲讽，他都能够虚心听取，成为促使自己上进的力量。在遵义会议上，凯丰为维护博古、李德，讥讽毛泽东打仗的方法不高明，是照着两本书去打的，一本是《三国演义》，另一本是《孙子兵法》。毛泽东后来回忆道："其实，打仗的事，怎么照书本去打？那时，这两本书，我只看过一本——《三国演义》。另一本《孙子兵法》，当时我并没有看过。那个同志硬说我看过……从那以后，倒是逼使我翻了翻《孙子兵法》。"

毛泽东的虚心还表现在他对自己的不足能够坦率地承认。并号召全党同志都要这样，努力学习，弥补不足，以探索社会主义经济建设的规律。1962 年初召开的"七千人大会"上，毛泽东在讲话中说，做经济工作他不如陈云同志。他还指出："在社会主义建设上，我们还有很大的盲目性。社会主义经济，对于我们来说，还有许多未被认识的必然王国。拿我来说，经济建设工作中间的许多问题，还不懂得。工业、商业，我就不大懂。对于农业，我懂得一点。"毛泽东在反思经济建设失误的过程中，多次向全党提出学习的问题。在 1958 年 11 月第一次郑州会议期间，毛泽东给中央、省市自治区、地、县四级党委委员写了一封信，建议读两书本，一本是斯大林的《苏联社会主义经济问题》，一本是《马恩列斯论共产主义社会》。信中指出："要联系中国社会主义经济革命和经济建设去读这两本书，使自己获得一个清醒的头脑，以指导我们伟大的经济工作。"毛泽东在虚心学习方面给全党作了表率，全党同志深受感动。认真按照他的要求读书、学习、调查，做好工作，在纠正经济工作"左"的失误方面，很快取得了明显的成效。

"虚心使人进步，骄傲使人落后"这个真理还告诉我们，在任何时候都要谦虚谨慎，戒骄戒躁，都要保持艰苦奋斗的作风，防止被"糖衣炮弹"击中。

今天，我们在学习、工作、交友、个人修养等各方面都要坚持"虚心使人进步"这个真理。因为虚心，才能看到自己的不足，才能接受批评意见，才能促使自己上进，才能团结好同志。而骄傲，则看不到自己的缺点，受不得别人的批评，停留在已有的成绩上面"睡大觉"，这种人只有退步，不会进步，只会犯错误，难以有贡献。

作为一名党员干部尤其应当“记住这个真理”，不要以为自己有一点能力，做了一点成绩或有一定的权力就骄傲自满起来。要知道，你的一切都是党和人民给的，离开了党和人民你什么也不是。你手中的权力是人民给的，你的那点能力从根本上来说是党和人民培养的，你的政绩也是依靠人民取得的。一个真正的共产党人是能够摆正自己和人民的关系的，能够摆正自己和组织的关系的，是骄傲不起来的。只有那些没有确立无产阶级世界观的个人主义者才会骄傲自满，不可一世，甚至骑在人民头上作威作福，这种人迟早会摔跤的。在今天改革开放的时代，重温毛泽东的这句教诲，对每个人来说都是非常有益的。

七、教条主义真害死人

教条主义者不是用马克思主义基本原理去研究解决中国的实际问题，而是割裂二者之间的联系。他们对中国国情不作研究和了解，只是把马克思主义书本上的一些个别词句搬过来，当作医治百病的灵丹妙药，不加分析，不加区别地随意套在中国的实际问题上。毛泽东把马克思主义比作箭，把中国革命比作靶子，他说教条主义者不是有的放矢，而是无的放矢。对此，他作了非常形象的说明：“有的同志则仅仅把箭拿在手里搓来搓去，连声赞曰：‘好箭！好箭！’却老是不愿意放出去。这样的就是古董鉴赏家，几乎和革命不发生关系。”

在20世纪20年代末30年代初，“左”倾教条主义曾在党内占据统治地位，给中国革命带来了深重的灾难。尤以1931年—1935年王明“左”倾教条主义统治中央期间，中国革命事业所遭受的损失最为惨重。“左”倾教条主义者在政治上提出反对资产阶级，把中间派看成是最危险的敌人，在军事上反对毛泽东“诱敌深入”“集中优势兵力打运动战”的正确主张，主张打正规战、阵地战。他们反对革命中心向农村转移，仍然坚持“城市中心论”，强调红军攻打中心城市，争取革命在一省或数省的首先胜利。

王明去苏联担任中共驻共产国际代表团团长之后，临时中央掌握在博古和共产国际派来的军事顾问李德的手中。他们推行王明的“左”倾错误路线，排斥毛泽东对红军的领导。1932 年的宁都会议解除了毛泽东的军权，调他专做政府工作。

毛泽东对于“左”倾教条主义的错误和危害，有深刻的认识体会，他是一向反对“左”倾教条主义的，并与之作坚决的斗争。有一次他说：“教条主义真害死人！他们不做实际工作，不接触工人、农民，却要指手画脚，到处发号施令。同国民党打仗，怎样才能取胜？农民为什么会革命？他们懂吗？”

毛泽东同王明“左”倾教条主义作斗争并取得胜利是讲究策略，逐步进行的。通过遵义会议、瓦窑堡会议和延安整风，批判、纠正了“左”倾教条主义在军事上、组织上、政治上和思想路线上的错误。他是依据革命形势发展的需要，抓住教条主义暴露 出来的突出问题，逐一批判和斗争的，从而使斗争的胜利瓜熟蒂落，水到渠成，大快人心。

遵义会议召开的背景是第五次反“围剿”失败和红军长征初期的失利。在王明“左”倾教条主义者的错误指挥下，红军第五次反“围剿”失败，被迫撤离革命根据地，开始长征。在长征初期，“左”倾教条主义者犯了逃跑主义错误。红军突破蒋介石布置的三道封锁线，渡过湘江之后，由出发时的 8.6 万余人，锐减为 3 万多人。中国红军、中国革命面临生死存亡的关头，血的事实教育了全党和全军，要求撤换错误的军事指挥者，实行正确军事路线的呼声渐高。刘伯承回忆道：

> 广大干部眼看五次“围剿”以来，迭次失利，现在又几乎濒于绝境，与反四次“围剿”以前的情况对比之下，逐渐觉悟到这是排斥了毛泽东同志为代表的正确路线，贯彻执行了错误的路线所致，部队中明显地增长了怀疑、不满和积极要求改变领导的情绪。这种情绪，随着我军的失利日益显著，湘江战役达到了顶点。

这就说明召开遵义会议解决军事路线错误的时机成熟了。1935 年 1 月，长征中的红军攻占贵州遵义城。中共中央在这里召开了政治局扩大会议。会议集中全力解决了博古、李德在军事上和组织上的错误，取消了他们的军事指挥权，肯定了毛泽东的正确主张，选举毛泽东为政治局常委。会后，成立了以毛泽东为首，有周恩来、王稼祥参加的三人军事指挥小组，作为最高统帅部，负责指挥全军行动。毛泽东掌握了当时最有决定意义的、关系到我党我军生死存亡的军事指挥大权。从而为他领导长征胜利，带领中国革命的航船走向胜利奠定了基础。

遵义会议解决了当时最急需解决的军事问题。毛泽东同教条主义的斗争仅限于军事路线方面，没有牵涉到政治方面。这是他敏锐观察形势，确定正确斗争策略的结果。因为在当时长征的路上最急迫的问题不是政治问题而是生死攸关的军事问题，过早牵涉政治问题，必然触及大批执行过“左”倾错误政治路线的同志，从而不利于团结大多数，不利于集中力量解决军事路线问题。对此，会议的列席者伍修权回忆说：

> 他在会议上只批判临时中央在军事问题上的错误，没有提政治问题上的错误，相反还在决议中对这个时期的政治路线说了几句肯定的话。这是毛泽东的一个英明的决策。在会议上，曾经有人提出批判和纠正六届四中全会以来的政治错误，毛泽东明智地制止了这种做法。

1935 年，中共中央和中央红军长征到达陕北后，形势的发展迫切需要转变“左”倾教条主义错误的政治路线。当时，日本帝国主义把侵略矛头由东北伸入了华北。“平津危急”“中华民族危急”，全国各阶层的人们包括民族资产阶级都要求停止内战，一致抗日，为了抗日救国、中共中央决定改变原来错误的政治路线，制定抗日民族统一战线的新政策。在这种情况下，召开了瓦窑堡会议。

会上，博古同毛泽东进行了争论。毛泽东分析了形势，提出应联合资产阶级抗日。博古马上反对，他认为不能联合资产阶级抗日，并且引经据典地论证“中间势力是最危险的”。毛泽东再一次指出了联合民族资产阶级抗日的必要性。他说：“我是根据马列主义基本原理和基本立场来分析中国问题，提出联合民族资产阶级抗日的。”他还愤激地说：“难道这样做，就是对祖宗不忠？对祖宗不孝吗？”博古哑口无言，往床上一躺不说了。

教条主义者总是打着马克思主义的旗号，标榜自己是真正的马克思主义者，以高傲的姿态指手画脚，训斥别人，“钦差大臣满天飞”。在遵义会议上，凯丰公然质问毛泽东：“你懂什么马克思主义，你不过是读了《孙子兵法》而已。”在瓦窑堡会议上，博古也说毛泽东联合民族资产阶级抗日的主张是反马克思主义的。其实真正不懂马克思主义的，真正反马克思主义的，是他们自己。毛泽东非常鄙视教条主义，他说：“教条主义狗屎不如，狗屎可以肥田，人屎可以喂狗。可教条主义呢？既不能肥田，也不能喂狗。有什么用呢？”他给教条主义者的画像是：“山间竹笋，嘴尖皮厚腹中空。”

在当时，把马克思主义和中国革命实践结合起来的毛泽东思想是真正的马克思主义。在今天把马克思主义基本原理和中国社会主义现代化建设实际结合起来的中国特色社会主义体系是真正的马克思主义。我们要以毛泽东与王明“左”倾教条主义斗争的历史为启示，学习辨别真假马克思主义，与时俱进，开拓创新，把建设有中国特色的社会主义事业推向前进。

八、批评也得讲方式

批评是为了帮助犯错误的同志改正缺点错误。在一个革命阵营内部，在一个无产阶级的政党内部，同志式的自我批评和批评都是必不可少的。一个病人，光是靠他自己是难以治好病，恢复健康的，他还得去找医生诊治。同理，我们有什么缺点错误，应当欢迎别人批评，因为他们就相当于我们的“医生”。同志们的相互批评对于警戒错误、发现错误、改正错误具有非常重要的意义。

批评有善意的批评和恶意的批评之分。善意的批评存在于同志和朋友之间，它如同医生救死扶伤，是从帮助人、关心人等善良的愿望出发的。恶意的批评从一定意义上来说，并不能称之为批评，而只能叫作恶毒的攻击和中伤。善意的批评使同志之间更团结更亲善，不怀好意的攻击带来的只是分裂和相互疏远。每一位党员同志的批评都应是善意的批评。

善意的批评并不总能产生令人满意的结果，有时甚至产生事与愿违的结果。这或者是因为被批评者认识水平低，思想觉悟不高，胸怀不广，从而误解了或有意抵触批评；或者是因为批评者本身选择批评的场合不对、表达方式欠妥、言词失措，无意中说了伤感情的话等等。如果由于后一个原因，批评不能达到预定的效果，作为批评者就应该多从自己身上找原因，提高批评的艺术，使自己的“忠言”不是“逆耳利于行”而是“顺耳利于行”。

在古田会议召开前夕，红四军党内围绕建军原则的一系列问题展开了激烈的争论，直至导致严重的分歧。以前委书记毛泽东为代表的一部分同志主张加强民主集中制，确立党对军队的绝对领导，反对极端民主化、流寇主义、单纯军事观点等非无产阶级思想。但毛泽东的这些正确的主张遭到临时军委书记刘安恭等人的反对，他们到处散布流言，拨弄是非，挑起党内、军内的派别斗争，把斗争的矛头指向了毛泽东，一时间闹得沸沸扬扬，不好收场。

1929 年 6 月，红四军第七次代表大会在龙岩城内召开。会上，陈毅被选为前委书记，而原前委书记毛泽东则没有当选。毛泽东这次没有当选不是因为他的主张不正确，也不是因为中央不支持他，在很大程度上是由于他对干部的批评方式存在着某些问题。当时任红四军政治部秘书长的江华回忆说：

> 那时毛泽东对于干部要求高，要求严，批评人是很严厉的。对一些营团级负责干部的缺点错误，他也毫不留情地当面批评、训斥，常常令人难以接受，下不来台，因而有些同志对他是很有意见的。

毛泽东胸襟宽广，一心为了革命，对自己要求甚严，革命的原则性很强，帮助同志改正缺点错误的愿望也是很真诚，急迫的。因此对于党内、军内出现的一些错误思想和违反纪律的言行感到痛恨、难以容忍，在激愤之中说了一些令人不好受的话，作了一点过火的批评，这是可以理解的。但有些同志没有理解毛泽东的心情，对于他的严厉批评在思想上、感情上一时转不过弯来，不但没有接受正确的批评反而产生了抵触的情绪。

毛泽东后来很快意识到了自己的批评方式、工作方式存在一些不太妥当的地方，几次作了自我批评，并迅速弥补。当陈毅根据中央指示请他回去主持红四军工作时，他对陈毅说，他在红四军八大时因为身体不好，情绪不佳，说了一些伤感情的话。半年后，当中共中央特派员涂振农来到红四军时，毛泽东再次向他作了自我批评。涂振农在给中央军委的报告中写道：“毛泽东同志也承认工作方式和态度的不对，并且找出了错误的原因。”毛泽东承认缺点并改正缺点的态度是很感人的。

批评本来是好事，帮助人家改正缺点错误。人家应该感激才对，如果不但得不到谢意，反而招致不满，那么批评者就应该多从自己的批评方式上去找找问题。是不是没看批评对象的不同采取不同的批评方式，是不是没有选择恰当的批评时机和场合，是不是批评的言词失措等等。

批评应注意“晓之以理，动之以情，导之以行”。要把道理讲清楚，使人心服，不产生误解。要照顾到批评对象的情绪和自尊心，要体现出你对他的关心，要有耐心，以自己的真情感动他，不要动辄训斥、指手画脚，使人难以接受。

党内同志除了职务不同、分工不同以外，在人格上是平等的。上级和下级之间应该相互尊重。上级对下级的批评一般来说应采取温和的批评方式，以耐心说服为主。当然在有些情况下，下级的错误性质特别严重，拒不认错的态度特别顽固，上级适当采取严厉的批评方式，那又是一回事。总之要根据实际情况，采取适当的批评方式，掌握适度的批评火候。

批评是为了更好的团结。为了维护全党的团结，同志之间的相互批评是必不可少的。毛泽东高度重视党内的批评和自我批评，并且总结出一个公式：团结——批评——团结，即从团结的愿望出发，经过批评和自我批评，弄清了问题，提高了思想认识，在新的基础上达到新的团结。方式不当的批评会影响团结，应当尽量避免。

第四章 管理干部的艺术

“政治路线确定之后，干部就是决定的因素”。毛泽东在识别、选拔、任用、培养干部以及惩处违纪干部方面原则明确，方法灵活，独具特色。他凭着高超的管理艺术，将一大批优秀干部紧密地团结在周围，领导着中国人民的革命和建设事业不断地从一个胜利走向另一个胜利。

一、必须善于识别干部

干部群体的优劣，关系一项事业的成败。人才聚，事业举；人才散，家国亡。要想使一批优秀干部脱颖而出，管理者必须要在日常工作中细心观察，善于识别干部。只有“知人”，才能“善任”。看准人，并恰当地加以使用，才会使事业无往而不胜。看不准人，选择了才能低下，甚至道德品质败坏的干部，即使再好的事情也会被做得一塌糊涂。

宋代的张浚曾力主把秦桧选拔上来，他说：“人才虽难知，但议论刚正，面目严峻，则其人必不肯为非。”由此，他认为秦桧是一位“不畏死，有力量，可共天下事的人才”，“千古罪人”就这样被张浚“独具慧眼”地力荐上来，最终遗臭万年。而如刘备慧眼识诸葛，萧何月下追韩信等典故则流芳百世。

毛泽东吸收借鉴了中国古代政治家识人的标准“德才兼备”，并将之与中国革命的具体实际相结合，加以发展，赋予其新的含义，“德”即要求能坚决地执行党的路线，方针、政策，服从党的纪律。富于牺牲精神，全心全意地为人民服务，一心为公，不谋私利。“才”即要求干部要懂得马列主义，有一定的理论修养和实际工作能力，能独立地思考、解决问题。“招之即来，来之能用”。

毛泽东在识别干部的方法上，既坚持原则性，又不乏灵活性。1938 年 10 月，他在《中国共产党在民族战争的地位》一文中曾指出：“必须要善于识别干部，不但要看干部一时一事，而且要看干部的全部历史和全部工作，这是识别干部的主要方法。”毛泽东关于识别干部的思想，是马克思主义历史唯物主义和辩证唯物主义的运用与发展。他客观地、全面地、发展地看干部，一切从实际出发，实事求是，在长期领导中国革命和建设的实践中，识别了大批的优秀干部，并委以重任。我党著名的政治工作者罗荣桓在土地革命战争时期能够脱颖而出，就是由于毛泽东的“慧眼识才”。

罗荣桓为人诚恳，厚道老实。1927 年大革命失败之际，他毅然加入中国共产党，在鄂南组织农民自卫军并任党代表，领导发动了鄂南暴动。同年 8 月率领农军到修水参加秋收起义。在率领农民参加秋收起义的途中，罗荣桓竟让两个自告奋勇前来“帮忙”的农民士兵把 200 多块钱骗走了。到三湾改编时，原来参加秋收起义的两个团只剩下两个营了，但罗荣桓义无反顾地留了下来。

毛泽东十分欣赏这位具有坚定革命意志品质的大学生，任命他为特务连党代表。在井冈山艰苦卓绝的革命斗争实践中，毛泽东对罗荣桓有了更加全面的认识，发现了他身上许多可贵的品质：（一）以身作则，不搞特殊化。凡要求下属做到的，自己首先做到；打仗时冲锋在前，退却时掩护在后。（二）关心体贴下属，行军时为病号扛枪；宿营时下班查铺；吃饭时自己放哨，让战士先吃。（三）对党忠诚老实，对工作踏实肯干。罗荣桓的这些高尚品质，使其深受战士们的爱戴，干群关系十分融洽。他所带领的部队成了一支拖不垮、打不烂的红色“铁军”。1928 年，由于湖南省委代表的错误指示，造成了“八月失败”。毛泽东率领罗荣桓指挥的三十一团三营急赴湘南与二十八团会合，途中打了十几仗，队伍中却没有一个开小差的，创造了巩固革命队伍的良好纪录。

毛泽东认为罗荣桓的确是个人才。经他推荐和介绍，罗荣桓以一个下层政工干部的身份，参加了红四军党的第九次代表大会，并当选为前委委员。毛泽东深信罗荣桓会成为一个优秀的政工干部。他曾评价罗荣桓“是个老实人，而且又有很强的原则性，能顾全大局，一向对己严，待人宽，做政治工作就需要这样的干部”。

1930 年春末夏初，毛泽东需要为红四军军长林彪选择一个合适的搭档做政委。23 岁就当上军长的林彪，毕业于黄埔军校第四期，打起仗来十分灵活，颇有一套，深受毛泽东的器重。但林彪这个人生性孤僻、古怪，平时沉默寡言却个性极强，别人很难与其相处。以前与他搭档的几个干部，都与他搞不好关系，遭受其排挤。为林彪选搭档，让身为红四、五、六军前委书记的毛泽东颇伤脑筋。因为这个人除了要具备丰富的政治工作经验以外，还必须既有坚定的原则性，又有非原则问题上的灵活性。在长期的革命实践中，毛泽东发现罗荣桓恰恰具备这种素质。经过慎重考虑，毛泽东任命罗荣桓为红四军政委。

罗荣桓走马上任，很多人都为他捏了一把汗，但罗荣桓不慌不忙，在红四军中开展了既生动活泼又扎实有效的政治工作，使全体指战员始终保持了旺盛的斗志。罗荣桓把军事训练、后勤工作也抓得井井有条，性格褊狭的林彪也感到没有什么好挑剔的了。于是，军长和政委之间配合得很好。

老实、厚道、忍让，有时不免要吃亏，在有些人看来是软弱的表现。但毛泽东却从罗荣桓的朴实中，发现了他在原则问题上的坚定不移和非原则问题上的容人之量。由于毛泽东知人善任，使罗荣桓能够充分发挥自己的特长。毛泽东发现的这位优秀年轻干部，后来成为人民军队政治思想工作的巨匠。罗荣桓后来历任八路军一一五师政委、解放军第四野战军政委、中央军委总政治部主任等职，并且是军队政治干部中唯一获得元帅军衔的人。

多年以后，也就是1961年和1962年，毛泽东曾两次谈到了他心中认识和熟悉的罗荣桓。毛泽东说：（一）凡是我倒霉的时候，罗荣桓都是跟我一起倒霉的。（二）罗荣桓的品格：无私利，不专断，抓大事，敢用人，提得起，看得破，做得完，撇得开，放得下。罗荣桓是与我一辈子共事的人。（三）山东只换上一个罗荣桓，山东全局的棋就下活了。山东的棋活了，全国的棋也就活了。山东把所有的战略重点线都抢占和包围了。只有山东全省是我们完整的，最重要的战略基地。北占东北、南下长江，都主要依靠山东。（四）罗荣桓在决定中国革命成败的地区，做好了决定中国革命成败的事业。（五）罗荣桓到山东的第一天，就想的是把山东全部拿回来，就想到为全国拿下来尽义务。（六）山东是执行中央十大政策的模范，罗荣桓一到山东，就在谁领导谁，谁团结谁，谁统一谁这个根本问题上，坚持正确路线。（七）罗荣桓在山东，一直抓依靠谁，团结谁，打击谁（的问题），什么是中心？就是发动群众，依靠群众，武装群众。少奇同志到山东，支持的就是罗荣桓。（八）敌人“蚕食”了，是面向根据地，还是背向根据地，罗荣桓的翻边战术，不是战术，是战略。他掌握山东局面以后，敌人越“蚕食”，根据地越扩大。（九）罗荣桓是执行上级指示的模范，也是善于提不同意见的模范。百团大战不能说都不对；但是，罗荣桓不参加百团大战，集中力量抢占山东的地盘，这很了不起。罗荣桓领导的整风，把主要目的放在检查领导的思想作风路线。而且抵制了延安的“抢救运动”，这很难得。（十）罗荣桓最守纪律，连高岗都说，罗荣桓是党内的圣人，不敢找罗荣桓乱说。从高饶问题上看出，最正直的人，是罗荣桓、邓小平、陈云。毛泽东对一个将帅有如此高的评价，是很少见的。由此也可以看出，毛泽东的确对罗荣桓十分了解，认识也非常全面。

毛泽东从实际出发，实事求是，全面地、发展地、辩证地识别干部，对我们今天也很有启迪。

识人是一门实践的艺术，也是人们不断思考的一个课题。要想准确地识别干部，一定不能只看表面现象，要通过表面看其实质。现实生活中，有的人看似忠心耿耿，实际上是“立小忠以售大不忠，效小信而成大不信”；有的人表面上甜言蜜语，言听计从，实则背后使绊子、捅刀子；有的人外表上看言不逾矩，行不违规，实则居心叵测，藏奸怀诈；有的人看似夸夸其谈，好像无所不知，无所不能，实则金玉其外，败絮其内，经不起实践的检验；有的人在领导面前一味地讨好卖乖，实则首鼠两端，见风使舵。诸如此类，都决定了对一个人的了解，必须全面深刻，揭示其隐秘的一面，还其本来的面目。

邓小平曾语重心长地说：“看人是不容易的啊！一定要在斗争中观察，识别干部，选择得当。”这告诫我们各级领导者和管理者，在识人问题上，既要看大节，看主流，更要透过现象看本质，通过小节看大节，不为假象所迷惑，不因其错小而忽视。既要听其言，又要观其行，不仅要看八小时之内，还要看八小时之外，从日常生活中看干部，从一点一滴中了解干部，特别要注意从群众反映中识别干部。如果把这些有机结合起来，并建立健全有效的考察监督机制，相信用人的失误必将大大减少。

二、精挑慎选 用当其材

如何正确地选择干部，恰当地安排其岗位，是古今中外的管理者都非常重视的一个问题。列宁曾说过："要研究人，要选择能干的干部，现在的关键就在这里，没有这一点，一切命令和决议只不过是些肮脏的废纸而已。"

选择干部是使用干部的前提和基础。对于干部，只要选得好，选得准，我们的事业就大有希望。正因为如此，作为一名管理者，必须要懂得如何选择干部，如何及时有效地发现和汇聚各方面的优秀干部。其实，选干部最主要地就是根据干部自身的特点，将他们安排到恰当的职位和岗位上。外国管理学者有句名言："只有无能的管理者，没有无用的人才。"我国清代诗人顾嗣协有一首《杂兴》诗，诗云："骏马能历险，犁田不如牛。坚车能载重，渡河不如舟。舍长以就短，智者难为谋。生材贵适用，慎勿多苛求。"这首诗通俗而清楚地说明了人才使用贵在用当其才的道理。管理者要根据每个人的才能、志向与条件，对其加以使用，做到各随其志，各得其所，各尽其才，各献其功。

无数历史说明，在同样繁重而复杂的工作任务和同样的条件面前，选人用人得当与否，就会出现两种截然不同的结果。对一个国家来说，选人用人得当与否决定一个国家的命运。有时遇到危机，因选人用人得当，措施得力，就能转危为安。相反，在一个有利的和平环境中，如果错误地选择一个干部，也会使国家招致灾难。可见，科学地选择干部，有助于治理国家，加快一个国家的发展。反之，则会乱邦败国，延缓社会前进的步伐。

毛泽东在长期的领导中国革命斗争的实践中，提出了党内选拔干部的六条标准：懂得马克思主义；具有政治远见；忠于党和人民的事业；能做到大公无私；善于密切联系群众；有独立解决问题的工作能力。

毛泽东在选择干部的问题上，很讲究辩证法，不要求"完人"和"全人"，而是善于抓住人的品质个性的优点，根据每个人的专长，选择使用干部，做到人尽其才。

1949 年 4 月 21 日，人民解放军百万雄师横渡长江天堑，23 日占领南京，宣告了国民党反动政权的覆灭。紧接着，人民解放军马不停蹄，挥师江南各省市，上海成为解放战争的下一个重要战略目标。

上海，简称沪，也称申，是中国最大的海港城市，素有"江海要津"之美称，明清以来，经济一直走在全国前列。19 世纪 40 年代，在外国侵略者的大炮威逼下，上海被辟为通商口岸，向外国殖民主义者开放，开始了屈辱的历史。开埠后的上海，迅速成了全国经济、金融、外贸中心，同时也成为来自欧美的“冒险家”的“乐园”，十里洋场充斥着富人灯红酒绿、纸醉金迷的生活。

为了书写好上海历史新的一页，毛泽东早就开始谋划挑选新中国成立后上海市的掌门人。毛泽东深知，作为当时闻名遐迩的中国和亚洲最大的口岸城市，作为拥有 500 万人口、工业产值和贸易均占全国一半的上海，其地位十分重要。能否接管好上海，是中国共产党进城“考试”的重要一课。因此，接管上海负责人的确定，成了毛泽东重点考虑的问题。

谁能担此重任呢？毛泽东反复思考，反复比较，逐渐将目光集中到陈毅身上。

对于陈毅，毛泽东可以说是非常熟悉和了解的。陈毅出身于书香门第，国文功底深厚，知识面丰富。他青年时代赴法勤工俭学，对西方文明也有一定程度的了解。1922 年，陈毅经蔡和森介绍加入社会主义青年团，随后担任过重庆《新蜀报》的主笔，撰写了大量抨击时弊和鼓动反抗军阀暴政的文章，在知识界和青年中颇有影响。1923 年 11 日，经颜昌颐、肖振声介绍，陈毅在北京加入中国共产党，从此，开始投身革命，并成为中国人民解放军的创始人之一，也是毛泽东在井冈山斗争时期的亲密战友。1934 年 10 月，中央主力红军开始了战略大转移——长征，陈毅作为中共中央分局委员、中央政府办事处主任，留在苏区与项英一起领导游击战争。在长达三年的艰苦卓绝的游击战争中，陈毅出生入死，为革命做出了巨大的牺牲与贡献。抗日战争期间，陈毅先后任新四军第一支队司令员、新四军江南指挥部指挥、华中总指挥部副总指挥、新四军代军长。解放战争期间，陈毅是华东野战军（后改为第三野战军）司令员。率部所向披靡，取得了一个又一个重大胜利，可谓战功赫赫，堪称一代名将。尤其难能可贵的是，陈毅还是人民解放军高级指挥员中的“儒将”之一，他特别喜爱写诗，文学造诣很高，《梅岭三章》诗作脍炙人口，与同样酷爱吟诗作赋的毛泽东志趣相投。而且，陈毅性格豪爽，善于和各方人士交朋友，做统战工作是其特长。正因为陈毅文武双全，毛泽东认为他完全能胜任“中国第一市”的市长之职。

毛泽东主意下定后，并未独断专行，而是充分地尊重陈毅的个人意愿，亲自去征求他的意见。陈毅表示：愿意担任上海市市长一职。他还向毛泽东建议，希望中央像当年重视东北工作一样重视上海的接管工作。不久，在中共中央召集的人事安排座谈会上，邓小平受中央委托，提出经过酝酿的华东方面的人事安排，其中，陈毅任中共中央华东局第二书记、上海市人民政府市长。

为慎重起见，毛泽东还就陈毅担任上海市市长一事，征求了民主人士黄炎培、陈叔通等人的意见，得到了他们的一致赞同。这样，毛泽东正式确定由陈毅担任上海市市长。

历史已充分证明，以“儒将”而著称的陈毅担任上海市市长是完全正确的。上海市在陈毅的领导下，顺利完成了接管任务，新生的人民政权得到了巩固。这也充分显示了毛泽东在选择干部上的高超艺术。

当前，我国正处于改革开放的大潮之中，如何选用一批杰出干部是顺利实现我国经济发展第三步战略目标的关键。新时期干部选拔的标准，总的来说是革命化、年轻化、知识化和专业化。具体到每一个干部，又应该有具体的政治和业务以及年龄上的要求。管理者在选择干部时，既要看其理论水平，又要看其工作实绩。离开工作实绩的考察而凭印象来选人，就会犯教条主义和经验主义的错误，给党和人民的事业造成损失。

值得注意的是，现在有些领导在选择使用干部时，不考虑各人自身不同的特点，不顾其专业特长，在安排其岗位时随随便便，使其“英雄无用武之地”，最终造成人浮于事，工作效率低下。我们应该学习毛泽东选择干部的高超艺术，选择干部时要充分权衡其长短，恰当地安排其岗位，真正做到人尽其才。

三、要自觉地造就成万数的干部

教育培养干部是革命和建设事业发展的需要，是干部队伍不断成长的重要条件。人民群众是历史的创造者和推动力量，但如果没有一批优秀的干部群体加以正确引导，历史的进程也会发生偏差。

毛泽东作为党和国家的最高管理者和组织者，不可能“事必躬亲”，而只能是在宏观上制定出一些管理国家和社会事务的大政方针。如果没有成千上万的干部将之付诸实施，中国的革命事业将会遭受更多的挫折。毛泽东早在青年时期组织新民学会时就指出：改造中国与世界的大业，决不是少数人就可以包办的。

毛泽东一直十分重视干部的培养教育。革命战争年代，干部队伍的素质参差不齐，良莠俱存，相当多的干部文化知识基础薄弱，甚至是文盲，提高干部队伍素质的任务十分紧迫。1937 年 5 月，毛泽东指出：“我们党的组织要向全国发展，要自觉地造就成万数的干部，要有几百个最好的群众领袖。”1938 年在党的六届六中全会上，毛泽东又指出：“现有的骨干还不足以支撑斗争的大厦，还必须广大地培养人才。”“有计划地培养大批的新干部，就是我们的战斗任务。”

毛泽东在长期领导中国革命和建设事业的实践中，把培养干部作为一项极其重要的任务。第一次国共合作期间，毛泽东担任了广州农民运动讲习所所长，领导全所为全国培养了近 800 名农民运动骨干。黄埔军校创立后，我党的许多重要干部到军校担任负责工作或任教，如周恩来、萧楚女、恽代英等人。毛泽东也到军校讲课，为中国的革命事业培养了一大批军事政治干部。

毛泽东一贯重视对干部进行马列主义理论教育，把转变世界观作为教育、培养干部的根本问题。1929 年，毛泽东在担任红四军党代表时，就把马列主义理论教育写进了红四军党的第九次代表大会的决议中，并四处搜集马列主义著作，让从事军事、政治工作的干部学习，使这些干部掌握了一定的马列主义理论知识，转变了世界观，坚定了革命信念。1936 年 12 月毛泽东在《中国革命战争的战略问题》一文中曾形象地指出：“我们的眼力不够，应该借助于望远镜和显微镜，马克思主义的方法就是政治军事上的望远镜和显微镜。”

1936 年 6 月 1 日，我党在瓦窑堡建立了中国人民抗日红军大学，毛泽东兼任学校政委。他亲自授课，讲授中国革命战争的战略问题和矛盾论、实践论的一系列基本观点，并安排张闻天、秦邦宪、凯丰、吴亮平、徐特立等人为教员。同时，毛泽东、刘少奇、张闻天、胡乔木、艾思奇、何干之等党的高级干部还到中央党校去讲课，这样多的高级领导人和党内的理论秀才担任教师，说明毛泽东对培养干部是非常重视的。与此同时，毛泽东还在延安领导成立了中央研究组和高级研究组，创办陕北公学、延安鲁迅艺术学院、妇女大学等一系列学校，有组织、有计划地学习马列主义。

实践出真知，理论脱离了实践，就变成了无本之木，无源之水。在对干部的培养中，毛泽东不仅重视理论知识的学习，世界观的转变，更注重让干部在实际工作中锻炼。他要求知识分子必须注意理论联系实际，注意调查研究，而不能成为纸上谈兵的空头理论家。他认为没有实践经验的人是最无知识的，只有经过实际斗争生活的艰苦磨炼，才能培养革命事业的真正栋梁之才。毛泽东经常提醒干部要和广大的群众打成一片，到群众中去接受教育，在实践中增长才干。毛泽东教育广大干部："群众是真正的英雄，而我们自己则往往是幼稚可笑的。"特别是解放以后，毛泽东经常要求从中央到地方的各级领导干部下到基层群众中去了解实情、体验生活、锻炼才智。

毛泽东特别重视对新干部的教育和培养。他认为，在干部队伍建设问题上，最重要、最迫切，也是最困难的问题是选拔新干部和培养接班人。早在延安整风时期毛泽东就曾指出："我们党如果没有广大的新干部和老干部一致合作，我们的事业就会中断。"由于毛泽东的重视，大批年轻有为的干部不断涌现出来，日益成长为革命和建设事业的核心和骨干力量。周小舟就是毛泽东亲手培养起来的一位出色干部。周小舟曾从事过学生运动和宣传工作，并参加过第二次国共合作的谈判。毛泽东及时地发现了这个才华横溢的青年，1939 年 9 月调他来担任自己的秘书，当时他年仅24 岁。为了把周小舟培养成为一名能够独当一面的优秀干部，毛泽东对他进行了耐心细致的教育，并主张他在实际斗争中接受锻炼。周小舟到冀中区工作后，毛泽东曾两次写信给他，鼓励他"切实努力，必有进步"。周小舟谨遵毛泽东的教导，时时处处严格要求自己，勤奋工作，成绩突出。新中国成立初期，周小舟即担任了湖南省委书记一职，真正成为了一名能独当一面的成熟干部。

另外，毛泽东还十分注意培养少数民族干部。他曾多次指出，少数民族不仅要有党政干部，要有书记，要有军事干部、文化教育干部，还要有科学家、艺术家、工程师、医生以及各方面的人才。在他的领导下，我国民族教育事业蓬勃开展，一大批少数民族干部与人才茁壮成长。

1981年，陈云中肯地评价说，毛泽东一生中有五大贡献，其中第一大贡献就是培养了整整一代人。他说："从遵义会议到抗日战争胜利，毛泽东同志的一个无可比拟的功绩，是培养了一代人，包括我在内的以及'三八式'的一批干部。"毛泽东培养了大批干部，这些按照他的思想训练原则出来的干部，忠实地执行党的意旨，上下一心，同心同德，在实践中将他的思想传给广大群众，传给子孙后代，无论历史发展到什么时候，都抹不掉毛泽东在中国留下的印迹。

要想使一项事业后继有人，经久不息，我们就必须学习毛泽东善于教育、培养干部的艺术，加强对干部的培养、教育和训练。每个人都要不断学习，受教育，即使一些新选拔上来的受过较高层次教育乃至在某些方面有所造诣的领导干部，也仍有一个适应现代化建设，不断进行知识更新的问题。管理者一定要重视对干部队伍的培养教育，使之跟上时代前进的步伐。

四、反对论资排辈大胆起用年轻干部

革命化、年轻化、知识化、专业化是干部队伍建设成熟的标志。在各项建设事业中，通常都会涌现出一大批德才兼备的优秀年轻干部。对于组织者和管理者来说，如何及时地识别，发现这些干部，并把他们安排到适当的岗位上，委以重任，对整个事业的全局至关重要。

毛泽东一贯提倡重用优秀的年轻干部。1953年6月30日，他在接见中国新民主主义青年团第二次全国代表大会主席团成员时讲到："要选青年干部当团中央委员。三国时代，曹操带领大军下江南，攻打东吴。那时，周瑜是个'青年团员'，当时东吴的统帅程普等老将不服，后来说服了，还是由他当，结果打了胜仗。现在要周瑜当团中央委员，大家就不赞成，团中央委员尽选年龄大的，年轻的太少，这行吗？”

毛泽东认为“青年人比老年人强，百分之七十以上的发明创造都是他们干的，而中老年的发明创造只占百分之三十。这种三七开的比例，为什么如此，值得大家深深地想一想。结论就是因为他们贫贱低微，精力旺盛，迷信较少，顾虑少，天不怕、地不怕，敢想敢说敢干。如果党再对他们加以鼓励，不怕失败，不泼冷水，承认世界主要是他们的，那就会有很多的发明创造。”因此，“现在必须提拔青年干部。赤壁之战、群英会，诸葛亮才二十七岁，孙权也是二十七岁，孙策起事时，只有十七八岁，周瑜死时不过三十六岁，那时也不过三十岁左右，曹操五十三岁。可见青年人打败了老年人。长江后浪推前浪，世上新人赶旧人。”

毛泽东以史为鉴，在使用干部上，反对论资排辈，强调真才实学，大胆起用在斗争中涌现出来的优秀年轻干部。在民主革命时期，他就重用过许多比周瑜当都督时还年轻的干部，如 20 多岁的吴亮平任中央宣传部副部长，同样 20 多岁的艾思奇任中央文委秘书长，使这些马克思主义的翻译家、哲学家充分展示了他们的才华。

对“才子”田家英的任用，则是毛泽东重用年轻干部的又一个成功典范。

田家英并没有什么学历和文凭，是完全靠勤奋刻苦而自学成为一个才子的。他 13 岁时就因家境贫寒而辍学，但从未中断过学习，立志“走遍天下路，读尽世上书”。1937 年，不满 16 岁的田家英冒着生命危险，从大后方四川奔赴延安参加革命。1938 年加入中国共产党，先后在延安陕北公学、马列学院、中共中央政治研究室，中共中央宣传部等单位工作。田家英才华出众，思维敏捷，待人诚恳、表里如一、胸怀坦荡、平易近人、工作认真、一丝不苟，深得毛泽东的赏识。1942 年，他曾称赞田家英的文章：“立论正确，旗帜鲜明，切中时弊，有气魄，有锋芒，文字也是好的。抗日战争进入相持阶段，很需要这样的文章。”此后，毛泽东便时常关注着田家英。有一次，田家英给机关干部讲古文，毛泽东正好散步走到教室附近，为田家英的讲课所吸引，就停下来在窗外听起来。

1948 年，年仅 26 岁的田家英被毛泽东选来担任自己的秘书。新中国成立后，毛泽东更是对他委以重任。田家英先后担任了中共中央办公厅秘书室主任、中央政治局主席秘书、中华人民共和国主席办公厅副主任、中央政治研究室副主任、中央办公厅副主任等要职。

毛泽东对田家英非常器重。20世纪50年代，几乎每天晚上，他都要找田家英谈话和交办事情，写给田家英的信达25封之多。田家英深知自己工作的责任重大，兢兢业业、任劳任怨。

50年代初，毛泽东亲自点名，让田家英参与《毛泽东选集》前四卷的编辑工作。1953年底，田家英又参与了我国第一部宪法的起草工作。他没有辜负毛泽东的厚望，日以继夜地通读，研究了许多法学书籍，提出了许多独到的见解。

1956年，毛泽东更是委以田家英起草中共八大开幕词的重任。毛泽东作报告，作演讲等的文章，从来不让别人代笔。无论是在烽火连天的革命战争年代，还是在建国以后的和平建设时期，都是如此，唯一的例外，恐怕就是八大的开幕词了。开幕词中的一句话："虚心使人进步，骄傲使人落后"，早已成为脍炙人口的格言。毛泽东致开幕词后，许多人都称赞开幕词写得好，毛泽东高兴地对大家说："开幕词是谁写的，是个年轻的秀才写的，此人是田家英。"

敢于大胆起用年轻干部，是要有一定的魄力和高瞻远瞩的目光的。在有些领导者眼中，年轻干部缺乏经验，资历太浅，唯恐其难当重任，在提拔干部时，论资排辈，造成了人才的大量浪费。老干部固然经验丰富，见多识广，但思维相对要显得保守、僵化，特别是在具有开拓性的事业面前，容易裹足不前，贻误时机，而年轻干部虽然有着许多缺点，但具有一种"初生牛犊不怕虎"的开创精神，思维活跃，敢想敢干，在实践中能不断地得到提高。正如斯大林所说："他们对于新鲜事物有敏锐的感觉，因而有高度的热情和积极性，而在这一点上，有些老干部则正是缺乏的。"

毛泽东远见卓识，对优秀的年轻干部委以重任，极大地充实了干部队伍的实力，值得我们学习和借鉴。今天，随着人类进入智能化和信息化时代，各项事业都更具有挑战性，正是年轻干部施展才华的大好时机。现代管理者务必要抛开年龄、文凭等条条框框的限制，不拘一格地提拔，重用优秀年轻干部。

五、任人唯贤 不任人唯亲

“任人唯贤”和“任人唯亲”是任用干部问题上两条截然相反的路线，在实际工作中带来的效果也迥然不同。在我国历史上，曾有不少唯才是举，选贤任能的英明的政治家，如唐太宗。但同时也有许多唯亲是举，信任重用奸佞之徒的昏庸统治者。楚汉之争时，刘邦招揽天下英才，共图霸业。项羽任用的却是无才无德的亲戚族人，弃贤才而不用。俗话说：“得人者得天下。”项羽在用人上的失误是导致其兵败自刎的一个重要原因。

毛泽东总结我国古代统治者用人之道成败的经验教训，在选用干部时，坚持“任人唯贤”，反对“任人唯亲”。1938 年 10 月，他在《中国共产党在民族战争中的地位》一文中指出：“在这个使用干部的问题上，我们民族历史中从来就有两个对立的路线，一个是‘任人唯贤’的路线，一个是‘任人唯亲’的路线，前者是正派的路线，后者是不正派的路线。”

革命战争年代，毛泽东就提出了“德才兼备”的用人标准。新中国成立后，根据时代发展的要求，他又提出干部要“又红又专”。“红”是指政治上过硬，“专”是指业务上精通。毛泽东在干部政策问题上，一贯坚持正派公道的作风，反对不正派不公道的作风。他指出：“共产党的干部政策，应是以能否坚决地执行党的路线，服从党的纪律，和群众有密切的联系，有独立的工作能力，积极肯干，不谋私利为标准，这就是‘任人唯贤’的路线。”

毛泽东在遵义会议上确定了在党内的最高层领导地位后，就着手开始为组建一个德才兼备的领导集团而努力，在他身边聚集了一大批久经考验的无产阶级革命家，如周恩来、朱德、刘少奇、任弼时、邓小平等人，现仅举邓小平一例加以说明。

邓小平曾和张云逸一起领导了百色起义和龙州起义，创立了红七军、红八军和左右江革命根据地，在战争中显示了杰出的军事指挥和政治工作才能。1933年，邓小平因拥护毛泽东的正确路线，被当时党内“左”倾领导者撤职。毛泽东十分欣赏邓小平的才干。1935年，遵义会议奠定了毛泽东在党内的领导地位后，邓小平立即得到了毛泽东的重用。抗战时期，他先后被任命为八路军政治部副主任，一二九师政委，和刘伯承共同领导创建晋冀豫等抗日根据地，中共七大上当选为中央委员。解放战争时期，任晋冀鲁豫野战军政治委员，并参加指挥过鲁西南战役、淮海战役、渡江战役等重大战役，为解放全中国立下了汗马功劳。

新中国成立后，邓小平更是被毛泽东委以重任，担任了党政军重要职务。毛泽东多次在公开场合称赞邓小平的才干，认为他“行方思圆，人才难得”。1956年到1963年，邓小平受毛泽东委派，多次赴莫斯科同苏共领导进行谈判。1974年，邓小平代表中国政府在联合国大会第六届特别会议上，向全世界人民阐述了毛泽东关于“三个世界”划分的理论。这一系列的活动，显示了他杰出的外交才能。50年代中期，毛泽东1951年9月3日在与梁漱溟的谈话中称赞邓小平：“无论是政治，还是军事，论文论武，邓小平都是一把好手。”中共八届一中全会上，邓小平当选为中央政治局常委和中共中央总书记，协助毛泽东处理党中央的日常工作，参与党和国家的重大决策。1957年，毛泽东访苏时，指着邓小平对赫鲁晓夫说：“你看到那位小个子了吗？他聪明能干，很有前途。”

“文化大革命”中，邓小平随刘少奇一起被打倒。林彪、江青反革命集团，妄图开除邓小平的党籍，以拔掉这个“眼中钉，肉中刺”。毛泽东坚持为邓小平保留了党籍，亲自批示：“留党察看，以观后效。”林彪反革命集团被粉碎后，毛泽东求贤若渴，开始重新考虑起用邓小平担任领导工作。1973年3月，在毛泽东的亲自批示下，邓小平恢复了国务院副总理职务，接着进入中央委员会，后又当选为中央政治局委员，但事情并未到此为止，十分了解邓小平杰出才能的毛泽东，还要对邓小平委以更大的重任。1973年12月，在一次中央会议上，毛泽东当场宣布：“现在，请了一个军师，叫邓小平。发个通知，当政治局委员，军委委员……我想政治局添个秘书长吧，你不要这个名义，那就当参谋长吧。”

毛泽东对邓小平的任用，充分体现了他“任人唯贤”的干部路线，而对于张国焘之类的“任人唯亲”的路线，则坚决反对。1938年10月，他曾指出：“过去张国焘的干部路线与此相反，实行任人唯亲，拉拢私党，组织小派别，结果叛党而去，这是一个大教训。”

毛泽东坚决反对“任人唯亲”。新中国成立之初，他即对身边工作人员说：“我们共产党的章法，绝不能像蒋介石他们一样，搞裙带关系。一个人当了官，沾亲带故的人都可以发财，如果那样下去，就会脱离群众，就会和蒋介石一样早晚要垮台。”他以身作则，对于要求他安排工作或其他谋取私利之类事情的亲朋好友，他都毫不留情地加以回绝。

在现实生活中，我们有些人一旦升任领导干部，就利用自己的职权将自己的妻女、亲戚、朋友都安排到领导岗位上，而不管其才能的高低，被人称为：一人得道，鸡犬升天，在群众中造成了极其恶劣的影响，严重破坏了党规党纪。

毛泽东制定并坚持执行的“任人唯贤”的干部路线告诉我们，管理者在任用干部时，一定要以“德才兼备”“又红又专”为用人标准，看他是否有坚定的马列主义根底；是否有坚定的人民公仆立场；是否有清醒的民主集中制意识；是否有切实的治党治国的才能。只有这样，才能保证我们干部队伍素质的不断提高。

六、充分信任干部 放心放手放权

对干部充分信任，做到用人不疑，是管理者在使用干部时必须遵循的一项原则。我国春秋时期大政治家管仲在回答齐桓公关于如何防止有害于他的霸业的行为时，回答道：“不能知人，害霸也；知而不能任，害霸也；任而不能信，害霸也；既信而使小人参之，害霸也。”很明显，在管仲看来，对干部的使用与信任是同样重要的。太平天国时期，天京变乱后，洪秀全虽命石达开提理政务，但仍对他心存猜忌，封自己的长兄洪仁发为安王，次兄洪仁达为福王，以牵制石达开。这一举动，引起石达开极大的不满，一气之下离开天京，率部独立作战，最后兵败四川大渡河紫打地，太平天国运动不久也宣告失败。

毛泽东熟读古书，对中国历史了如指掌。他很好地总结了古代统治者在用人问题上成败失得的经验教训，在使用干部时，对其充分地信任，大胆地放权。这一点，在他领导指挥的历次战役中，体现得淋漓尽致。

1948年，中原战场上，中央军委决定攻打国民党整编第五军。毛泽东将这个重任交给了粟裕，并对有关战略问题向他作了指示。粟裕按照这一战略部署进行了积极的准备。但在实际指挥作战的过程中，他感到要想全歼敌第五军，条件和时机都不够成熟。经过反复思考后，他在不违背毛泽东和中央军委的总体战略意图的前提下，改变了攻打第五军的作战计划，挥师转向豫东作战，并命令第三、八纵队由通许以南地区北上，突袭开封守敌，以一、四、六纵队迅速插入邱清泉兵团与开封之间，在兰考以东地区，坚决阻击该兵团西援，以广纵中野十一纵队指挥冀鲁豫独立一旅在鲁西南地区由北向南从侧后牵制邱清泉兵团，并以中野九纵队插入郑州与开封之间，阻击郑州孙元良兵团东援。然后，视情况再集中兵力歼灭援敌。粟裕在拟定作战方案后，立即将作战计划电告中央。毛泽东在复电中说：这是目前情况下的正确方针，表示完全同意，并嘱示："情况紧张时，独立处置，不必请示。"

1948年11月，淮海战役第一阶段即将结束之际，黄百韬部10个师被我军打得溃不成军。黄维兵团12万人马急急忙忙由华中地区前来救援，行至安徽宿县南面的双堆集一带，被中原野战军6个纵队包围了。毛泽东得知这一情报后，立即下令乘胜扩大战果，围歼黄维兵团，并歼灭可能由徐州倾巢南逃之敌。鉴于战场上情况瞬息万变，有利的作战时机稍纵即逝，毛泽东于11月24日，电示淮海总前委："情况紧急时，一切由刘、陈、邓临机处置，不要请示。"

毛泽东给予淮海总前委这个领导群体以莫大的信任，给予他们"临机处置之权"，这是淮海战役之所以能顺利发展并取得全胜的一个重要原因。

彭德怀是一位骁勇善战的将军，在党内素称直爽，刚正敢言，毛泽东称他为张飞，他也常以张飞自况。彭德怀爽直敢言，常常向毛泽东直接表示自己对一些问题的看法，也和毛泽东发生过一些争论，是一个敢和毛泽东展开争论的，具有鲜明个性的人物。毛泽东并不因为彭德怀有些主张和意见与自己不一致而失去对他的信任，一直对他委以重任。

1947 年 3 月，胡宗南以 23 万兵力进攻陕北解放区。在军区司令员贺龙未回延安的情况下，当时任军委总参谋长的彭德怀主动提出，由他指挥西北野战军两万余人的作战部队。毛泽东欣然表示同意。在指挥作战中，彭德怀大胆指挥，有时不免与毛泽东的意见不一致，但毛泽东十分相信彭德怀卓越的指挥才能，支持他临机处置决断。

抗美援朝战争中，毛泽东代表中央向彭德怀发了大量的关于作战的电报，但在这些电报指示的结尾，通常都有“按情况酌定、酌办”的语句，给彭德怀以较大的作战处置权。彭德怀在指挥战斗中，充分地行使了他的职权。在志愿军出国前，当他了解到敌方兵力情况后，立即要求将原拟先出两个军，两个炮兵师的方案，改为将已集中的四个军，三个炮兵师，三个高炮兵师全部出动的方案。部队进抵朝鲜境内以后，根据敌情新的变化，又电请增援两个军入朝。这样，由于六个军全部渡过鸭绿江，对战争初期制止敌人的进攻起了重要作用。彭德怀采取适合当时情况的作战方针，指挥志愿军沉重地打击敌人。当战线推到“三八”线以后，他考虑到后勤保障等一系列问题，断然下令，停止追击，实行毛泽东制定的持久阵地防御战，迫使敌人坐到谈判桌上来。彭德怀的这些精心计划，受到毛泽东的赞扬。

毛泽东在使用干部时，大胆地放手放权，表现出了极大的信任，对于下属职权范围之内的事，从不随便插手干涉，让其自主地行使自己的职权，充分地调动了他们的积极性和创造性，为我们树立了光辉的榜样，对今天的领导者也有深刻的启示。

领导干部在实际工作中，不要在每个细小的环节上都下达命令、指示，不要过于束缚下级的手脚，要让其抛开顾虑，大胆创新，这样才能培养出适应时代发展要求的优秀干部。

七、必须团结干部

俗话说：家和万事兴。对于一个国家和民族来讲，道理也是一样。一个组织者和管理者，要想领导一项事业走向胜利，团结身边的干部是非常必要的。否则，事业将会走向衰败。太平天国的失败，就是一个典型的例证。

1856 年，正是太平天国的鼎盛时期，可由于领导集体内部互相勾心斗角，四分五裂，导致天京事变。次年石达开负气出走，带走满朝“好的文武将士”，更使得“朝中空虚，国内无将”。领导集团内部的不团结，致使太平天国革命事业由盛转衰。“前车之鉴，后世之师”。毛泽东经常以太平天国失败的惨痛教训告诫身边的干部，要求他们时刻注意加强团结。

团结干部，是毛泽东的一贯主张。1938 年 10 月，他就说过：“使这一切主意见之实行，必须团结干部……”1942 年 2 月，他又指出：“外来干部和本地干部必须团结，必须反对宗派主义倾向。”在实践中，毛泽东在团结干部方面，也作出了表率。

中共六届六中全会后，以王明为代表的“左”倾教条主义者占据了中央领导地位，毛泽东遭到排挤，丧失了军事上的指挥权。王明“左”倾错误几乎葬送了党和红军的前途，红军被迫走上了长征之路。毛泽东看在眼里，急在心中，日夜思索着改变被动局面的良策。危急的局势，使他深深意识到：只有团结大多数党和红军的干部，才能在与王明“左”倾错误的斗争中取得胜利，挽救中国革命。但在长征初期，由于王明路线的执行者给毛泽东加上了种种罪名，很少有同志主动与他接近。为了改变这一孤立的被动局面，使更多的同志认识到王明的错误，长征路上，毛泽东主动与当时中央的另外两位重要领导人王稼祥和张闻天接近。

王、张两人虽然对毛泽东的主张此前已有些初步的了解和认识，但相互之间却一直缺乏交流和沟通。王稼祥对毛泽东一直甚为赏识，张闻天原本就与博古、李德之间存在着一些较为尖锐的矛盾。毛泽东敏锐地意识到这两人是可以团结的，他想到：如果在长征中能与他们两人加强交流和沟通，紧密地团结起来，就可以同王明路线展开斗争，挽救革命。否则，红军终究会断送在博古、李德的瞎指挥棒下。

当时，毛泽东因病躺在担架上。王稼祥也由于在第四次反“围剿”中身负重伤，不得不在担架上随军长征。张闻天虽多是骑马，但偶尔也坐担架。毛泽东利用一切休息和宿营的时间，主动与王、张两人交谈。他深入地分析了王明“左”倾错误和危害，与王、张两人商讨了党和红军中存在的一些重大问题，阐明了红军面临的危急局势，诚恳地表述了自己的见解和主张。终于，毛泽东的诚意打动了深明大义的王、张两人，赢得了他们的同情和支持，这件事，后来被戏称为“担架上的阴谋”。

同时，毛泽东还经常找周恩来、朱德、刘伯承、彭德怀等当时其他军委、中委的同志交谈，增进了相互之间的了解，赢得了中央和军委大多数人信任。

由于毛泽东积极主动地团结了当时中央的大多数领导干部，使得遵义会议顺利地召开，结束了王明“左”倾教条主义在中央的统治，在危急时刻挽救了党和红军，实现了中国共产党历史上的伟大转折。

在与王明“左”倾错误的斗争中，毛泽东显示出了高超的团结干部的艺术。同时，对于犯了错误的干部，他仍然注意加以团结、他曾对广大干部说过：我们当中，有犯过错误的人。不要嫌弃这些人，要准备和他们一道工作。我们的方针是惩前毖后，治病救人，团结、批评、团结。只要不是敌对分子，不是破坏分子，我们就要采取团结的态度。

遵义会议后确立了毛泽东为主要代表的马克思主义正确路线在党中央和红军中的领导地位，取消了博古、李德的最高军事指挥权。但毛泽东不计前嫌，仍建议将博古留在政治局内，中央政治局的其他同志也仍被保留在领导岗位上。事实证明，毛泽东这个英明无比的决策，加强了中共领导集体的团结，增强了人民军队的战斗力，保证了革命事业的胜利发展。

对于博古、王明所犯的严重错误，毛泽东虽对他们进行了严肃的批评，但仍给予充分的团结和信任。后来，毛泽东又让博古担任了中共中央机关报解放日报社社长、新华通讯社社长等重要职务，中共七大上，博古、王明更是在毛泽东的直接关心下，当选为中央委员。

在红军第五次反“围剿”遭到失败后，毛泽东为了中国革命大业不致毁在王明等“左”倾错误者手中，积极地团结中央其他干部，在关键时刻扭转了乾坤。对于犯了错误的干部，他也不轻易地排斥、打击，而是给他们以改过自新的机会，把他们紧密地团结在党中央周围，并委以重任，大大地加强了中共领导集体的团结，这是中国革命事业顺利地发展的一个重要原因。

现在的管理者一定要虚心地学习毛泽东善于团结干部的高超艺术，积极主动地团结身边干部，上下一心，同心同德，为早日实现现代化这个宏伟目标而共同努力奋斗。

八、深切关爱 情深意重

关心爱护干部是用好干部的前提。干部中的许多思想问题的发生常常是由于实际困难引起的，只要尽可能地帮助他们解决困难，其思想上的包袱也会迎刃而解，工作的积极性也将极大地增强。毛泽东一贯强调要善于使用干部，必须善于爱护干部，他把在长期革命斗争中培养出来的干部视为党的宝贵财富，对他们的学习、生活、工作、身体健康状况等十分关心，千方百计地帮助他们克服实际困难。

1938 年 10 月，毛泽东就如何关心爱护干部的问题作过专门的论述：“必须善于爱护干部。爱护的办法是：第一，指导他们。第二，提高他们。第三，检查他们的工作，帮助他们总结经验，发扬成绩，纠正错误。第四，对于犯错误的干部，一般地应采取说服的办法，帮助他们改正错误。第五，照顾他们的困难。干部有疾病、生活、家庭等项困难问题者，必须在可能限度内用心给以照顾。这些就是爱护干部的方法。”

毛泽东对党内杰出干部的身体健康是非常关心的，对干部的疾病、生活困难等问题，他总是注意在条件允许的范围内用心予以关照。抗战初期，红十五军团司令员徐海东因病在延安休养治疗。毛泽东得知这一情况后，在异常艰苦的条件下，亲自派人给徐海东送了几块钱，嘱咐他买些好吃的。当徐海东重返前线后，旧病复发，毛泽东非常关心他的健康，致电嘱他“静心养病，天塌不管”。

长征中，周恩来身患重病，毛泽东命令彭德怀想办法将周恩来抬出草地。抗日战争爆发后，周恩来在重庆做统战工作，毛泽东又曾打电报，要重病初愈的周恩来节劳休息。

1942 年，罗荣桓在鲁西南时患了严重的肾病，尿血不已，急需治疗。但当时鲁西南缺医少药，致使罗荣桓病情恶化。毛泽东得知后，立即致电指示：身体重要，能否到新四军检查治疗。后来陈毅接罗荣桓到淮南就医，虽说新四军条件比鲁西南好一点，但对罗荣桓严重的病情仍无能为力。有人建议罗荣桓化装成商人到上海去彻底检查，当即向中央请示，中央复电同意。但第二天，即又突然接到毛泽东的一个急电：罗荣桓身上有枪疤，易被敌人发现，不宜去上海。北平解放后，罗荣桓因过度劳累，再次病倒，留在天津治病。毛泽东对此十分关注，立即作出指示，让罗荣桓转到北京继续治疗。新中国成立后，毛泽东又为带病坚持工作的罗荣桓设计了“少开会，甚至不开会，只和若干干部谈话及批阅文件”的工作方式。1963 年，积劳成疾的罗荣桓不幸病逝。毛泽东心情十分沉重，提笔写到：“君今不幸离人世，国有疑难可问谁?”以表达对这位英年早逝的杰出干部的深切惋惜和怀念。

20 世纪 50 年代，毛泽东又为重病中的粟裕是在青岛还是在北京休养而操心。对于积劳成疾而休养的任弼时，毛泽东曾专门送一群红鱼供他观赏。抗美援朝初期，对于只顾打仗，将个人安危置之度外的彭大将军，毛泽东曾几次打电报，要他注意构筑坚固的防空洞，并且要“立即修建，万勿疏忽”，以确保人身安全。

对于党内的老干部，毛泽东更是尊敬有加，关怀备至，延安时期，中共党内的著名五位老同志：吴玉章、董必武、徐特立、谢觉哉、林伯渠，号称党内“五老”。毛泽东对“五老”非常敬重和关心，在给他们写信时，总是以晚辈的口气向他们致意，以十分谦虚的态度同他们商量问题。1941 年，毛泽东写信给谢觉哉，在就财政建设基本方针提出一些看法后，说明：如你及林老觉得有错误，即丝毫不客气，一一指正，以归一是。毛泽东不仅在工作上尊敬老干部，在生活更是关心照顾他们。为了照顾这些老干部的身体健康，遇有事相商时，毛泽东经常是亲自到他们住地，或用车把他们接到自己的住处来。1947 年，当徐特立撤离延安时，毛泽东亲自去送行。当他听说徐特立没有热水瓶时，立即转身从自己仅有的两只热水瓶中拿出一只送给了徐老。这些老干部在毛泽东和党中央的关照爱护下，都保持了健康的身体，新中国成立后分别担任了重要职务，继续为党和国家工作了多年。

毛泽东一直将在长期斗争中培养起来的干部视为宝贵的财富。他历来反对不爱护干部，草菅人命的粗暴、野蛮行为。1935 年，陕北红军领袖刘志丹等人错误地被捕入狱，毛泽东知道后，立即指示：“刀下留人，停止捕人。”在通过一番调查后，毛泽东亲自为刘志丹等人平反，保护了陕北的大批革命干部。

“文化大革命”期间，当毛泽东听说那些忠于党、忠于人民的老干部遭受迫害时，立即对他们采取保护措施。为了使这些老干部免遭摧残，毛泽东公开重新评价了他们，对朱德，他说：“朱毛朱毛，没有朱哪有毛，有人说朱德是黑司令，我说朱德是红司令。”关于叶剑英，他说：“剑英在关键时刻是立了大功的，诸葛一生唯谨慎，吕端大事不糊涂。”关于陈毅，他说：“陈毅是个好同志。”关于聂荣臻，他说：“荣臻可是个厚道人。”关于徐向前，他认为：“徐老总四方面军的事情不能搞，那是张国焘的事情。”至于贺龙，他指出：“贺龙是二方面军的旗帜。”在“文化大革命”期间，毛泽东的这些话，无疑在一定程度上保护了大批的革命老干部。

毛泽东虽然日理万机，但仍不忘抽出时间来关心照顾干部，这深深地温暖了他们的心，同时激励着他们更加忘我地工作，为党和人民作出更大的贡献。

九、批评、教育、鼓励相结合

俗话说：失败乃成功之母。任何成功都是以付出一定的失败为代价的。人本来就是经过尝试错误而成长的，由失败学得新的知识，由错误获得新的经验。毛泽东对于犯了不同错误的干部采取的态度和措施是不同的。对如刘青山、张子善等严重违法乱纪，造成恶劣影响的干部，他一向秉公执法，毫不姑息。而对于绝大多数犯过错误的干部，毛泽东都是本着“治病救人”的态度，严肃地批评其过错，然后对其进行细心的开导，耐心的教育，同时从正面加以鼓励、安慰，将批评寓于教育和鼓励之中，给干部的心灵以极大的震撼，使他们牢记教训，在实践中不断地更正错误，为党和人民的事业作出了更大的贡献。

抗日战争时期，萧劲光任八路军后方总留守处主任。因留守兵团属于中央军委直接领导，与西北局没有直接隶属关系，萧劲光在处理军政关系上，有不够尊重地方政府的现象，对西北局的领导，没有经常向他们汇报、请示工作，部队中也存在一些不尊重地方政府，和地方政府闹纠纷的事情。下面有些部队政策观念不强，在生产上有的与民争利，有的做违反政府法令的事，造成军政、军民关系紧张。

对于萧劲光工作上的失误和他逐渐滋生的自傲情绪，毛泽东对他进行严肃的批评：“军队和地方出了问题，军队首先要做检讨，军队和地方闹了矛盾，军队首先要做自我批评。你应该好好地反省一下自己的过错。”之后，毛泽东又推心置腹地对萧劲光说：“要尊重西北局的领导，连我们中央决定的事都要通过一下西北局，你留守兵团决定的事怎么能不通过一下西北局呢？部队在哪里，你就应当尊重哪里的地方政府。”

1945 年 7 月，毛泽东在延安枣园又与萧劲光进行了一次长谈。他诚恳地对萧劲光说：“高干会批评了留守兵团，但是留守兵团几年来的工作成绩是主要的，留守兵团有缺点，但性质是属于联共（布）党史结束语中第五条的性质，不是路线错误。高干会前后调动了许多留守兵团干部的工作，挫伤了他们的积极性，在方法上是不对的。”

毛泽东的一席话，使萧劲光心悦诚服。所谓联共（布）党史结束语中第五条的性质，就是说是工作中的缺点错误。但对于这些缺点错误必须正视，勇于改正，那才是正确的态度。第五条说：“如果党陶醉于胜利而开始骄傲起来，如果它不再注意自己工作中的缺点，如果它害怕承认自己的错误，害怕公开地老实地及时地改正这些错误，那它就当不了工人阶级的领导。”“如果党不害怕批评和自我批评，如果它不掩盖自己工作中的错误和缺点，如果它用自己工作中的错误来教导和教育干部，如果它善于及时改正自己的错误，那它就会是战无不胜的。”

后来，萧劲光满怀深情地写道：“毛主席既肯定了成绩，又分清了错误是非，并教育我要有对待错误的正确态度，其教育干部的良苦用心，只有身临其境的人才能深刻地体会它。”

毛泽东的谆谆教导一直深深地铭刻在萧劲光的心中，激励着他不断地进取。解放战争时期，萧劲光历任东北野战军第一兵团司令员、第四野战军副司令员兼第十二兵团司令员和政治委员。新中国成立后，任湖南军区司令员、中国人民解放军海军司令员、国防部副部长，1955 年被授予大将军衔。

许世友是一位骁勇善战的战将，在鄂豫皖苏区、川陕苏区的反“围剿”战争和长征中，曾七次参加敢死队，两次担任敢死队队长，具有为革命奋不顾身的牺牲精神。延安时期，许世友任红四军军长，在党内出现揭批张国焘分裂红军的错误出现扩大化倾向时，牵涉到红四方面军的一些高级将领，许世友想不通，一时感情冲动，竟萌发出重新去四川打游击的念头，在与一些老战友密商后，他制定了出走的具体计划。在这关键时刻，许世友的老战友、前红四军政委王建安突然醒悟，报告了抗大领导，抗大领导立即向毛泽东汇报。面对许世友犯下的严重错误，毛泽东毫不姑息，立即采取果断措施，下令将许世友及准备与他一起出逃的人全部抓起来，关在延安的窑洞里。许世友意识到自己所犯错误深重，想着这次是必死无疑。

毛泽东为了挽救这位因一时冲动而失足的红军高级干部，转变其思想，亲自去看望了羁押中的许世友。在土炕上，与他进行了两次长谈。毛泽东拉着许世友的手说："世友同志，你打了很多仗，吃了很多苦，够辛苦了，我对你表示敬意。"几句话说得许世友羞愧难当，热泪盈眶。毛泽东接着又说："红四方面军的干部，都是党的干部，党的宝贝，不是张国焘的干部。张国焘是党中央派去的，张国焘的错误，应该由他自己负，与你们没有关系。"毛泽东的豁达大度，使许世友感动万分。从那时起，他就认定毛泽东是我党、我军当之无愧的领袖，在以后的抗日战争、解放战争中，在社会主义建设中，不管斗争多么复杂，条件多么艰苦，他都坚决地执行党中央的路线，坚定地跟着毛泽东走，为中国的革命和建设事业作出巨大的贡献。1955 年许世友被授予上将军衔。

毛泽东对于犯了错误的干部，并不只是一味地进行严厉的批评和惩罚。在让干部认识到自己的错误后，他不但不批评，不追究，反而从正面进行鼓励、安慰，肯定其功绩，一如既往地加以信任，这样做反而比纯粹的批评、指责更加见效。

管理者应该认真学习毛泽东管理干部的高超艺术，对待犯了错误的干部，只要不是罪不可恕，都要坚持"惩前毖后，治病救人"的方针，将批评、教育、鼓励融为一体，对其进行耐心的开导，不要只是一味地苛求和惩罚，这样将会使勇者竭其力，智者尽其谋，仁者播其惠，德者效其忠。

十、挥泪斩"马谡"

腐败问题一直是执政党要解决的一个重大课题。腐败现象的滋生蔓延将会产生极其危险的后果，它将从根本上腐蚀一个国家和民族的肌体，危及其生存和发展。我国三国时期诸葛亮“挥泪斩马谡”的故事，流传上千年，至今仍为人称道不已。

新中国成立之初，毛泽东挥泪斩“马谡”，亲自批准依法处决了曾有功于革命的党内高级干部刘青山、张子善，敲响了新中国廉政建设的警钟，在我国反腐倡廉历史上写下了重重的一笔。

刘青山和张子善都是十几岁就参加革命，参加中国共产党，都是经历过土地革命、抗日战争和解放战争严峻考验的老干部。他们在国民党血腥的白色恐怖下，在艰苦的革命环境中，曾为革命出生入死，为党的事业和人民群众的解放奋不顾身、英勇斗争，建立了不朽的功勋。刘、张两人都有过光荣的历史，都曾是共产党干部中的佼佼者。新中国成立后，刘青山担任了天津地委书记、石家庄市委副书记，张子善担任了天津地委副书记兼专员、天津地委书记。

但是，革命胜利后，刘、张两人自恃为革命扛过枪、负过伤，为中国人民的解放事业作出过一定贡献，劳苦功高，从而滋生了享乐主义思想，生活作风日益腐化堕落，吸毒成瘾。在党领导全国人民进行大规模的新民主主义建设的和平环境中，在资产阶级腐朽思想的侵蚀下，他们没有经受住更为严峻的考验，在金钱和享乐主义面前做了俘虏。

刘、张两人凭借自己的显赫职位，滥用职权，贪污盗窃国家资财，侵吞灾民粮款，勾结私商，倒卖钢材，从中渔利，两人贪污总额共计 171 亿 6272 万元（当时 1 万元旧币合现在人民币 1 元）。这个数字，按当时币制标准和市场物价指数，可买粮食近 2000 万斤。棉布 800 万尺，足够 50 多万人吃一个月并做一身衣服。

刘、张两人的不法行为，激起了巨大的民愤，严重地损害了共产党干部的形象和威信。多行不义必自毙。1951 年 11 月，在中共河北省党的第三次代表大会上，刘青山、张子善的贪污行为被公开揭露出来。年末，一份由河北省人民政府起草的关于刘、张贪污案的情况报告呈送到了毛泽东的案头。

毛泽东在午夜时分反复掂量着华北局写给党中央和他的关于天津地委严重贪污浪费的书面报告，心情异常沉重。

毛泽东担心的事终于发生了，刘、张二人正是被他不幸言中的意志薄弱者。

毛泽东反复地翻阅着这份材料，不停地思考着：“这是一个典型的党内高层干部腐败案件，应转发全党，引以为戒。”想到此处，他果断地提笔在这份报告上批示：“华北天津地委前书记刘青山及现书记张子善均是大贪污犯，已经华北局发现，并着手处理，我们认为华北局的方针是正确的。这件事给中央、中央局、分局、省市区党委提出了警告，必须严重地注意干部被资产阶级腐蚀发生严重贪污行为这一事实，注意发现、揭露和惩处，并须当作一场大斗争来处理。”

几天之后，中央专门开会研究“刘、张”事件的处理方案，毛泽东在会上大义凛然地说：“非杀不可，挥泪斩马谡，这是不得已的事情。”

在公审大会召开之前，刘、张的老上级，当时担任天津市委书记的黄敬，为刘、张两人求情，说刘、张两人在革命战争年代，出生入死，有过功劳，虽然两人错误严重，罪有应得，当判重刑，但念其过去的功劳，是否可以不枪毙，给他们以改过自新的机会。毛泽东坚定地说：正因为他们两人的地位高，功劳大，影响大，所以才要下决心处决他们，只有处决他们，才可能挽救 20 个、200 个、2000 个、20000 个犯有各种不同程度错误的干部，黄敬同志应该懂这个道理。

1952 年 2 月 10 日，刘青山和张子善在河北保定被处以枪决，枪毙刘、张是“三反”运动的高潮。数十年后，“三反”运动的主要领导人之一——薄一波说：“我觉得‘三反’斗争经验中最可贵的一条，就是以毛主席为首的党中央对清除党的肌体上发生的腐败现象，表现了高度的自觉性和巨大的决心与魄力，真正做到了从高级干部抓起，敢于碰硬，从严治党。”

处决刘、张二人后，直到毛泽东逝世，全国几乎未发生过党内高层干部严重贪污受贿案件，这无不与毛泽东的远见卓识和高超的管理干部的艺术有关。通过对刘、张二人的惩处，给了广大的党员干部以极大的警示和告诫。

毛泽东挥泪斩“马谡”，对于我们今天开展反腐倡廉工作仍有重大的借鉴意义。当前，我们有些干部在资产阶级思潮面前，经受不住政治上的考验，在权力面前经受不住“奉公”与“谋私”的考验，把党和人民给予的权力作为谋私的工具；在灯红酒绿，声色犬马面前经不住腐蚀和诱惑，成为钱、色奴隶……这些都是很值得我们警惕的。

严格而又公正的惩处，不仅对存觊觎之心者起杀一儆百的作用，对广大干部群众也是一种实际而又生动的教育。该惩处的要依法依纪严肃处理，决不能让腐败行为有宽松的环境，决不能让腐败分子为所欲为，逍遥法外。

管理

第五章 管理政权的艺术

革命的中心问题是政权问题。打江山不易，守江山更难。这样的古训对于毛泽东来说是再熟悉不过，体会再深刻不过的了。在管理政权的过程中，毛泽东善于总结历史经验教训，居安思危，积极探索，不断进取，形成了一套独特的管理理念和方法。他善于分清敌友，凝聚人心，团结大多数人，集中力量打击敌对分子，从而使人民政权不断得到巩固和发展壮大。

一、如果不给人家饭吃人家就要“另起炉灶”

三大战役后，1949年1月斯大林派米高扬到中共中央所在地西柏坡听取我方意见。毛泽东在与米高扬的谈话中，谈到建设新中国的问题。他说：“今后对我们最严峻、最重大的考验是群众工作。这不只是发动、组织群众或发起某种群众运动的问题，我指的是组织、安排群众的生活、就业、教育等各方面的问题。中国五亿多人口，对他们的发动、组织、安排谈何容易。当前摆在我们面前的迫切任务是解决人民的衣食住问题和安排生产建设问题。”

“民以食为天”。衣食住等是人民生活的基本问题。这个问题没解决好，大道理讲得再多也没有用。共产党优于国民党，新中国好过旧中国，首先就是看这个问题解决得怎么样。共产党领导人民进行革命的目的就是要救民出水火，为民谋福利。因此在革命胜利后，如何进行经济建设，安排人民生活，成为毛泽东首先考虑的重大问题之一。

新中国建立时，国家的财政经济十分困难，要安排几亿人口的生活、就业实在不易。可是毛泽东周密计划，巧作打算，把这个问题解决得很好。不但一般群众的生活得到安置，就是对那些遗留下来的国民党军政人员也采取“包下来”的政策，给生活出路。这个“包下来”的政策，就是指对于国民党的旧工作人员，只要有一技之长，而不是反动有据或者劣迹昭著的分子，一律予以维持，不加裁减。十分困难时，饭匀着吃，房子挤着住。已被裁减而生活无着者，收回成命，给以饭吃。国民党军起义的或被俘的人员，按此原则，一律收留。凡非首要的反动分子，只要悔罪，亦须给以生活出路。当然，这种“包下来”的政策，既不是原职原薪，也不是原封不动，而是要同这些留用人员说明人民与政府的困难，适当降低待遇，“三个人的饭，五个人吃，房子挤着住”。对此，毛泽东作了一个生动的比喻，他说：重庆谈判时，蒋介石不要我们另起炉灶，我说不另起炉灶就要在你的灶上吃饭。今天我们把南京国民党政府的大灶打破了，如果不给人家饭吃，人家也要“另起炉灶”。

所谓“另起炉灶”，就是聚众反抗。历史上的造反大多都是统治阶级逼出来的。共产党领导人民起来革命，是因为在帝国主义和国内反动统治阶级的奴役压迫下，民不聊生，生灵涂炭，人民已不能照旧生活下去了。重庆谈判期间，毛泽东对陈立夫说，我们上山打游击，是国民党“剿”共逼出来的，是逼上梁山。我们就像孙悟空大闹天宫，玉皇大帝封他为弼马温，孙悟空不服气，自己鉴定是齐天大圣。可是你们却连弼马温也不给我们做，我们只好扛枪上山了。

毛泽东对于这项特殊的社会政策的贯彻执行是非常重视的。他认为，对于旧人员的处理是一个牵涉面广的很敏感的问题，因此必须慎重地把它处理好，必须给他们以生活出路，不然就会造成严重的社会政治影响。对于有些城市在旧人员处理上出现不负责任地大批遣散的错误，毛泽东予以严肃批评，限令查明情况，迅速纠正。他强调，中央关于对待旧人员的原则及办法，全国各地党的组织、人民解放军及人民政府，必须一律遵照执行，不要重犯错误。

毛泽东妥善安排旧人员的主要原因之一，是出于保持政治上稳定的考虑。新中国建立时，面临着巩固新生的人民政权的严峻任务。美帝国主义敌视封锁新中国，还在朝鲜燃起战火，妄图进一步把战争扩大到中国的土地上，以扼杀新生的人民政权。国内的反革命分子与美蒋相互呼应，紧密配合，掀起了颠覆反共的狂潮。在这种严重的形势下，只有妥善地处理好国内的问题，安排好人民的生活，保持国内局势的稳定，才能取得对敌斗争的胜利。因此，在处理旧人员问题时，就要团结和稳定他们中的大多数，尽量减少造成社会动荡的因素，为巩固新生的人民政权和恢复发展国民经济创造良好的国内环境。

二、打得稳　打得准　打得狠

1949 年 9 月中国人民政治协商会议第一届全体会议通过的《共同纲领》当中

规定，新中国是以工人阶级为领导，以工农联盟为基础的人民民主专政的国家。人民民主专政的国家在人民内部实行民主，对敌人实行专政。对敌人实行专政，就是对内“压迫国家内部的反动阶级，反动派和反抗社会主义革命的剥削者，压迫那些对于社会主义建设的破坏者。”在《论人民民主专政》一文里，毛泽东针对人们认为革命胜利了，国家权力将逐步消亡的错误观点，指出国家权力最终要消亡，但不是现在。“为什么？帝国主义还存在，国内反动派还存在。我们现在的任务是要强化人民的国家机器。”“国家机器，是阶级压迫的工具，它是暴力，并不是什么‘仁慈’的东西”，“我们对于反动派和反动阶级的反动行为，决不施仁政”。这些关于加强专政的思想，毛泽东早在1926年3月18日中国国民党政治讲习所纪念巴黎公社55周年的大会上就已有说明。当时他说，巴黎公社失败的一个主要原因就是对敌人太妥协太仁慈。因此，对敌人的仁慈，便是对同志的残忍。他还说：要鉴往知来，惩前毖后，千万不要忘记如果“我们不给敌人以致命的打击，敌人便给我们以致命的打击”这句话。

新中国建立后面临的严峻的阶级斗争形势，充分说明了毛泽东关于加强人民民主国家专政职能论断的正确性。1949年，中国人民在中国共产党的领导下经过艰苦卓绝的斗争，推翻了帝国主义、封建主义、官僚资本主义的统治，建立了人民共和国。但是被推翻的敌人不甘心自己的失败，他们做梦都想恢复自己已经失去的天堂。帝国主义对新生的人民共和国采取敌视、封锁和包围的政策，逃到台湾的国民党反动派和残留在大陆的各种反革命分子进行种种破坏和颠覆活动。国内外反革命势力相互勾结，妄图把新生的人民政权扼杀在摇篮之中。

反革命分子的势力相当大。国民党溃退时，残留在大陆的有200万政治土匪，60多万特务分子，60多万反动党团的骨干分子以及其他反革命势力。这些反革命分子的活动非常猖獗，投毒抢劫、杀人放火，无恶不作。据统计，1950年在广大新区，我们有近4万干部和群众中的积极分子被反革命分子残杀，仅广西就达7200多人。他们还派出一个个行动组潜入各地活动，把重要的党政等领导人作为暗杀目标。派遣号称“行动能手”“百发百中，无刺不成”的特务刘全德到上海去暗杀陈毅、潘汉年等人。他们甚至准备在1950年国庆节时炮轰天安门城楼，企图杀害党和国家最高领导人。1950年9月15日，美军在朝鲜仁川登陆，步步推进，把战火烧到了中朝边境的鸭绿江边。国内的反革命分子大受鼓舞，反革命气焰达到了顶点，狂妄叫嚣：“第三次世界大战就要爆发”，“时机已到”，“失意的人们，团结起来，反苏反共。”北京的一贯道头子狂妄地制作了星条旗和青天白日旗，准备迎接美蒋卷土重来。许多地方的反革命组织甚至打算“接收”，伪省府的人员名单都已拟就。

反革命分子猖狂活动，使人民政权面临严重威胁。为了打退反革命分子的进攻，毛泽东部署和领导了镇压反革命运动。镇反运动从 1950 年开始，到 1953 年结束。在镇反过程中，毛泽东的基本指导思想是，在严厉打击反革命分子的同时，尽可能使镇反的进行符合人民的愿望和利益，并减少不必要的社会震荡。

在运动开始的时候，一部分干部存在麻痹思想，对反革命分子存在“宽大无边”的倾向。该捕的不捕，该杀的不杀，以致反革命分子竟说公安局是“公安店”，称法院为“司法旅馆”。在监狱中的案犯流传着：“迟进来，早进来，迟早进来；迟出去，早出去，迟早出去”这样的话。这种过分宽大的作法招致人民群众极大的不满。他们抱怨政府不为人民作主，是“睡觉去了”，“宽大得没有了门框”。毛泽东觉察到了这种右的倾向之后，迅速采取措施进行纠正，以顺应人民的意愿。

1950 年 12 月 19 日，毛泽东在给黄克诚的电报中说：“对镇压反革命分子，请注意打得稳、打得准、打得狠。”所谓“打得稳”，就是要讲究策略，处决反革命分子要有计划，不要统统集中在一起；宣传上要抓住重大典型案例，不要主次不分，造成社会上的恐慌。所谓“打得准”，就是不要捕错杀错，对可捕可不捕的，坚决不捕，可杀可不杀的，坚决不杀。所谓“打得狠”，就是对该杀的罪大恶极的反革命分子，坚决杀，决不心慈手软。在这个正确方针的指导下，“宽大无边”的倾向迅速得到纠正，镇反运动逐步走向高潮。

虽然镇反运动是严厉进行的，但在这个过程中，毛泽东还是坚持原则性和灵活性相结合，该严的一定要严，该宽的可从宽，以减轻不必要的社会震荡。在镇反中，有些担任军政高级职务的民主人士的亲戚、朋友被捕被杀，引起强烈的不满，造成严重的社会影响。毛泽东为了缓和统一战线中的矛盾，采取了一定的灵活变通的办法。他指示公安部长罗瑞卿，对高级民主人士涉案的戚友，只搜集材料，暂不作出处理。这样就稳定了人心，尽量避免了可避免的错误，赢得了民主人士的支持。

毛泽东领导的这场镇压反革命运动说明：对于反革命分子，对于一切破坏社会主义事业，威胁人民生命财产安全的敌对分子和刑事犯罪分子，我们一定要严厉镇压和惩罚，无产阶级专政这把刀子丢不得。同时，镇压的范围，宽严的标准，打击的轻重，都要根据法律和人民的意愿等灵活把握。再者，斗争要讲究策略，要争取以较少的社会震荡为代价，换取最大的成效。

三、搞宪法是搞科学

新中国成立以后，在毛泽东的领导之下，1954 年召开的第一届全国人民代表大会通过了新中国第一部宪法——《中华人民共和国宪法》。

毛泽东开始着手制定宪法是受斯大林建议的启发。1952 年 10 月，刘少奇率中共代表团抵莫斯科，出席苏共第十九次代表大会。在访苏期间，刘少奇和斯大林进行了会谈，斯大林建议中国立即制定宪法，并且认为这是很有必要的。他说，你们不制定宪法，不进行选举。敌人可以用两种方法向工农群众进行宣传反对你们：一是说你们的政府不是人民选举的；二是说你们国家没有宪法。他还说：你们现在的政府是联合政府，因此，政府就不能只对一党负责，而应向多党负责，你们很难保密。如果人民选举的结果当选者共产党员占大多数，你们就可以组织一党政府。各党派在选举中如落选了，你们不应当使统一战线破裂，你们应继续在经济上和他们合作。斯大林建议中共可以在 1954 年搞选举和宪法。

斯大林的建议，由刘少奇向中共中央和毛泽东作了汇报。毛泽东也认为召开全国人民代表大会制定宪法的时机已经成熟了。1953 年 1 月 20 日，中央人民政府委员会举行第 20 次会议，讨论关于召开全国人民代表大会的问题。最后，一致通过了《关于召开全国人民代表大会及地方各级人民代表大会的决议》，决定于 1953

年召开由人民用普选方法产生的乡、县、省（市）各级人民代表大会，并在此基础上召开全国人民代表大会，制定宪法。

毛泽东十分重视这部宪法的制定工作。整个制定宪法的过程都是在他的亲自领导下进行的。

首先成立由 32 人组成的宪法起草委员会，以毛泽东为主席，成员有朱德、宋庆龄、李济深、李维汉等。不久中共中央又决定成立宪法起草小组，由毛泽东亲自领导。

1953 年 12 月 24 日，毛泽东带着由陈伯达、胡乔木、田家英等组成的宪法起草小组到达杭州。次年 1 月 7 日正式开始宪法的起草工作。毛泽东提出了起草宪法的指导思想和原则，即要坚持人民民主原则和社会主义原则，同时在具体条文上要体现原则性和灵活性的结合，要简单明了。

在宪法起草的过程中，胡乔木、田家英二人与陈伯达经常在一些问题上发生分歧，胡、田的意见常常一致或比较接近。陈伯达驳不倒他们，十分恼火，多次发牢骚，说要回家当小学教师。毛泽东对陈伯达提出批评，对田家英的好学精神表示赞赏。在去杭州的时候，田家英带了两箱子书，包括各国的宪法和法学理论著作。他认为，搞中国宪法，必须参照其他国家宪法，包括资本主义国家的和社会主义国家的，当然要以社会主义国家的为主。在宪法起草过程中，田家英读了许多法学书籍，还向毛泽东推荐了几本。毛泽东很重视，当即建议中央政治局委员和在京的中央委员阅读。

经过紧张细致的工作，1954 年 2 月 17 日宪法初稿写成。毛泽东派人将初稿分送在京的中央委员，请他们讨论修改。接着宪法起草小组又将初稿作了两次修改，称为二读稿、三读稿，并及时送北京供在京的中央领导讨论。1954 年 3 月中旬，周恩来、董必武等特约宪法委员会中的非中共委员讨论了宪法草案。在反复研究讨论的基础上，形成了一个正式的《中华人民共和国宪法草案（初稿）》。

1954 年 3 月 23 日，宪法起草委员会在中南海勤政殿召开第一次会议。毛泽东代表中共中央将宪法草案提交宪法起草委员会，并在会上讲话。他说：这个初稿可以小修改，也可以大修改，还可以推翻另拟初稿。会议通过了宪法草案初稿。

1954 年 5 月 11 日，宪法起草委员会召开第 7 次会议，对宪法草案全部条文作最后审查。毛泽东在会上说："前后总算起来，恐怕有一二十个稿子。大家尽了很多力量，全国八千多人讨论，提出了五千九百多条意见，采纳了百把十条，最后到今天还依靠在座各位讨论修改。总之是反复研究，不厌其详。将来公布以后，还要征求全国人民的意见。宪法是采取征求人民的意见这样一个办法起草的。这个宪法草案大体上是适合我们国家的情况。"

1954年9月15日，中华人民共和国第一届全国人民代表大会第一次会议在北京中南海怀仁堂正式开幕。9月20日，会议一致通过了《中华人民共和国宪法》，至此，我国第一部社会主义类型的宪法正式诞生。

在新中国第一部宪法的制定过程中，毛泽东倾注了大量心血。不仅提出制定宪法的指导思想和许多重要内容，而且反复进行文字修改，当时，曾有人提议将这部宪法定名为：毛泽东宪法，遭到他的断然拒绝，并否决了宪法草案中有关突出他个人的条文。他解释说："有人说，宪法草案中删掉个别条文是由于有些人特别谦虚。不能这样解释，这不是谦虚，而是因为那样写不适当，不合理，不科学。在我们这样的人民民主国家里，不应当写那样不适当的条文。不是本来应当写而因为谦虚才不写。科学没有什么谦虚不谦虚的问题。搞宪法是搞科学。我们除了科学以外，什么都不要相信，就是说，不要迷信。"

毛泽东说："搞宪法是搞科学。"他以科学的精神和方法领导制定了我国第一部社会主义类型的宪法。我们在制定法律时，就要有毛泽东这种科学的精神和态度。在科学面前，要严肃、认真、细致，来不得半点轻率和马虎；在科学面前，要崇真求实，谦虚谨慎，不能搞个人迷信，因为个人迷信常常是和错误联系在一起的；在科学面前，要注意发扬民主，要通过民主的态度和方法集中群众的智慧，发现真理，修正错误。毛泽东领导制定宪法的过程，就充分体现了这种科学的精神，这种讲求科学的精神和态度在今天仍可作为我们立法时的借鉴。

四、三个三分之一

人民民主，是毛泽东一贯追求的理想和目标。民主观念在毛泽东的思想里根深蒂固，并体现在他言行的各个方面。在领导中国革命的过程中，毛泽东总是把自己的民主理想与不同时期的斗争目标结合起来。抗日战争时期，中国人民的首要任务是驱逐日本帝国主义，赢得民族的独立。毛泽东结合自己的民主观，向全国人民提出了争取独立和实现民主这两大任务。1940 年 2 月 20 日，延安各界宪政促进会成立，毛泽东在成立大会上发表了《新民主主义的宪政》的演说。他指出："中国缺少的东西固然很多，但是主要的就是少了两件东西，一件是独立，一件是民主。"

在毛泽东看来，抗日和民主紧密相关，不可分离。要抗日就得调动全民族的积极性，就得改良腐败、专制的政治，就得改善人民的生活，而这些都有赖于民主才能够实现。尤其当时蒋介石独裁专制，不给人民以抗日救国的自由，限制共产党和人民抗战力量的发展，在这种情况下，争取民主的任务变得尤为必要和迫切。

为了巩固抗日根据地，为了给全国树立民主和抗日的榜样，毛泽东决定在根据地建立"三三制"抗日民主政权。陕甘宁边区是抗日战争时期中共中央所在地，毛泽东决心把这块根据地建成抗日根据地的模范，并进而影响全国。

1940 年，毛泽东在为中共中央起草关于抗日根据地政权问题的指示中，说：

"在抗日时期，我们所建立政权的性质，是民族统一战线的。这种政权，是一切赞成抗日又赞成民主的人们的政权，是几个革命阶级联合起来对于汉奸和反动派的民主政权。"

"根据抗日民族统一战线的原则，在人员分配上，应规定共产党员占三分之一，非党的左派进步分子占三分之一，不左不右的中间派占三分之一。"

为什么要实行"三三制"呢？

毛泽东说："必须使党外进步分子占三分之一，因为他们联系着广大的小资产阶级群众。给中间派以三分之一的位置，目的在于争取中等资产阶级开明绅士。"

"三三制"从形式上来看，是把组成政权人员的名额相等地分成三个部分，从而使不同的阶级阶层在这个政权中都有自己的代表。这样各个阶级阶层的政治权利和利益都得到了照顾，抗日或生产的积极性提高了。"三三制"抗日民主政权是抗日民族统一战线性质的政权，它不是一个党派或阶级的独裁，而是在这个统一战线内部充分发扬了民主，用民主来提高抗日的积极性，来促进抗日救国事业的胜利。

"三三制"推行以后，得到了中间阶层的普遍欢迎。一些开明的地主、绅士赞叹道：

"共产党宽宏大量，仁义治国。"

"从前不要咱这号人，今天又能参加政权了。"

"而今事情真是不同了，咱们也有公权了，同别人平等了。"

但他们中间也有不少人对共产党实行"三三制"的诚意表示怀疑，他们认为"三三制"的选举是摆样子，是聋子的耳朵——摆设。还有一部分中间分子带着观望的态度。对此，共产党做了大量的宣传和动员工作，他们对地主和绅士说：

"现在实行抗日民族统一战线，要团结一切抗日的阶级和阶层，共同打倒日本帝国主义，挽救中国的危亡。只要赞成抗日赞成民主的，我们一样采取团结的方针。"

毛泽东在 1941 年 11 月的边区第二届参议会开幕典礼上发表讲话时说：

"国事是国家的公事，不是一党一派的私事。因此，共产党员只有对党外人士实行合作的义务，而无排斥别人，垄断一切的权利。共产党是为民族、为人民谋利益的政党，它本身绝无私利可图，它应该受人民的监督，而不应该违背人民的意志。"

1941 年在选举边区一级参议员时，非党人士尤其是开明绅士落选的很多。在 242 名边区参议员中，共产党员占了多数，为使符合"三三制"原则，西北局和边区政府决定，聘请 46 名非党人士（主要是开明士绅）为边区参议员。参议会选举政府委员时，18 名政府委员中，共产党员占 7 名，超过了"三三制"的规定，中共党员徐特立声明退出，由非党人士白文焕递补。共产党实行民主和团结抗战的诚意，赢得了开明地主和绅士的敬佩和积极参与。他们为抗日根据地的巩固和抗战的胜利贡献了自己的力量。

抗日战争时期，毛泽东设想，在抗战胜利以后，要把中国建成一个新民主主义共和国。什么是新民主主义共和国呢？毛泽东在 1940 年 1 月的演讲《新民主主义的政治与新民主主义的经济》中说："新民主主义的共和国是在无产阶级领导下的一切反帝反封建的人们联合专政的民主共和国。"根据"三三制"建立起来的陕甘宁边区政府是在抗日民族统一战线旗帜下的特殊政权，它同国民党统治区的地方政权具有质的区别。它是新民主主义政权的雏形，是新民主主义社会理论的试验基地。毛泽东就是这个试验的总设计师。

五、"无产阶级、共产党也要搞阶级独裁"

曾有人不怀好意地把共产党的领导、人民民主专政与秦始皇的暴政相提并论。对此，毛泽东心里坦然。他直言不讳地对美国总统尼克松说："你们以为你们把我们比作秦始皇，就侮辱了我们，可是你们犯了一个错误，要知道，我们超过他一百倍。"这里显示出了毛泽东作为一位无产阶级革命领袖的宽广胸怀。在他看来，秦始皇的独裁是为了维护剥削阶级的私利，而共产党领导的人民民主专政是为无产阶级和广大人民群众服务的，因此无论怎样都是光明正大，合乎正义的。面对资产阶级专政独裁，毛泽东理直气壮地宣布："无产阶级、共产党也要搞阶级独裁。"

"独裁"一词，一般是指个人独裁，不民主，专横霸道。毛泽东对个人独裁和脱离群众的官僚主义，一向都是反对的，尤其对官僚主义深恶痛绝。他对资产阶级为了本阶级的私利，实行压迫剥削劳动人民的独裁非常反感，因此站在无产阶级和劳动人民的立场上针锋相对地提出："无产阶级、共产党也要搞阶级独裁。"在这句话里，毛泽东显然是贬词褒用，赋予"独裁"一词以新的感情色彩，其目的是强调加强共产党的领导和人民民主专政的重要性。

毛泽东1936年在《中国革命战争的战略问题》一文中指出：中国共产党以自己艰苦奋斗的经历，以几十万英勇党员和几万英勇干部的流血牺牲，成为“一个为大多数人民所信任的，被人民在长时间内考验过因此选中了的政治领导者”。所以中国共产党成为全国各族人民的领导核心，是历史形成的，是中国人民自觉选择的结果，是不可动摇的。

中国共产党对国家政权的领导是由党的先进性和人民民主专政政权的性质决定的。毛泽东在《中共中央关于统一抗日根据地党的领导及调整各组织间关系的决定》中说：“党是无产阶级的先锋队和无产阶级组织的最高形式，它应该领导一切其他组织，如军队、政府与民众团体。”在《论人民民主专政》一文中，毛泽东又指出：“总结我们的经验，集中到一点，就是工人阶级（经过中国共产党）领导的，以工农联盟为基础的人民民主专政。”

毛泽东十分注意维护党对国家政权和国家政治生活的领导。

1949年3月，在中共七届二中全会上，毛泽东点明，他和周恩来参加政府，他任主席，周恩来任内阁总理。这就从组织上保证了中国共产党在政权中的领导地位。

在1957年的反右斗争中，当时确有极少数资产阶级右派借党开门整风的机会，迫不及待地跳出来，反党反社会主义。在给共产党提意见的过程中，极少数资产阶级右派提出了“轮流坐庄”“海德公园”之类的反动观点，说什么“一党执政有害处”，“如果不要共产党一党执政，而要共产党和各民主党派通过竞选来轮流执政，由各党各派提出不同的政纲来，由群众自由选择，这就好得多”。

极少数右派分子处心险恶，捕风捉影，造谣惑众，肆意攻击党的领导、社会主义道路和无产阶级革命领袖，影响极坏。

毛泽东以高度的政治敏感关注着右派分子的言行。1957年5月15日，他写了《事情正在起变化》一文。毛泽东认为，资产阶级右派言论的核心是反对共产党，反对社会主义。1957年5月25日，毛泽东在接见中国新民主主义青年团第二次全国代表大会全体代表时，特别强调：“中国共产党是全中国人民的领导核心。没有这样一个核心，社会主义事业就不能胜利”。“一切离开社会主义的言论行动都是完全错误的”。

今天看来，由于对阶级斗争形势估计的失误，这场反右派的运动犯了严重扩大化的错误。但它反映了毛泽东对打退敌对分子的进攻，维护党的领导地位的高度重视。

今天，我们治理国家，进行经济建设，都必须加强和改善党的领导，这是我们事业成功的关键。离开了中国共产党的领导，任何革命和建设事业都不可能成功，这是历史作出的科学结论。正如毛泽东指出的那样：“没有中国共产党的努力，没有中国共产党人做中国人民的中流砥柱，中国的独立和解放是不可能的，中国的工业化和农业现代化也是不可能的。”

六、典型是一种政治力量

毛泽东说过：典型是一种政治力量。树典型等于插旗子，其秘诀就是把一种需要加以提倡的精神，加以推崇的价值观，加以实现的原则，加以推广的经验，具体化在一个或几个看得见摸得着的具体人物或事件上，使之成为一面鲜艳的旗帜，成为大众前进的榜样、标兵。毛泽东知道中国的普通老百姓是容易影响、善于模仿的，并且知道他们接受社会规范的方式。学习一个具体的典型比接受一种抽象的原则要方便得多，因为它看得见、摸得着，使一般群众学有目标，赶有方向，比有榜样。由于榜样就在你身边，即使你不去有意仿效，他的光环也会影响着你，使你不知不觉地受到感染同化。这样，由一到十，由点到面，相互感染，竞相仿效，逐渐形成一种气候，最后自然是典型的普及化，人人都成为好样的。因此，凡需要提倡一种什么精神或原则，就需要找到一个或几个相应的典型来体现这种精神或原则，可以大大增强教育力、感召力。通过典型的示范和带动可以迅速把党的政策、方针变为群众的实际行动。

毛泽东很重视典型的教育作用。他树立的正面典型很多。有全心全意为人民服务的张思德；“生的伟大，死的光荣”的刘胡兰；毫不利己，专门利人的白求恩；藐视困难，敢于挑战自然的老愚公等。在社会主义建设时期又树立了三位光辉的典型：雷锋、王进喜、焦裕禄。

由于某些原因，从1960年开始，我国国民经济出现了持续三年的困难局面。面对严重的经济困难，毛泽东号召向雷锋等先进英雄模范学习，以激发人民革命和建设的热情，提高人民的思想政治觉悟，使之紧密团结在党中央的周围，同心同德，齐心协力，为顺利完成调整国民经济的任务而艰苦奋斗。

雷锋，湖南望城人，1939年12月30日生，1960年参军，并在同年入党。穷苦的家庭出身，解放后党和政府给予的关怀和温暖，使雷锋坚定了无产阶级政治立场，确立了为共产主义事业而奋斗的崇高理想。他从小事做起，甘做革命的螺丝钉，决心把有限的生命投入到无限的为人民服务当中去。雷锋要求自己：“对待同志要像春天般的温暖，对待工作要像夏天一样火热，对待个人主义要像秋风扫落叶一样，对待敌人要像严冬一样残酷无情。”

1962年8月15日，雷锋因公殉职。1963年3月15日，毛泽东发出“向雷锋同志学习”的号召。接着《人民日报》发表了刘少奇、周恩来、朱德、邓小平等领导同志的题词，号召向雷锋学习。此后，全国人民响应毛泽东和党中央的号召，学习雷锋的活动蓬勃开展起来，好人好事蔚然成风，全社会的共产主义思想道德水平呈现出一派崭新的气象，对于激发人们与严重的经济困难作斗争的意志，起了重要作用。

好的典型是真、善、美的化身，吸引着人们去追求；好的典型是力量的源泉，增添了人们战胜困难的勇气；好的典型是旗帜，指引着人们前进的方向；好的典型是灯塔，照耀着人们前进的道路。毛泽东善于运用好的典型的精神感召力来领导人民、治理国家。

在“三反”“五反”运动中，毛泽东抓出了刘青山、张子善、王康年等反面典型，也注意树立好的标兵。

荣毅仁先生是当时上海最大的民族工商户。中央委派到上海领导“五反”的薄一波和上海市长陈毅根据党的有关政策，经考虑讨论，认为把他定为基本守法户好，并将这个意见报告周恩来总理，周恩来转报毛泽东。毛泽东说，何必那么小气！再大方一点，划为完全守法户。这个“标兵”一树，在上海以至全国各大城市都产生了积极影响。

毛泽东不但重视树立正面典型，也善于发挥不好的人和事的教育作用，用他的话来说，叫做找反面教员。他甚至风趣地把蒋介石也称作“反面教员”。1958 年 10 月 2 日，毛泽东同苏联东欧六国代表团谈话，当谈到炮击金门时，又一次说到了“老朋友”蒋介石。他说：“我们只是跟我们的蒋委员长、蒋总统打。我们这个国家有一个‘总统’叫蒋介石，也是我们的老朋友，我们同他这个仗打得久了……没有蒋介石，中国人民就不会进步，就不能团结起来，也不能武装起来。”

七、我们已经找到了新路

1945 年 7 月 4 日，黄炎培以国民参议员的身份访问延安。毛泽东问黄炎培对延安有何观感。黄炎培沉吟了一下，坦率地说：“我生六十多年，耳闻的不说，所亲眼看到的，真所谓‘其兴也勃焉，其亡也忽焉’。一人，一家，一团体，一地方乃至一国，不少单位都没有能跳出这周期率的支配力。大凡初始聚精会神，没有一事不用心，没有一人不卖力，也许那时艰难困苦，只有从万死中觅取一生。继而环境渐渐好转了，精神也渐渐入下了。有的因为历时长久，自然惰性发作，由少数演为多数，到风气养成，虽有大力，无法扭转，并且无法补救。也有因为区域一步步扩大了。它的扩大，有的出于自然发展，有的为功业欲驱使，强求发展，到干部人才渐渐竭蹶，艰于应付的时候，环境倒越发复杂起来了，控制力不免薄弱了。一部历史，‘政怠宦成’的也有，‘人亡政息’的也有，‘求荣取辱’的也有。总之，没有能跳出这个周期率。中共诸君从过去到现在，我略略了解了的，就是希望找出一条新路，来跳出这个周期率的支配。”

黄炎培的意思是说，中国历代王朝刚兴起时，统治者勤于政事，政风较清廉，因此得到人民支持，到后来统治者骄奢怠惰，政治腐败，导致倒台。这就是历代王朝由兴到亡的周期率。他希望中共政权能够找出一个办法跳出这个周期率，永葆蓬勃的生机。

毛泽东略加思索答道："我们已经找到了新路，我们能够跳出这个周期率。这条新路，就是民主。只有让人民来监督政府，政府才不敢松懈；只有人人起来负责，才不会人亡政息。"

什么是民主呢？民主的最早含义是指"人民的权力"，"人民的政权"或"人民直接地通过分区选出的代表治理统治"。在近代，民主的主要含义是指在政治、经济以及其他社会生活领域中由统治阶级中大多数人实行统治的一种国家制度。毛泽东 1939 年 11 月 14 日在陕甘宁边区党代表大会上的政治报告中指出：民主，讲俗话就是老百姓能起来说话、活动、想办法。

让人民起来监督政府，监督官员就是民主的一项重要内容。政府官员是人民选出来的，他们的权力来源于人民。因此人民可以弹劾、撤换不称职的官员。只有这样才能体现人民是国家主人翁的地位。只有这样才能使政府及其官员对人民有所敬畏，不敢松懈，更不敢搞腐败。

毛泽东是很注重发挥民主在预防政府腐败中的作用的。首先他很重视群众运动在扫荡腐败蜕化分子中的作用。可以"三反"运动为例。

在群众运动中，人民群众的热情高涨，积极性得到了充分的调动和发挥，在很大程度上表现了"当家作主"的姿态。用群众运动这种方式反腐败，必然造成对腐败分子强大的震慑力，同时形成了天罗地网，使腐败分子上天无路，入地无门，插翅难逃。

"三反"是指反贪污、反浪费、反对官僚主义。这是在国家机关工作人员中清除"三害"的运动。但开始时，一些地方的"三反"收效甚微。毛泽东认为这是"没有形成有力的社会舆论和群众威力"的缘故。他把全党重视和群众动员作为运动有效开展，遏制和消除腐败的首要条件。

毛泽东动员群众进行"三反"运动的目的，就是充分调动和发挥全体党员和广大群众的革命热情和政治积极性，使他们以主人翁的姿态，热诚地投入监督与检举腐败行为的斗争之中，并与之作不调和的斗争。毛泽东要使运动形成这样一种局面，使一切贪污浪费行为和官僚主义现象都成为“过街老鼠，人人喊打”，陷入灭顶之灾。因此，毛泽东再三强调务必发动党内外最广大的人民群众参加到斗争中去，把这场斗争“看作如同镇压反革命的斗争一样的重要，一样的发动广大群众包括民主党派及社会各界人士去进行”。

在毛泽东看来，人民群众有惩治腐败，保护人民政权的责任和权利，这是任何人都不能剥夺和阻碍的。因此他严厉警告：“如果有人执迷不悟，胆敢违抗中央指示，阻碍群众运动，无论他的地位有多高，资格有多老，他的上级都应该坚决把他撤职。”1951 年 12 月，武汉市委公开揭露和惩处了一批压制群众批评的担负重要职位的干部。这得到了毛泽东的高度赞赏。他还电示武汉市委，责令支持和袒护压制民主、打击群众的武汉市长向人民代表会议作自我批评。后又将武汉市长撤职。

“三反”运动的影响是深远的。它所表现出来的群众运动的威力使腐败分子闻风丧胆，心有余悸，并有效地警戒后来的官员干部，使之在群众监督的压力下保持谦虚谨慎、清正廉洁。这充分体现了人民民主在防腐拒变中的重要作用。

毛泽东还重视加强民主制度的建设来防止腐败。

在农村革命根据地时期，毛泽东对农民行使民主权利的能力抱有信心，对国民党一再拖延、拒绝还政于民，表示强烈的不满。他对到延安访问的美国人士说：“我们的经验证明，中国人民是了解民主和需要民主的，并不需要什么长期的体验、教育或‘训政’。中国农民不是傻瓜，他们是聪明的，像别人一样关心自己的权力和利益。你们可以在我们的地区里看到这种不同之处——人民是生气勃勃，富有兴趣和十分友好的。他们具有人类抒发情感和精力的机会，他们已经从沉重的压迫底下解放出来了。”

由于毛泽东充分相信被解放了的人民的民主能力，因此他积极地在陕甘宁边区进行民主政治建设，把它建成全国抗日、民主的模范。边区实行的民主制度，以民主选举制度最为重要。不管工人、农民、妇女，还是知识分子、学生、商人或有产者，只要不反对抗日而年满 18 岁者，都有选举权与被选举权。

要巩固我们的人民民主专政的政权，就必须反对腐败。如果让腐败现象任意滋生蔓延，就必然会危及我们人民民主政权的肌体。因此要跳出历史的周期率，我们必须要依靠民主，要做到民主的制度化、法律化，通过民主和法制来预防和惩治腐败，只有这样，才能使我们的党和国家永葆生机与活力，永不改变颜色。

八、政协的作用可大啦

统一战线是中国革命取得胜利的“三大法宝”之一。那么在和平建设时期，要不要继续发挥统一战线的作用呢？回答是肯定的。因为国家建设任务的艰巨性一点也不亚于革命战争。我们团结一切可以团结的人，共同战斗，终于取得了革命战争的胜利，建立了新中国。新中国成立之后，我们同样要利用统一战线凝聚人心的作用，调动一切积极因素，团结一切可以团结的人，把我国建设成为一个繁荣富强的社会主义国家。

人民政协是人民民主统一战线的组织形式。新中国成立以后，毛泽东很重视发挥各民主党派和无党派民主人士建言献策、参政议政的作用，对人民政协的工作和地位给予了高度的支持和关注。

毛泽东对有损政协地位和作用的党内外言论进行了批评和教育。

50年代的一个春天，毛泽东来到杭州。浙江省委书记江华前来见他。这时候，浙江正在筹备召开政协会议。江华被政协中各党各派的参政议政和五花八门的各种议案搅得头昏脑涨，他还不太理解政协在国家政治生活中的重要地位，于是乘机问了毛泽东。

“政协的作用可大啦!”毛泽东加重语气说。“为什么呢？这是由现阶段多种经济成分的存在所决定的，比如工商联组织，就是一种很重要的势力，它要随着其经济基础的消失而消失。任何想人为取消或无视它存在的想法都是不对的”。

“可是他们总是这个理那个理，这科学那科学的。”江华很怕这些。

“说穿了，你就是怕知识分子!”毛泽东一针见血批评道。

“是”。一向直来直去的江华也毫不讳言，“我怕知识分子，不怕老头子（蒋介石）。”

在场的谭震林笑出声来，毛泽东也笑了：

“李鼎铭，他们不要，我要。延安时期，精兵简政就是这位老先生提出来的嘛。王明，他们不要，我要，他们不选举他，我选。总之，你要记住，兼听则明，偏听则暗，我们党和政府需要倾听来自各方面的呼声和要求；我们的国家事务中需要政治协商这一制度，需要政协组织。”江华听后，深受启发。

在新中国成立之初，党内的确有一些同志不能正确理解与党外人士长期合作的方针，认为解放以后有了民主，民主党派的任务已尽，只有“一根头发的功劳”。有的民主党派领导人，也觉得已完成了在民主革命中的历史使命，准备酝酿自行解散。毛泽东得知后，当即表示不但不能解散，而且还要继续发展。针对党内忽视民主党派存在必要性的错误倾向，毛泽东在 1950 年 4 月，对前来汇报第一次全国统战工作会议情况的中央统战部负责人指出：要向大家说清楚，从长远和整体看，必须要民主党派。民主党派是联系小资产阶级和资产阶级的，政权中要有他们的代表才行。认为民主党派是“一根头发的功劳”的说法是不对的。从他们背后联系的人们看，就不是一根头发，而是一把头发，不可藐视。要尊重他们，当作自己的干部一样，手掌手背都是肉，不能有厚薄；对他们要平等，不能莲花出水有高有低。这些指示，对于澄清党内错误认识，加强对民主党派的统一战线工作具有重要指导意义。

1954 年 12 月 20 日，人民政协第二届全国委员会在北京召开。这次政协会议的召开，在一部分党外人士中引起相当强烈的反映。有些人对实行人民代表大会制后人民政协的性质、地位等变化认识不清，留恋第一届全国政协开会的盛况，怀疑我党对二届政协不重视，表现出不满、不安的情绪，说：“真正的权力在人大常委，最高权力在中共中央，政协没什么权了。”有的人慨叹全国人大召开以后，政协将退处于“太上皇”的地位。有些人则竭力抬高政协的政治地位，鼓吹政协是“权力机关”或“半权力机关”，是“中国人民民主统一战线的最高组织形式”。

毛泽东在政协开会前两天，召集了党内外几十人举行座谈，指出今后要加强统一战线工作，人大是权力机关，并不妨碍我们成立政协进行政治协商。他说人大已经包括了各方面，常委会是人大的常设机关，代表性当然很大。但它不能包括所有方面，所以政协仍有存在必要，而不是多余的。并说蒋介石也搞过参政会，但他不敢也不愿意要这些机关起作用，他要的是扼杀民主。我们是人民政府，我们一定要把一切机关都活跃起来。有人说，政协既然这样重要，是否可以把它搞成国家机关？毛泽东回答说：不能把它搞成国家机关。因为人大和国务院是国家权力机关和国家管理机关，如果把政协也搞成国家机关，岂不成了“二元论”了吗？这样就重复了、分散了，民主集中制就讲不通了。要实事求是，政协不仅是人民团体，而且是各党派的协商机关，是党派性的机关。这不等于不重视它，而恰好是重视它。共产党就是党派，也不是国家权力机关，但它的价值并不因此而有所降低。毛泽东这篇重要讲话，不仅教育提高了当时持有不同意见的党外人士，消除了他们的不安情绪，而且对当前和今后的统战工作和政协工作都有着重要的指导意义。

毛泽东这些言论和讲话不只是用来教育别人的，在他自己的工作和生活中，他把团结民主党派和无党派民主人士的方针落到了实处。

开国之初，毛泽东十分重视各民主党派在政权机关中的参政议政作用。经他主持遴选和审定的中央人民政府的 6 位副主席中，有 3 名是民主党派和无党派民主人士。在 56 名政府委员中，有 25 名是民主党派和无党派民主人士；在政务院的 4 位副总理和 22 名部长中，民主党派和无党派民主人士分别占 2 名和 10 名。这充分体现了执政的共产党与各民主党派及无党派民主人士长期合作共事的精神。毛泽东还非常注意身体力行，发挥民主人士在政府工作中的作用。他亲自同他们商谈国家大事，还经常把党中央的一些文件和地方党委的一些报告送给他们阅看，使他们了解各方面的情况。对于他们反映的问题和提出的意见，总是及时批转有关方面进行认真调查研究，作出负责的处理和答复。

毛泽东和不少民主人士有很深的交往。特别对一些德高望重的民主人士，毛泽东更是心怀敬意，在他们面前表现出晚辈对长辈般的谦恭有礼，亲自迎来送往，主动为他们打开车门，搀扶他们上车下车。与此相比，对于党内同志，毛泽东则显得比较随便，来了，一般不亲自迎接，走时，一般也不亲自相送，待客一般也是清茶一杯。毛泽东的想法是，党内同志是自己的同志，接待随便一点，自己的同志也不会见怪；而对于民主人士来说，忽视礼节会使他们产生共产党不重视、不尊重他们的误解。由此可见，毛泽东对团结民主党派和无党派民主人士，真可谓用心良苦。

中国共产党领导下的多党合作和政治协商制度是我国的一项基本政治制度，是在长期的革命实践中逐步形成的。我国的民主党派，在民主革命中有过同我们党共同奋斗的光荣历史。新中国成立后，在国民经济恢复、社会主义改造和建设中，他们也作出了重要贡献。今天，我们应当借鉴毛泽东抓统一战线和政协工作的态度和方法，不但要经常强调统战工作的重要性，而且更要身体力行，具体细致地去做；要真正让民主人士感到共产党是他们的真朋友，要切实贯彻与民主党派“长期共存，互相监督，肝胆相照，荣辱与共”的十六字方针。要注意发挥人民政协的作用，在最广泛的爱国统一战线的旗帜下，团结一切可以团结的人，为实现祖国的和平统一和中华民族的伟大复兴而共同奋斗。

九、“自下而上”与“自上而下”相结合

我国是一个多民族国家，民族问题是我国的基本国情之一。过去历代统治者对少数民族实行大民族主义统治，民族歧视、民族压迫很严重，造成了民族间的不和与隔阂。新中国成立以后，以毛泽东为首的中国共产党制定了全新的民族政策，坚持按照民族平等、民族团结和各民族共同繁荣的方针，解决我国的民族问题。

新中国成立之初，为加强民族团结，实现各民族共同进步和繁荣，毛泽东领导了对少数民族的社会改革。在社会改革时，采取了“自下而上”和“自上而下”相结合的策略。所谓“自下而上”就是积极发动群众参加社会改革，领导他们同反动的上层分子作斗争，所谓“自上而下”，就是做好上层统战工作，同民族和宗教的上层爱国人士加强团结和协商，争取他们对社会改革的配合和支持。少数民族的社会改革，要发动群众起来斗争，是自不待言的，那么，为什么要“自上而下”，做好民族上层的统战工作呢？对于这一点的认识，我党经历了一个历史的过程。

出于反对阶级压迫的主张，我们党曾笼统地反对少数民族的上层，号召推翻他们的统治。实际上，这是行不通的。好多少数民族的上层其实是该民族的代表，和群众有相当深的联系，反对了上层则根本无法接近、团结那个民族。所以，到 1934 年，中国工农红军政治部关于苗瑶工作原则的指示就纠正了笼统反对民族上层的说法，认为瑶民经济文化的发展极其落后，内部的阶级斗争并没有显著开展，土司管事等在瑶民心目中还有极大的权威、威信，依然是瑶民利益的唯一代表，一切对外关系都为他们所垄断，因此苏维埃红军不得不开始同这些代表发生关系，同他们订立各种政治、军事的同盟，经过他们去接近广大的瑶民群众，去推动瑶民群众进行革命斗争，对他们的统治方式、思维习惯与宗教信仰表示尊重，并且不求过早地发动内部的阶级斗争。

三国时代，蜀国丞相诸葛亮对少数民族首领孟获七擒七纵，终于争取了孟获的真心归服，稳定了蜀国对西南少数民族的统治。毛泽东采取“自上而下”的策略，不杀程莲珍，与七擒孟获的故事有异曲同工之妙。

1953 年，贵州匪患已基本肃清，唯有程莲珍这个布依族女匪首领仍然逍遥法外。当时的公安机关在通缉令中这样写道：“该匪首狡诈多变，行动敏捷，枪法甚精，捉捕时务必提高警惕”。匪首再狡诈也逃不过人民的法网，通缉令发出不久，剿匪部队终于将她捉拿归案了。

当时按剿匪政策规定，凡是拒不投降自首的敌匪中队长以上的匪首，一经抓获，便依法制裁。像程莲珍这种罪大恶极的匪首，按规定应严惩不贷。当时贵州省军区党委把这一情况上报到西南军区，当时正值李达参谋长启程赴朝鲜访问，他指示将此案暂时搁一下，留待归国后处理。8 月下旬，李达由朝鲜回国。在京期间，他受到毛泽东的接见。交谈中，李达汇报到了西南地区的剿匪工作，当谈到程莲珍一案的处理意见时，李达向毛泽东汇报说：“这个女匪首，下面要求杀。”但毛泽东明确表示，“不能杀”。并说，“好不容易出了一个女匪首，又是少数民族，杀了岂不可惜？”“人家诸葛亮擒孟获，就敢七擒七纵，我们擒了个程莲珍，为什么就不敢来个八擒八纵？连两擒两纵也不行！总之，不能一擒就杀。”

不杀程莲珍不是纵虎归山，而是毛泽东根据贵州剿匪虽已接近尾声，但情况很复杂，尤其是有些地方土匪问题与民族问题交织在一起的特殊情况而作出的决策。

不杀程莲珍是为了通过教育改造后让她将功赎罪。果然，通过教育改造，脱胎换骨，程莲珍走上了新生之路，在以后的清匪反霸斗争中发挥了特殊作用。

毛泽东在西藏的社会改革问题上始终采取十分慎重的态度。目的是等待西藏民族上层分子的觉悟，他认为在民族宗教上层觉悟之前，过早发动群众搞改革是不稳妥的。早在人民解放军入藏前后，毛泽东就指出：西藏的革命要分两步走，“第一步，走民主的道路。第二步是走社会主义道路”。并且还指出，要把民主革命的任务也分作两步解决，首先团结一切可以团结的反帝爱国力量，集中打击帝国主义及其忠实走狗——亲帝分裂分子，然后再逐步地改革封建农奴制度。1952年，毛泽东在接见西藏致敬团时就指出：“少数民族地区分不分地，由少数民族自己决定。西藏地区，现在谈不上分地，将来分不分，由你们自己决定，并且由你们自己去分，我们不代你们分。”1956年，在毛泽东主持下，又做出了西藏地区在第二个五年计划期间不实行民主改革的决定。1957年，毛泽东指出：“西藏由于条件还不成熟，还没有进行民主改革。按照中央和西藏地方政府的十七条协议，社会制度的改革必须实行，但是何时实行，要待西藏大多数人民群众和领袖人物认为可行的时候，才能作出决定，不能性急。”我们知道，一个民族的解放，归根到底，是作为民族主体的广大劳动人民的解放。只有实行彻底的社会改革，才能解放劳动人民，解放生产力，从而为民族的发展繁荣扫清道路。但是少数民族的社会改革，必须由少数民族的广大劳动人民和同人民有联系的公众领袖自己去进行。在民族宗教上层人士还没有这种觉悟时，耐心等待和让步是必要的。毛泽东在西藏社会改革问题上的决策，就包含着对民族宗教上层人士的让步。这是一种积极的让步。

1959年3月，西藏上层反动集团发动了分裂祖国的武装叛乱。对此，党和毛泽东制定了军事打击和政治争取、发动群众相结合的方针。对没有叛乱的农奴主，实行保护过关，他们所占有的生产资料由国家出钱赎过来，分配给群众；对于叛乱的农奴主的生产资料则没收后分给群众。在全部平叛过程中，政治争取过来的人，占叛乱分子总数的41.9%。对达赖本人，也做到了仁至义尽，没有把他放在叛国头目之列。直到1964年12月，在达赖公开宣布自己叛亡印度的立场之后，国务院才作出撤销达赖的西藏自治区筹备委员会主任和委员的职务。

西藏叛乱发生后的同年4月，第二届全国人民代表大会第一次会议在北京举行。毛泽东在会议期间，专门接见了阿沛·阿旺晋美为首的西藏人大代表团，赞扬他们站在人民方面，维护祖国统一。毛泽东还表示，达赖的叛逃是我们所不希望的，但只要他们回心转意，我们还是欢迎的。

毛泽东用“自下而上”和“自上而下”相结合的策略完成了西藏的民主改革。在少数民族社会改革的问题上，我们面临两个方面的矛盾：阶级矛盾和民族矛盾。要对少数民族进行社会改革，就要发动广大少数民族群众起来斗争，以解决阶级矛盾。同时，我们也要防止一部分反动民族上层分子利用民族矛盾来欺骗群众，制造社会改革的阻力。所以我们也要注意对少数民族上层进行争取、团结的统战工作，尽一切可能争取上层集团中的爱国进步力量，以孤立打击少数亲帝、反动、分裂分子，从而保证少数民族地区社会改革的顺利进行。

今天，我们在处理民族问题时，既要做好广大少数民族群众的工作，同时又要注重发挥民族宗教上层人物的作用，只有这样，才能保证党的民族平等、民族团结和各民族共同繁荣的政策切实得到贯彻执行。

十、爱国一家 革命不分先后

三大战役后，国共双方军事力量的对比发生了急剧的变化，解放战争的胜利指日可待。与此同时，中国共产党领导下的统一战线队伍中也增添了一批批新成员，这就是先后投诚起义的一些国民党军政要员，如傅作义、程潜、陈明仁等人。对于这部分人，毛泽东采取了联合团结的态度，只要是有爱国之心，对人民有贡献的人，就既往不咎，对其进行教育改造，并充分信任，甚至委以重任。毛泽东的宽广胸怀和博大胸襟，让这些人深为钦佩和感动，并立志用实际行动为人民群众多作贡献，以赎自己以前对人民所犯下的罪行。

从毛泽东对傅作义及其所属部队起义后采取“爱国一家，革命不分先后”政策以及产生的作用和影响中，我们就可以清楚地看到这一政策对于扩大统一战线，调动一切积极因素和实现祖国统一大业而产生的深远影响。

傅作义先生是率领50余万官兵投奔到人民阵营中的一位国民党高级将领。1949年1月，他接受了中国共产党关于和平解放北平的条件，避免了国共之间一场大的战争。1949年2月22日，毛泽东在西柏坡亲切接见了傅作义，并高度称赞了他的这一义举。他对傅作义说：假如你过去有错的话，那么现在功过权衡，正是功大于过，也是有功人员。对你的部下来说，也是为他们做了一件大好事，保护了他们的生命财产和家庭团聚。特别是北平是举世闻名的文化古都，英法联军欺侮我们，烧毁了圆明园，破坏了许多名胜古迹。你们的义举使古都避免了再一次遭到破坏，让它完好地回归到人民手中，200万居民的生命财产免遭兵燹之害，千年文化古都获得了新生，因此你为中国人民立下了大功。

在肯定傅作义义举的同时，毛泽东又向傅阐明了党对其所属部队被俘人员的政策。他说："过去你俘虏我们的干部解放了，现在我俘虏你的人员都给你放回去，你可以接见他们，我们准备把他们都送到绥远去。"当时的绥远，还被傅作义的部下董其武的部队占据着。毛泽东的话完全出乎傅作义的预料，不禁问道："都给我们怎么处理呢？还要送到绥远去，为什么呢？"毛泽东笑着对他说，国民党不是一贯宣传共产党杀人放火，共产共妻吗？他们到了绥远，可以现身说法，讲共产党对他们一不搜腰包，二不侮辱人格，这样可以帮助在绥远的那些思想上仍未转变过来的人学习学习，提高认识及早投诚起义。之后，我们可以将起义人员编为两个军，先让他们过好军事关，以后还要过土改关、民主改造观，将来还有社会主义关等。

毛泽东这番真诚的谈话中不仅饱含着对傅作义义举的高度赞扬，而且还对起义后的傅的旧部作出了精心细致的周到安排，让傅作义感激万分。

为了团结、教育、改造和使用傅部所属军政人员，毛泽东在处理他们的问题时，切切实实执行了既往不咎、妥善安排的政策，在政治上、工作上、生活上给予了关怀照顾，使他们各得其所，各尽其功，各献其才，为他们创造了立功赎罪的机会。在毛泽东的指示下，和平改编后傅部的许多军政人员都被作为人民解放军或革命干部看待，其家属亦被作为革命军人和革命干部家属看待。对所有受编干部均按照：第一继续工作，第二参观学习，第三回乡生产。三项志愿，自由选报。凡志愿回乡人员发给路费，并发给“参加北平和平解放有功，回家后给予土地房屋使能参加生产”的证明。凡志愿参加工作或参加学习的人员，都按“爱国一家，革命不分先后”的政策给予信任，分别做了妥善的安排。所有这一切，使傅作义不只是敬佩感激，更重要的是更加坚定了他走革命道路的决心。傅作义在接见被释放回来的原被俘将级军官时，就曾感慨地说：过去我把你们领到错误路上去了，由我负责，今天总算是走到正道上来了，从今以后，一切要很好地听共产党的安排，好好工作。

由于少数反动分子和特务的破坏，绥远和平起义遇到了严重的困难。傅作义主动请缨，向毛泽东毛遂自荐，要求由他去处理解决这个问题。在绥远的一个多月里，傅作义不辞辛劳，各方游说。经过艰苦的努力，终于在第一届全国政协会议召开之前如期实现了绥远的和平解放。

全国解放后，傅作义深感自己罪行严重，应该接受人民的惩处，请求投案。毛泽东不仅既往不咎，反而多次在党内和群众中替他做工作，给予充分信任，委以重任。解放初期安排傅作义的职务便有七项：全国政协特邀代表、第一届全国政协委员、中央人民政府委员、政务院水利部部长、国防委员会副主席、绥远省军政委员会主席、绥远军区司令员等。

傅作义把毛泽东鼓励他的要“活到老，学到老，改造到老”的赠言作为座右铭，热情积极地致力于社会主义建设。在 23 年水利部长的岗位上，尽心竭力为新中国的水利建设作出了重要贡献。他还一再表示：我将全心全意地追随毛主席、共产党、努力工作学习。如果我能有进步，工作做得好，愿意争取加入共产党，这是我后半生的心愿。

毛泽东在对待曾对人民犯下严重罪行的傅作义及其部属的态度上，宽宏大量，不计前嫌，并充分信任，采取“爱国一家，革命不分先后”的统战政策，使这些投诚官兵深受感动，自愿投身到为人民服务的事业中，为社会主义建设和祖国统一大业作出了贡献。毛泽东这种化消极因素为积极因素，充分调动一切有利因素的高超的统战艺术，值得新世纪的领导者学习。

第六章

管理经济的艺术

毋庸讳言，毛泽东在管理经济上存在着缺陷和不足，在领导全国人民进行社会主义经济建设中，也出现过一些大的失误。但同时，他也提出了一些合乎科学或基本合乎科学的经济理论观点，并将之付诸实践，为探索建设中国特色社会主义道路作出了重大贡献。毛泽东在经济管理上的诸多高明之处，至今仍然熠熠生辉。今天，我们重新学习、研究和分析毛泽东的经济管理艺术，仍有重大的现实意义和理论意义。

一、自己动手 丰衣足食

1938年10月，抗日战争进入相持阶段后，日军对国民党采取政治诱降为主，军事进攻为辅的策略，以主力进攻解放区。国民党也在日本帝国主义的政治诱降下，消极抗日，积极反共，陕甘宁边区和敌后各抗日根据地财政经济日益困难。为打破敌人的封锁，战胜严重的经济困难，以求在物质基础上立于不败之地，毛泽东领导解放区军民开展了一切声势浩大的大生产运动。

1939年2月2日，中共中央在杨家岭召开延安党、政、军、学、群众团体生产动员大会。毛泽东在会上指出："饿死呢，解散呢？还是自己动手呢？饿死是没有一个人赞成的，解散也是没有一个人赞成的，还是自己动手吧——这就是我们的回答。"毛泽东强调指出，吃饭是第一个问题，自力更生，克服困难。第二天，毛泽东在陕甘宁边区参议会第一次会议闭幕式上明确发出："边区人民开展生产运动"的伟大号召，并指出：不论职位高低，都要"一面工作、一面学习、一面生产。"

各根据地军民在毛泽东的号召下，积极投身到大生产运动的浪潮中。毛泽东以身作则、身体力行，主动要求在住地附近开垦一块荒地种菜。工作人员劝他说："主席工作很忙，身体又弱，就不要参加生产了吧。"毛泽东坚决回答说："不行，生产是党的号召，我应该和同志们一样，响应党的号召，参加生产劳动。"在毛泽东的坚持下，工作人员给他在杨家岭住地的小河边上划出了一亩多荒地。毛泽东每天早晚都坚持在地里锄草、施肥。工作人员看见主席亲自下地，便纷纷拿上锄头去帮忙挖地。毛泽东每次都立刻阻止他们说：你们有你们的生产计划，我有我的生产任务。这点地，你们都挖了，我没有挖的了。毛泽东参加生产劳动的事迹传开后，老乡们深受感动。杨家岭村有些二流子，成天闲逛，不务生产，当他们看见毛泽东冒着烈日，在地里锄草、浇水，心灵深处受到很大触动，一改往日好逸恶劳的恶习，加入到大生产运动的队伍中。

1940年，在毛泽东领导下，中央机关生产总指挥部成立。毛泽东亲自为中央机关制定了一条生产原则，即“不与民争利”。为此，中央机关的开荒地点只有选择在杨家岭后山的五里以外，开荒300多亩。在毛泽东的指导下，中央办公厅机关开赴距延安45公里外荒无人烟的南泥湾，王震带领三五九旅在资金缺乏，工具简陋的困难条件下，发扬自力更生、艰苦奋斗的精神，一面动手开挖窑洞解决住宿问题，一面勘察开荒地区，学习耕作技术，制作生产工具，从旅长王震到公勤人员、随军家属，人人动手，开荒种地，经过不长时间就使南泥湾变成了“陕北的好江南”。

1941年起，敌后抗日战争进入最困难的时期。日军不断地对抗日根据地进行疯狂“扫荡”；国民党也于1940年11月停发了八路军、新四军的经费，对根据地进行包围、封锁、掀起第二次反共高潮；加之华北各地连续几年发生水、旱、虫等严重的自然灾害，解放区人口由1亿下降到5000万，八路军、新四军由50余万下降到40万。解放区不但面积大大缩小，而且生产受到严重破坏，财政经济和军民生活发生极大困难。毛泽东就此说到：“我们曾经弄到几乎没有衣穿，没有油吃，没有饭、没有菜，战士没有鞋，工作人员在冬天没有被盖。国民党用停发经费和经济封锁来对待我们，企图把我们困死，我们的困难真是大极了。”怎么办呢？毛泽东号召解放区军民坚持“自力更生”方针，掀起更大规模的生产运动。

1941年4月，毛泽东亲自修订了《陕甘宁边区施政纲领》，经颁布实行。《纲领》规定：“发展农业生产，实行春耕秋收的群众动员，解决贫劳农民耕牛农具肥料种子的困难”；发展工业生产与商业流通，奖励私人企业，保护私有财产，欢迎外地投资，实行自由贸易，反对垄断统制，同时发展人民的合作事业，扶助手工业的发展。这个纲领带有普遍意义，其精神贯彻到了各个解放区。

为了调动根据地人民的生产积极性，毛泽东在1941年11月再次强调指出：“在土地关系上，我们一方面实行减租减息，使农民有饭吃；另一方面又实行部分的交租交息，使地主也能过活，在劳资关系上，我们一方面扶助工人，使工人有工做，有饭吃；另一方面又实行发展实业的政策，使资本家也有利可图。”

战争造成陕甘宁边区劳动力锐减，农业生产缩小。为解决这一问题，以毛泽东为首的中共中央采取了三项措施：一是大量吸收移民和安置难民；二是动员和组织妇女参加生产劳动；三是厉行“精兵简政”政策。这样，广大民众的积极性被充分地调动起来，把大生产运动推向高潮。

毛泽东不仅重视民众生产，而且尤其注意调动军队的生产积极性。1941 年 5 月，他发布《关于陕甘宁边区部队生产工作的指示》，指示部队的生产，必须将“自给自足”的口号与抗战建国建设新民主主义经济基础的任务连接起来，使生产工作能够符合党的财政经济政策。1942 年 3 月，毛泽东再次致函勉励部队，要加倍努力生产，大家动手，解决吃穿问题。

为了使已经兴起的大生产运动不断发展，1942 年底，毛泽东在陕甘宁边区高级干部会议上作了《经济问题与财政问题》的报告，批判了那种离开发展经济而单纯在财政收支问题上打主意，不注意动员人民，帮助人民发展生产渡过难关，而注意向人民要东西的错误思想作风。在会上，毛泽东向边区的党政军群众团体提出了“发展经济、保障供给”的经济工作和财政工作的总方针。

在毛泽东的正确领导下，陕甘宁边区掀起了轰轰烈烈的生产劳动竞赛，形成劳动英雄与劳动英雄，村庄与村庄、军队与民众、军队与军队及各机关之间竞相开展生产竞赛的热烈场面。如何使已开展起来的生产运动向更高阶段发展呢？毛泽东于 1943 年 10 月在陕甘宁边区高级干部会议上作了《论合作社》的报告，他高度赞扬和肯定了合作社，鼓励广大干部用合作社的形式，把公社劳动力组织起来，发动群众的生产积极性，提高劳动效率，发展生产。

发展经济的根本出路是工业化。在大生产运动蓬勃发展的形势下，1944 年 5 月 22 日毛泽东及时向全党发出了“发展新式工业”的号召。为响应毛泽东的口号，5 月 26 日，西北局、边区政府、八路军留守兵团司令部联合召开技术人员座谈会，会议号召一切工业技术人员回到工业路线上来，迅速集中专门技术人员到各工厂去，在现有的基础上提高技术，提高效率，保证在两年内做到边区工业品的完全自给。在近一年的时间里，边区军民克服困难，又办起了许多工厂，使边区出现了几百个大小工厂，做到了一般生活用品的自给或大部分自给。

毛泽东在领导大生产运动中，自己首先以身作则、身体力行，坚持与军民一起参加生产劳动，起到了良好的模范带头作用，调动了广大官兵和群众的生产积极性。在生产保障军队供给的同时，毛泽东又为部队制定了“不与民争利”的生产原则，充分保护了解放区劳动群众的利益，使大生产运动得到了广泛的支持和拥护。在大生产运动蓬勃发展的形势下，毛泽东又利用合作社的形式将群众组织起来，并及时向全党发出了“发展新式工业”的号召，工农业同时并举。

正是由于毛泽东杰出的管理才能，大生产运动不仅改善了解放区军民的生活，战胜了严重的经济困难，为争取抗日战争的胜利奠定了物质基础，而且增强了人们的劳动观念和革命纪律，进一步密切党群关系、军民关系，巩固了抗日根据地。同时，它为中国共产党领导经济建设积累了宝贵的经验，培养了一大批生产管理和经济建设方面的干部。大生产运动树立的“自己动手，自力更生，艰苦奋斗，克服困难”的大无畏革命精神，也成为了中华民族的宝贵精神财富。

二、又一场“淮海战役”

新中国成立初期面临着错综复杂的形势，国家财政经济形势严峻，困难重重。一方面，由于帝国主义、封建主义和官僚资本主义残酷掠夺和连年战争的破坏，国民经济处于全面崩溃的境地。工业破产、农业凋敝、交通阻塞、物价飞涨。一些投机分子乘机兴风作浪，囤积居奇，更加重了通货膨胀。另一方面，由于战争正在进行，军费开支浩大，而国家税收因受战争、季节的影响，收入很少，加上人民政府包下数百万国民党军政人员的需求供应及大批城市失业人口和农村灾民的救济也亟待解决。同时，政府还要重点投资恢复生产和交通，这一切都使新中国的经济受到巨大的压力。能否迅速恢复和发展被破坏的国民经济，不仅关系着新中国的政治稳定，也考验着中国共产党人的治国能力。国内外的敌对势力总是盼望着我们失败，说“共产党马上得天下，不能马上治天下”，社会各界的友人中也有的对我党的治国能力表示怀疑，说：“共产党打天下容易，治天下难。”

面对着种种猜测和不信任，毛泽东乐观地说：“打天下也并不容易，治天下也不是难得没有办法。”他审时度势，果断采取措施打击了投机资本的猖獗活动，平息了新中国成立之初四次全国性的涨价风潮，取得了稳定金融物价的初次胜利。在取得这一批新的胜利的基础上，毛泽东为克服新中国面临的严重财政经济困难，着手开始进行统一全国财政经济管理的工作。

早在新中国成立前，毛泽东就十分重视财政工作的统一对恢复和发展生产事业的重要促进作用。在1948年9月召开的中央政治局会议上，毛泽东就考虑到各个解放区财经工作的分散状态将不适应夺取全国政权的需要，曾经作出决定，首先采取过渡性的步骤，由华北财经委员会将华北、华东、西北三大区的财经工作统一起来，然后再统一东北和中原两大区的财经工作，成立全国统一的财经领导机构——中央人民政府财政经济委员会，毛泽东选贤任能，专门从东北调回陈云主持中财委。陈云是我国财经工作的卓越领导人，1942年，他主持的陕甘宁晋绥五省联防财经办事处，工作很出色。解放战争时期，他主持东北财经委员会工作，顺利实现了东北区财经工作的统一管理，较早地把经济稳定下来。毛泽东任命他为中财委主任，可谓慧眼识才。

为了组成一个以陈云为首的中财委领导班子，毛泽东又积极地在全国各地物色经济管理能人。“一五”计划开始实施后，他下决心把各大区的几位主要领导人调回中央，分担任务。办法就是把中财委领导的21个部和直属局按性质划作五摊来管。高岗任中央人民政府计划委员会主席（当时的计委有“经济内阁”之称，不属政务院），分管工业，由李富春、贾拓夫协助。邓小平任政务院副总理，兼管交通运输。邓子恢任国家计委副主席，分管农业、林业、水利。饶漱石任中央组织部长，分管劳动部的工作。财政金融贸易，仍由陈云主管，薄一波、曾山、叶季壮等几位原中财委的同志协助。五个方面的工作，对外都用中财委的名义，但每个方面的工作是相对独立的，带共同性的问题举行联席会议解决，当时人们把它戏称为“五口通商”。这种经济管理体制，在当时条件下，对加强经济工作各个方面的统一协调，防止扯皮现象，提高决策和办事效率等，曾显示过很大的优点，对于迅速实现财政经济状况的根本好转，起过重要作用。

统一财经工作后，时间不长，有些方面集中统一过多的缺点就开始暴露出来了。中财委打算在1951年作些调整，分一点权给地方。就在这个时候，湖南省委书记黄克诚在1951年2月16日给毛泽东和中财委写信，批评了中南地区出现的随意上收企业，限制地方经济发展的做法，提出了应当发挥地方办工业的积极性的问题。

毛泽东对黄克诚的意见极为重视，立即指示中财委加以妥善解决。他亲自批示：要充分发挥中央和地方两个积极性，把统一性和独立性这两个问题结合起来。不久，政务院通过了中财委提出的《关于1951年度财政收支系统划分的决定》，《国营工业生产建设的决定》和《划分中央与地方在财政经济工作上管理职权的决定》等八个文件，提出在继续保持国家财政经济工作统一领导、统一计划和统一管理的原则下，把一部分适宜由地方政府管理的职权交给地方政府。

由于毛泽东对统一财经工作的正确指导，我国财政状况开始好转，出现了收支平衡，市场进一步稳定的可喜现象。货币的流通速度减慢了，物价稳中有降，私营企业的成交价格甚至降到国营牌价以下。与此同时，人民币的信用提高了，银行的存款大量增加，存款放款利率也有所下降。人们终于松了一口气，因饱尝物价波动之苦形成的抢购心理开始有了变化，这是多年来不曾有过的情况。至此，新中国成立初期平抑物价、统一财经的斗争初战告捷。毛泽东对这次经济上取得的一个大胜利，给予了高度的评价，称它的意义“不下于淮海战役”。

新中国成立之初，百废待兴，要做的工作可谓千头万绪，十分繁杂。“家有千件事，先办要紧事”。面对多年战乱后留下的一堆“乱摊子”，毛泽东准确地把握了工作重点，认为当务之急就是整顿经济秩序，恢复国民生产，而其中最关键的就是平抑物价，统一全国财政经济。由于他找准了突破口，采取了一系列得力措施，使得我国国民经济在很短的时间里就得到了恢复。

同时，毛泽东在主抓统一全国财经的工作中，善于选贤任能，选拔了一大批以陈云为首的优秀经济工作者组成中央财经委，并赋予了陈云很大的工作自主权。他时刻关注着中央财经委的工作进展，虚心听取党内外的不同批评意见，对工作中出现的新问题给予高度重视，并及时加以指导。这次经济工作中取得的“不下于淮海战役”的巨大胜利，不仅消除了社会各界对中国共产党人治国能力的怀疑，稳固了国家政权，而且为我国“一五”计划的顺利进行奠定了坚实的物质基础。毛泽东这一高超的管理经济工作的艺术，值得我们学习。

三、以政治手段巩固经济秩序

1952年初，当“三反”斗争大张旗鼓深入展开的时候，各地揭露出的大量事实表明：党政军民机关内部贪污分子的严重违法活动，大多和社会上资产阶级中的不法分子有牵连，几乎所有重大贪污案件的共同特点，都是不法资本家和干部队伍中的蜕化分子相互勾结，合谋盗窃国家财产。为了牟取非法暴利，不法资本家总是采用打进来，拉出去的办法，千方百计腐蚀、拉拢、收买国家机关和经济部门的工作人员，为其进行各种违法活动大开方便之门。这些违法活动主要有：行贿、偷税漏税、盗窃国家资财、偷工减料，盗窃国家经济情报，简称“五毒”。在许多城市，不法资本家大肆施放“五毒”，已达到十分猖獗的地步。这不仅腐蚀和毒害了一批国家干部，成为引发和助长贪污、浪费、官僚主义现象的一个重要根源，而且严重地破坏了国家的经济建设，给国家财产和社会经济秩序造成极大的损失和危害。根据这种情况，毛泽东和中共中央果断决定，在进行“三反”斗争的同时，进行反对不法资本家“五毒”行为的“五反”斗争，坚决打退他们的猖狂进攻，以保卫国家的经济建设，有效地制止干部被腐蚀的危险。

毛泽东对“五反”斗争给予了高度的重视，他认为“五反”斗争不仅仅是在经济领域反击不法资本家对新生社会主义国家的猖獗进攻，而且也是一场关系国家命运和前途的政治斗争，于是，他决定以政治手段来巩固社会主义的经济秩序。

1952年1月5日，毛泽东看了北京市《关于三反运动开展情况和继续开展这一运动的意见的报告》后，批示道：“一定要使一切与公家发生关系而有贪污、行贿、偷税、盗窃等犯法行为的私人工商业者，坦白或检举其一切违法行为，特别注意在天津、青岛、上海、南京、广州、武汉、重庆、沈阳及各省省城，用大力发动这一斗争，借此给资产阶级三年以来在此问题上对于我党的猖狂进攻（这种进攻比战争还要危险和严重）以一个坚决的反攻，给以重大的打击，争取在两个月至三个月内基本上完成此项任务，请各级党委对此事进行严密的部署，将此项斗争当作一场大规模的阶级斗争看待。”

为此，1952年1月26日，毛泽东为中央起草了《关于在大中城市开展五反斗争的指示》，提出“在全国一切城市，首先在大城市和中等城市中，依靠工人阶级，团结守法的资产阶级及其他市民，向着违法的资产阶级开展一个大规模的坚决的彻底的反对行贿、反对偷税漏税、反对盗骗国家财产、反对偷工减料和反对盗窃经济情报的斗争，以配合党政军民内部的反对贪污、反对浪费、反对官僚主义的斗争，现在是极为必要和极为及时的”。毛泽东在指示中要求：各城市的党组织对于工人阶级的力量必须作精密的部署，在斗争中迅速形成“五反”的统一战线，使那些罪大恶极的不法资本家陷于孤立，以便国家给他们以各种必要的惩处。在这里，毛泽东对于开展“五反”斗争的范围、方针、策略和任务，都作了明确的原则规定，实际上下达了严厉打击不法资本家“五毒”行为的第一道动员令。由此，“五反”斗争与“三反”斗争相互配合，首先在各大城市展开，随后扩展到各中小城市，很快在全国范围内形成了一个打退不法资产阶级分子猖狂进攻的斗争高潮。

“五反”运动开始后，有不少不法资本家负隅顽抗，拒不交代，并采取停工、停薪、歇业等办法威胁工人群众，破坏运动，这样许多私营企业停业、半停业，国营企业也受到冲击。同时，有的地方出现过“左”的倾向，如上海的一些基层单位，不管什么违法不违法一齐反，结果影响了经济发展和社会稳定。

毛泽东和中共中央及时注意到了这一问题，适时地调整“五反”部署，决定适当缩短持续的时间，全国最大的城市上海暂不发动“五反”，县以下的“五反”推迟到春耕以后，中等城市尚未开展运动的也要视情况进行安排。同时，毛泽东指出：“五反”斗争要做到群众拥护，市场繁荣，生产有望，税收增加。

上海是我国第一大城市，也是民族资本家最集中的地方。上海不法资本家的“五毒”行为也相当普遍，上海的“五反”运动关系到全国“五反”运动乃至全国经济发展。毛泽东十分重视上海“五反”运动。根据中央调整的部署和薄一波给中央的汇报，2月19日，毛泽东复电同意上海关于“五反”推迟到3月20日以后进行，指出：这样既有利于现在的“三反”，也有利于3月20日以后的“五反”，也有利于全国的经济形势。

在“五反”高潮中，出现了一些过“左”的倾向，发生了打击面过大和逼供等现象，带来了“后遗症”，对经济生活有一定影响。毛泽东察觉到这一错误倾向后，立即指示说：打击要适可而止，不能走得太远，走得太远，就要发生问题，我们已经对资产阶级打了一下，现在可以在新的基础上和他们讲团结了。

在毛泽东和中共中央的正确领导下，至 1952 年 10 月，“五反”运动取得了巨大胜利。它有利地打击了不法资本家严重的“五毒”行为，在工商业者中普遍进行了一次守法经营的教育，使其生产和经营活动愈来愈被纳入国家管理的轨道。同时，这一运动也极大地纯洁了党和国家的肌体，巩固了人民民主专政和社会主义国营经济的领导地位，为资本主义工商业的社会主义改造奠定了良好的基础。

经济与政治是密不可分的，经济上的混乱，必然导致政治上的动荡。毛泽东在“五反”运动中，将政治斗争与经济斗争紧密地结合在一起，极大地加强了打击不法资本家的力度，不到一年时间便打退了不法资本家的猖獗进攻，稳定了社会经济秩序。

四、一笔划算的买卖

新中国成立初期，在对资本主义工商业进行社会主义改造的同时，毛泽东创造性地提出了和平赎买资产阶级的理论。用和平赎买的方法改造资产阶级的一个重要原因，是为了保护生产力，促进生产力的发展。毛泽东一再指出：民族资产阶级拥有生产技术和经营管理经验，他们对国家有很大的贡献，我们对他们要采取耐心等待和说服的政策，有些要办的事情，他们不愿意，我们可以暂时不办，再商量，等待一下。在经济建设事业上，我们也事先和他们商讨。民族资产阶级是一笔财富，我们在实行社会主义改造时，要对资本家很好地进行安排，使他们变为工人阶级的组成部分。目前有的工厂的厂长是资本家，是因为他们懂技术，但他们的企业在逐步变为国营。

1952 年 3 月 15 日，毛泽东在同政务院副总理、中国民主建国会主任委员黄炎培谈到对资本主义工商业进行改造的问题时说：我们要用经济观点，向大的方面看，现在中国的私人资本，在全国工商业经济上，比重还是相当大。例如：北京有5万工商户，4万多摊贩，在5万工商户中间，1.7万户是雇佣工人店员超过3人的，1.9万户是夫妻母子的家庭工商业。从全国看来，有些大工业家，他们掌握着的工厂，经济作用比某些城市全部小工商业还要大。向着社会主义走，公私双方都需要发展。私人资本在新中国经济建设上，它是有贡献的，只是不要让它向坏的方面发展，资本家唯利是图，人家说是不好，但“利”可以分析一下，一部分是国家的利，一部分是工人的利，其余一部分是资本家的利。如果唯利是图的资本家，他们所图的利，三个方面都能够顾到，正是希望他们，需要他们来“图”，只不能让他们光是图私人的利。

毛泽东决定采用赎买政策，改变民族资产阶级的私有制，以达到实现社会主义的目的，是根据中国特殊的历史条件决定的。中国的民族资产阶级虽然是一个剥削阶级，但在中国这个特殊的国度里，民族资产阶级可以与共产党结成革命的统一战线。但是，要对民族资产阶级实现赎买，还必须采取一系列政策，这主要是，在企业利润的分配中，资本家所得虽不到1/4，如果以10年左右的时间计算，这笔利润的数目，就可能达到20亿左右人民币，这对民族资产阶级来说，是划得来的，是合算的，并不吃多大的亏；从工人阶级和全国劳动人民说，这是逐步的赎买，不是一下子赎买，也不是由国家另外拿出一笔钱来赎买，而是由工人阶级在10年左右的时间内用给资本家生产一部分利润的方法进行赎买，所以，对工人阶级和劳动人民也是有利的。

在对资产阶级进行和平赎买的过程中，遇到了很大的阻力，有些人公开反对这一政策，不承认资产阶级有走社会主义道路的可能。毛泽东针对这一错误倾向指出：在我国的条件下，不承认资本家这个阶级的绝大多数（百分之九十以上）有用教育方法加以改造的可能，忽视或者否认宣传教育的方法在改造资本家的问题上的重大意义，这就是不承认中国革命的特殊条件，不承认工人阶级领导的人民民主专政的强大力量，不承认中国共产党强大的威信和能力，不承认党的对资产阶级联盟和采取国家资本主义作为过渡形式这一根本政策的正确性，这种观点无疑是完全错误的。此外，毛泽东还批驳了一个自称为上海工人的来信中否定民族资产阶级的两面性，反对党的赎买政策的主张，认为这是以“左”的面貌来反对我们党的路线，是一个挑战，是反马克思主义、反工人阶级的。

1955年10月29日，毛泽东邀请中华全国工商联第一届执行委员会全体委员召开座谈会，他在会上指出：党和国家将对接受改造的工商界人士给以政治上和工作上的适当安排，继续实行赎买政策，鼓励他们把自己从剥削者改造成自食其力的劳动者。凡是现在对于工商业的改造有贡献的，社会和国家都不会忘记他们。这次会议对资本主义工商业的社会主义改造高潮的兴起起了重要的作用。

1956年初，全行业公私合营的浪潮席卷了全国各城市。截至年底，全国公私合营的私股共有24亿元，其中工业17亿元，商业、饮食业和服务业6亿元，交通运输业1亿元，国家根据核定的私股股额，发给私股股东固定息率（年息5%）的定息。当时资本家心存顾虑，不知定息能拿几年。为此，1956年12月5日、7日和8日，毛泽东三次召开全国工商联代表人士谈话。他说：定息到底多少时间，中共中央谈过，认为时间太短不好，赎买就要真正赎买，不是欺骗的。有人问究竟还有几年？大家很关心，我们以7年为期，今年、明年、第二个五年计划共计7年。之后，毛泽东又补充说，还可以拖一个尾巴（7年过后，国务院又宣布从1963年起，延长3年，到期再议。1969年9月，停止支付定息）。

据统计，中国在对资本主义工商业的改造中，包括基本完成所有制改造后所付定息在内的全部赎买中，共花了32.5亿元人民币，应该说这是“很便宜的”，虽然这点钱已经超过了全国公私合营企业和私股股金总额24亿元的数额。毛泽东高兴地说：出这么一点钱，就买了这样一个阶级，这对无产阶级是十分有利的。

对资本主义工商业和平赎买政策的胜利，毛泽东作了一笔划算的买卖。他将马克思和列宁设想与提出的赎买政策的理论变为现实，极大地丰富了马克思主义的理论宝库，而且在实现过程中，保持了社会的安定和企业的正常经营，照顾了资产阶级的利益，又减轻了向社会主义过渡的阻力，化消极因素为积极因素，调动了他们参加社会主义建设的积极性，迅速地发展了社会生产力，这充分说明了中国共产党政策的正确性和毛泽东高超的管理艺术。他根据中国的历史特点，抓住农业社会主义改造高潮的有利时期，将社会主义改造的任务提前完成，为“一五”计划的顺利实现奠定了坚实的物质基础。

五、过渡时期像坐船过江一样

新民主主义革命成功以后，到底要建设一个什么样的国家?是像十月革命那样，革命一胜利就搞社会主义，还是搞一段新民主主义？毛泽东早在建国前就开始考虑这个问题，他在党内外许多场合都讲过：到底什么时候搞社会主义，估计至少要10年，多则15年，或20年。具体来说，当时的基本设想大致是：经过一段“相当长久”的新民主主义建设阶段，工业发展了，国营经济壮大了，就可以采取严重的社会主义步骤，一步实行资本主义工商业的国有化和个体农业、手工业的集体化，但在1953年6月以前，向社会主义过渡的问题还处在酝酿阶段。1953年春，毛泽东为了最终确定过渡时期的总路线，指派中央统战部部长李维汉率工作组到上海、武汉、南京等工业比较发展的大城市进行调查。同时，毛泽东本人也亲自深入到全国各地，进行广泛调研，多方征求意见，并对地方各级领导今后工作方向作出指导，以尽快地完成新民主主义革命的任务，向社会主义迈进。

1953年2月16日夜11点45分，毛泽东乘坐专列到达汉口火车站，早已在站台上等候的中南局主要负责同志李先念、李雪峰和湖北省委书记王任重等人快步向刚刚停下的列车走去。毛泽东握着王任重的手说：“任重，对啊，任重而道远啊!”一语双关，让王任重感到了肩上的重担。

毛泽东十分关心武汉三镇的经济建设和各项工作的情况，因为他深知这座工业城市在整个华中乃至全国的地位。新中国成立刚三年多，毛泽东就亲临武汉视察，而且把它作为第一站，这本身就很能说明问题。第二天晚上，毛泽东在同几位地方领导共进晚餐时，详细地询问了武汉市各条战线的工作情况。尽管在毛泽东到来之前，王任重已组织各部门写了不少汇报材料，为向毛泽东汇报做了充分准备，但是他还是很难招架毛泽东的一连串发问。毛泽东到基层，要听要看的是那些生动的、具体的、有独到见解的工作汇报，而不是那种刻板的、抽象的、人云亦云的东西。因此，他每到一地，都喜欢按自己的思路提出各种各样的问题，在对方的回答中了解当地的情况，而讨厌那种照本宣科念材料式的汇报。王任重对毛泽东询问的工业、手工业和公私合营等方面的问题，都一一作了回答。虽然，回答中没有卡壳，没有被问住，但也着实冒了点汗，这是他头一次领略到毛泽东的风格。谈到过渡时期的总路线问题时，毛泽东说："有的同志想要巩固新民主主义秩序，我看是不对的，为什么呢？因为新民主主义是向社会主义的过渡阶段，过渡，就是每天都在变动，每天都在发生着社会主义因素，一'巩固'，还怎么动呢？过渡，就好比从汉口到武昌要坐船一样，总得前进，不能停在一处不动啊。他手持筷子作水中游鱼前行状。生动的比喻和诙谐的动作引得举座欢笑。"那么主席，这种过渡得用多长时间呢？"王任重问。"我估计大约需要三个五年计划的时间来完成对农业、手工业和私营工商业的社会主义改造。"

无论是枯燥的还是费解的问题，从毛泽东嘴里表达出来，总是深入浅出而又雄辩幽默的。他很善于运用形象生动的比喻说明深刻的道理。也就是这同一个问题，几天以后他与孝感地委负责人谈话时，又因地制宜地借用了当地水乡老百姓司空见惯的桥来打比方。他扳着手指说："什么叫过渡时期呢？过渡时期的步骤就是一步一步地走向社会主义，这类似过桥，走一步算过渡了一年，两步两年，三步三年，10年或15年走完。要水到渠成，防止急躁情绪，你们可以把这些话告诉县委书记、县长们。"后来，毛泽东还向中央有关部门的负责人指出：必须逐步过渡，不能站在岸上，必须上船，必须一桨一桨地向前划去。

毛泽东对过渡时期的各项具体工作也很感兴趣。那天晚饭后，他探讨的依然是这个主题："我们的过渡时期是和逐步实现国家工业化同时进行的，可是我们现在家底子很薄弱，钢很少，不能造汽车，飞机一架也造不出来，面粉、纱布的生产，也还是私营为主。"列举了若干经济发展的落后现状后，毛泽东唯物又深刻地感叹道："总之，经济基础不强，政治基础也就不强。"李先念、王任重等人深有同感地说："主席说的极是。"毛泽东忽然想起了许多年前的一件小事，但提起来还是愤愤然："大革命时期，有一次我路过武汉，从这里乘船去上海，居然被码头搬运工把头敲了竹杠，不能永远这样继续下去嘛。"

王任重理解这是毛泽东借此说明过渡时期社会主义改造的必要性，于是说：

“我们准备今年秋季对码头进行社会主义改造，取消把头，成立统一搬运公司，现在正在调研、制定方案的工作。那些作恶多端的封建把头，已经在民主改革和‘三反’，‘五反’运动中被打倒了。”毛泽东微微点头，表示同意。

经过多方考察调研和广泛征求党内外意见后，1953 年 6 月中旬，中央政治局召开扩大会议进行讨论。毛泽东正式宣布了党在过渡时期的总路线：“从中华人民共和国成立，到社会主义改造基本完成是一个过渡时期。党在这个过渡时期的总路线和总任务，是要在一个相当长的时期内，逐步实现国家的社会主义工业化，并逐步实现国家对农业，对手工业和对资本主义工商业的社会主义改造。”中国社会前所未有的深刻的社会大变革，从此拉开了序幕。

毛泽东从 1948 年起就开始酝酿我国由新民主主义向社会主义过渡的问题，到 1953 年6 月正式提出过渡时期总路线，前后长达五年多时间。此间，他不断地进行思考、探索，充分地考察、论证，并根据实际情况的发展，适时地修正自己的观点，由此科学地提出了过渡时期的总路线。正是在总路线的指引下，全国人民热情高涨地投入社会主义建设中，“一五”期间我国经济高速发展，取得了可喜的成绩。

六、精心筹划　不断探索

经济建设是中国共产党在夺取天下之后面临的一项新的课题，虽然有苏联的经验可供借鉴，但毕竟两国的国情有着很大的差异，如果一味模仿照搬，无疑只会是东施效颦，适得其反。对于这一点，毛泽东是有清醒的认识的。为探索出一条有中国特色的社会主义建设道路，以毛泽东为首的中共第一代领导集体进行了不懈的努力。1953 年制定的过渡时期总路线，犹如一座灯塔，给中国人民指明了社会主义建设的正确方向。1955 年，当以农业合作化为先导的社会主义改造急速发展的时候，毛泽东根据实践中出现的新情况、新问题，又对中国经济发展战略提出了新的构想，这一构想，首先从农业开始。

毛泽东一贯重视我国的农业，认为农业是国民经济的基础，农业生产是农村中压倒一切的工作，加强农业生产是全党的长期的首要任务。中国是一个农村人口占绝大多数的农业大国，如何充分地调动农民的积极性，促进农业生产的大发展，是关系到整个国民经济发展的大问题。对了这一点，毛泽东是高瞻远瞩的。

在农业合作化运动进入高潮的时候，毛泽东就十分注意农业生产、农村工作的规划和发展问题。在 1955 年 9 月和 12 月，他为《中国农村的社会主义高潮》一书两次撰写的共 104 篇按语中，就有许多是关于农业发展，农村规划方面的内容。

1955 年 11 月中旬，毛泽东先后在杭州和天津召集华东、中南、东北和华北 15 个省、市、自治区党委书记开会，展望农业合作化和农业生产发展的前景。毛泽东首先总结了 15 条意见，然后听取各个省逐个汇报。他将会议讨论的农村发展设想归纳为《农业十七条》，提出到 1967 年粮食产量达到 1 万亿斤，确定以此作为农业发展的战略目标。回到北京后，毛泽东亲自起草中央通知，于 1955 年 12 月 21 日，将《农业十七条》发给上海局、各省、市、自治区党委，要求他们在 1956 年 1 月 3 日以前研究完毕，并准备好意见。

《农业十七条》的主要内容是：（一）1956 年下半年基本完成初级形式的建社工作，1959 年基本完成合作社的高级形式；（二）12 年内全国基本消灭荒地荒山；（三）12 年内各地 90%以上的肥料由地方合作社自给；（四）12 年内粮食亩产，秦岭、黑龙江和黄河（青海境内）以北达到 400 斤，黄河以南、淮河以北达到 500 斤，淮河、秦岭、黑龙江以南达到 800 斤；（五）7 年内基本上消灭十几种不利于农作物的虫害和病害，若干危害人民和牲畜最严重的疾病，消灭老鼠、苍蝇、蚊子等四害；（六）7 年内基本扫除文盲，修好各地必要的道路，并建立有线广播网和乡社的电话网。《农业十七条》奠定了《全国农业发展纲要》的基本思想。

《征询对农业十七条的意见》发出后，各地提出不少意见，充实、补充、修改了十七条。毛泽东在同一些省、市、自治区的负责同志商量后，将条款逐渐增加。1956 年 1 月 4 日的修改稿为 22 条，1 月 7 日前增加到 33 条。在 1 月 7 日的铅印稿上，根据毛泽东一次批注的意见，增加了有关青年的 1 条，又加写了有关农业科研和技术指导的 1 条，共 38 条。1 月 8 日，又增加到 40 条。经过多方征求意见和充分讨论后，毛泽东主持拟出了《1956 年到 1967 年全国农业发展纲要（草案)》稿。

1956年1月14日，中共中央将《全国农业发展纲要》作为知识分子问题会议文件之三印发给到会的代表，并在会议期间，邀请了在北京的工业、农业、文教卫生、社会科学等各方面的专家、民主党派、文化教育界的人士1375人，分组进行了讨论。经过反复的修改后，1956年1月23日，中共中央政治局正式提出《1956年到1967年全国农业发展纲要（草案）》。1月25日毛泽东召集最高国务会议第六次会议，讨论这个纲要（草案）。在1月25日的零时，毛泽东还在为中共中央农村工作部副部长、农业部部长廖鲁言25日发言稿作修改。他在零时给杨尚昆写信，让杨尚昆将经过毛泽东改定的廖鲁言的《关于1956年至1967年全国农业发展纲要的说明》立即付印350份，以便25日下午召开会时用。毛泽东在廖鲁言的《说明》上加写说：这个四十条农业发展纲要草案，在今后几个月内将还是一个草案，要请全国工人、农民、知识分子和各界爱国人士加以讨论，提出意见。

1月25日，毛泽东主持最高国务会议，讨论《全国农业发展纲要》，毛泽东在会上说："社会主义革命的目的是为了解放生产力，农业和手工业由个体所有制变为社会主义的集体所有制，私营工商业由资本主义所有制变为社会主义所有制，必然使生产力大大地获得解放，这样就为大大地发展工业和农业的生产创造了社会条件。讲话还提出我国人民应该有一个远大的规划，要在几十年内，努力改变我国在经济上和科学文化上的落后状况，尽快赶上世界上的先进水平。

1月26日，《人民日报》公开发表了毛泽东的讲话要点，《全国农业发展纲要》以及廖鲁言的说明。从此，《全国农业发展纲要》成为我国农村经济发展的纲领性文件，不仅在1956年至1967年间起到了规定性的指导作用，而且由于它的许多指标没有实现，在10年"文化大革命"期间仍然发挥着指导作用。

1958年5月，中共八大二次会议在北京举行。会议重新讨论了《1956年到1967年全国农业发展纲要》修正草案，毛泽东十分关心这个由他倡议和主持制定的纲要，他在这个纲要的第二次修正草案的标题下，批示"准备提请第二届全国人民代表大会第一次会议通过。"

1960年3月30日至4月10日，第二届全国人大第二次会议在北京举行，会议根据这两年变化的情况，讨论并通过了《纲要》（修正草案）。

《1956年至1967年全国农业发展纲要》，是在全国农业合作社的高潮蓬勃发展的形势下提出来的，从开始提出到最后公布，时间跨度为6年，也即这个《纲要》所计划发展时间的一半。《纲要》主要是向农民提出的，靠农民自己的人力、物力、财力来实现的，写得比较简明，使农民容易了解。毛泽东在主持制定这个《纲要》的过程中，比较广泛地吸收和征求了意见，因而《纲要》公布后，受到全国广大农民群众的支持和拥护，调动了他们的积极性，促进了全国农业生产的发展。

毛泽东在解决农业合作化之后，紧接着主持制订《全国农业发展纲要》，抓住了农业各个基本环节，体现了毛泽东一贯重视农业的思想，也为农业的发展创造了条件，为我国社会主义建设事业的顺利前进奠定了基础。

毛泽东是真理的坚定探索者，在制定《全国农业发展纲要》的过程中，他精心策划， 不断地在实践中进行探索，力求找到一条适合我国国情的农业现代化之路。毛泽东经常谦虚地说自己对经济懂得不太多，他晚年也确实在管理国家经济建设方面犯过一些错误，但由于他集思广益、从善如流，在探索中及时地发现和纠正了许多错误，虽然在实施《纲要》的过程中，出现了一些失误，但毛泽东管理经济的高明之处，仍然值得我们学习、借鉴。

当前，我国社会主义建设已经取得了举世瞩目的巨大成就，国内国际环境也与建国初期不可同日而语，但总的来说，“我国仍处于并将长期处于社会主义初级阶段，这是我国当前最大的国情”。如何早日实现全面建设小康社会的宏伟奋斗目标，还需要全党全国人民进行不断的探索，在实践中总结经验，研究新问题，探索解决新问题的办法，并在探索和解决新问题中，为建设中国特色社会主义理论的不断丰富和发展，做出自己应有的贡献。

七、调查研究结硕果

1956年初，“三大改造”即将完成，我们党如何走出一条中国式的社会主义建设道路呢？毛泽东陷入了沉思。他刚从杭州调研回来，便找来薄一波，要他汇报工作。薄一波在汇报中偶然提到，刘少奇从1955年12月开始找一些部委听取汇报，汇报的内容几乎包括经济工作的各个领域。这对历来强调没有调查就没有发言权的毛泽东来说，自然很感兴趣。他对薄一波说："这很好，我也想听听，你能不能也帮我组织一些部门的汇报。"就这样，毛泽东从1956年2月14日开始，在薄一波的具体安排下，先后听取了工业、农业、运输业、商业、财政等34个部委及各省市自治区党委的专题汇报。除此之外，还有二三百个重要工厂和建设工地的书面汇报，前后持续了一个半月。经过综合分析，毛泽东把汇报上来的主要情况概括成十个问题，在中央政治局扩大会议上，作了一次重要的讲话，后来公开发表时，命名为《论十大关系》，这是毛泽东探索中国社会主义建设道路的一部主要著作。

从2月14日开始，毛泽东仔细询问了各个部门、各条战线取得的成就、存在的问题和工作中的经验教训，在理论上和政策上反复进行研究、思考。他还查阅了大量的资料，研究了苏联等国建设社会主义的历史经验，还认真观看了一些机器设备、仪器等实物和技术操作表演，边看边听人讲解，这给参加汇报的同志留下了深刻的印象。

2月25日，重工业部负责人王鹤寿向毛泽东汇报钢铁工业的现状和发展规划。毛泽东仔细地倾听着汇报，当他听到汇报到取得的成绩时，很是高兴，不断地插话询问。当听说钢铁工业还十分落后的情况时，毛泽东又鼓励王鹤寿要迎头赶上去，只有坚持不懈，一定能有所提高。当王鹤寿汇报到钢铁工业发展速度可以比苏联快一点时，毛泽东说，应该是可以的，第一，因为有苏联的成功经验，可以少走苏联走过的弯路；第二，是因为我们有广阔的市场，人民群众中蕴藏着早日实现社会主义工业化的巨大积极性。毛泽东既看到了钢铁工业发展的不足，同时又深入分析了这一行业发展的巨大潜力，给了王鹤寿以极大的信心。

3月14日，轮到时任中央手工业管理局局长的白如冰作工作汇报。毛泽东对手工业资金积累情况颇感兴趣，当他听到全国手工业系统成本利润率达7.5%，向国家纳税、企业公共积累以及实现纯利三者均达到亿元人民币以上时，很是高兴地说："很好，用累进征税的办法，国家有收入，合作社本身也有积累"，"全国手工业合作社出现了可喜的高潮。可是，有些不宜合并的行业也被集中在一起了，"白如冰汇报道，"比如，一些分散性较强的修理、服务行业合并中，撤点过多，给人民生活带来不便，群众有些怨声载道呢……""有这等事？"毛泽东立刻打断了白如冰的话，“糟糕，这怎么办呢？应该想办法解决嘛！”“不该撤并的网点，已经恢复了”，陪同听汇报的彭真解释道。毛泽东这才释然，他不能容忍为了某种政治需要而做出伤害广大群众切身利益的事。

接下来，白如冰详尽汇报了手工业产、供、销的情况，干部配备情况、树立典型情况等。他说到为了提高工艺美术水平而采取对民间老艺人的保护措施时，毛泽东十分支持地说：“手工业中有许多好的东西嘛。像王麻子、张小泉剪刀，一万年也不要搞掉嘛，我们民族一切好的东西，凡是搞掉的，都来他一个大恢复！而且要恢复得比原来更好些！你们的措施很好嘛，要赶快搞，搞得快一点儿。你们可以自己设机构，办学院，召集会议，给有名望的老艺人搞学术头衔”。汇报一直持续到午夜 12 点，只是在 10 点钟时，大家一起吃了一顿夜宵，权当休息了。这顿夜宵毛泽东吃得很多，也吃得很香。进餐时，毛泽东对白如冰说：“这次汇报得很好，比上次汇报得好。”他的“上次”是指前不久白如冰的另一次汇报，当时毛泽东对全国手工业社会主义改造的进展和速度不够满意。

汇报结束时已是凌晨。天亮后，毛泽东又开始听取另一个部门的工作汇报。一个半月中，他几乎是每天如此。毛泽东当时已年过花甲，身体状况也不大好。据薄一波回忆，毛泽东在听取汇报的日子里，十分疲劳，首次听完汇报，毛泽东带着疲乏的神情，风趣地说，他现在每天是“床上地下，地下床上”，起床就听汇报同时穿插着处理日常工作，听完汇报就上床休息。2 月 15 日这一天，毛泽东的日程安排是：上午 9 点 40 分，听电力工业部的汇报，中午 13 时左右结束。17 时 20 分，接见柬埔寨王国政府代表团，19 时 10 分结束后，继续听汇报，一直到晚上 22 时 10 分。毛泽东听汇报劳累，除了时间紧凑，连续作战以外，还因为一些经济部门整理的汇报材料很不理想，只有干巴巴的条条和数字，没有事例，听起来很吃力。毛泽东有一次抱怨说，听这样的汇报：“是我强迫我受训，比坐牢还厉害，坐牢脑子还有自由，现在脑子也不自由，受你们指挥。”

正是在这次充分调查研究的基础上，经过中央政治局几次讨论，集思广益，毛泽东概括为十大关系。他后来在一次讲话中说：“那个十大关系是怎么出来的呢？我在北京经过一个半月，每天谈一个部，找了三十四个部的同志谈话，逐步形成了那个十条，如果没有那些人谈话，那个十大关系怎么会形成呢？不可能形成。”

《论十大关系》以苏联经验为鉴借，初步总结了我国社会主义建设的经验，指出要正确处理十个方面的关系，把党内外、国内外的一切积极因素调动起来，把我国建设成为一个强大的社会主义国家，由此拉开了我国计划经济体制改革的序幕。

毛泽东对中国社会主义建设道路的探索，表明他在建国初期仍坚持多年倡导的实事求是、调查研究，把马列主义普遍原理同我国实际相结合的思想。我们管理干部要学习毛泽东调查研究的管理办法和工作态度，要本着对党和人民高度负责的精神，深入下去，搞好调查研究，在此基础上制定切实可行的方针、政策和措施，更好地推动本部门、本地区及国家社会主义现代化建设事业的发展。

八、两条腿走路

“两条腿走路”的经济建设方针是毛泽东经济管理艺术的集中体现。毛泽东曾多次批评苏联斯大林和赫鲁晓夫只用一条腿走路，是“八仙过海”里的“铁拐李”。他说，斯大林吃亏在于只顾重工业、不顾轻工业、农业，只顾长远利益，不顾眼前利益，这是“铁拐李”走路，一条长腿、一条短腿，手扶拐杖，比较偏颇。毛泽东以苏联为借鉴，总结我国社会主义建设的经验教训，创造性地提出了“两条腿走路”的经济建设方针。1956 年 4 月 25 日，在中央政治局扩大会议上，毛泽东作了题为《论十大关系》的讲话，其中重点阐述了社会主义五大经济关系的比例问题，对“两条腿走路”的方针进行了精辟的论述。

重工业和轻工业、农业的比例关系，是社会主义国家进行经济建设首先必须要考虑的问题。我国是一个落后的农业大国，怎样才能尽快地发展成为先进的工业国，走出一条有中国特色的工业化道路?毛泽东从我国具体国情出发，认为必须合理安排农、轻、重在中国经济中的比例关系，而不能照搬苏联优先发展重工业，走以工业总产值增长为主要目标的道路，而是要走中国自己的道路，他对苏联的作法进行了深入的分析后，认为他们片面注重重工业，而忽视农业、轻工业、使消费品紧缺货币不稳定，把农民整得很苦。他们采取所谓义务交售制等办法，把农民的东西拿得太多，给的代价又太低，这样来积累资金，使农民的生产积极性受到极大损害。毛泽东强调指出我国应吸取苏联这一教训，坚持工农业发展并举的方针。重工业是我国建设的重点，但决不可以因此忽视生活资料，尤其是粮食的生产，没有足够的粮食和其他生活必需品，不能养活工人，发展重工业也就成为一句空话。如果真想发展重工业，那就必须注重农业、轻工业，使粮食和轻工业原料积累更多一些，这样才会使投到重工业的资金将也会更多一些，这是一种“又要重工业，又要人民”的工业化方针。毛泽东关于农业、轻工业、重工业三者关系问题的论述，使我国在第一个五年计划时期和三年调整时期农、轻、重发展比较协调，也比较健康。

在工业布局上，由于历史上的原因，我国经济建设的发展极不平衡。据一些专家估计，我国如果从兴安岭起，经张家口、榆林、兰州至昌都，自东北斜贯西南画一条线，将我国划分为西北和东南两部，这两部分面积大体相等，则我国人口和工农业产值的百分之九十五都集中在东南部，西北部只占百分之五。可见，我国的经济发展极不平衡，工业布局也不合理，东、中、西部地区的经济发展水平落差很大。

在这种经济发展不平衡的条件下，如何充分发挥沿海工业的积极作用，以此为基础来支援、加强和发展内地工业，为国家积累社会主义经济建设所极端缺乏的物力、财力，是一个十分重要的问题。毛泽东认为“好好地利用和发展沿海的工业底子，可以使我们更有力量来发展和支持内地工业”。如果只是为了平衡工业发展的布局，只是在内地布点设厂，忽视加强沿海工业基地的建设，就会与预期的愿望不合，甚至适得其反，拖延我国工业的建设速度。基于以上认识，毛泽东提出在处理沿海工业和内地工业的关系问题上，提出必须充分利用和发展沿海工业基地，以便更有力量来发展和支持内地工业。毛泽东说：如果真想发展内地工业，就必须更多地利用和发展沿海工业，特别是轻工业，只有这样，才能真正最后达到发展内地工业，使工业合理布局的目标。

在经济建设和国防建设的关系问题上，毛泽东也主张同时并举。他认为国防是经济建设的保证，但只有经济建设发展快了，国防建设才能够有更大的进步。对此，毛泽东运用马克思主义的唯物辩证法作了生动的解释，他说：“你对原子弹是真正想要，十分想要，还是只有几分想呢？你是真正想要、十分想要，你就要降低军政费用的比重，多搞经济建设。全国财政收入是一个定量，增加军政费用，就势必减少经济建设的费用，从而减慢经济建设的速度，反过来必然影响国防建设。”毛泽东经过精辟的分析，得出了要加强国防建设就必须首先加强经济建设的结论。

在如何处理国家、集体和生产者个人三方面的利益问题上，毛泽东着重阐述了一要吃饭，二要建设的关系，指出对这几个方面要统筹兼顾，不能只顾一头，要给生产单位一定的独立性和权益，要关心群众生活，特别要使工人、农民在增产的基础上增加收入。同时，毛泽东也敏锐地意识到了苏联高度集中的计划经济体制统得太死的弊端，提出了企业自主权的问题，他说：“这里还要谈一下工厂在统一领导下的独立性问题，把什么东西统统都集中在中央或省市，不给工厂一点权力，一定机动的余地，一点利益，恐怕不妥。”

在中央和地方的关系问题上，毛泽东指出：“应当在巩固中央统一领导的前提下，扩大一点地方的权力，给地方更多的独立性，让地方办更多的事情，这对我们建设强大的社会主义国家比较有利。就是说，要发挥两个积极性，既要发挥中央的积极性，又要发挥地方的积极性，有两个积极性，“比只有一个积极性好得多”。

毛泽东关于五大经济关系的精辟论述，至今仍闪耀着真理的光辉。现在，我们重新学习、研究和分析毛泽东的经济管理思想，仍有重大的现实意义和理论意义，这对我国的社会主义现代化建设仍有指导性的意义。

九、价值规律是“一个伟大的学校”

价值规律是商品生产和商品交换的基本规律。发展商品生产，必须重视和运用价值规律。当1956年生产资料私有制的社会主义改造基本完成的时候，毛泽东就从中国的实际出发，借鉴苏联经验，对中国社会主义建设道路进行了艰苦的探索，这也包括对商品经济和价值规律的认识。他在肯定商品生产作用的同时，对价值规律的作用也有一定程度的重视。他主张在经济建设中，要遵守价值规律，按价值规律办事。毛泽东提出在经济生活中，应该实行等价交换，像苏联那样违背价值规律剥夺农民的做法是不利于社会主义建设的。他说，在我们国家，工农业品的交换，我们是缩小剪刀差，实行等价交换或者近乎于等价交换的政策。1956 年 11 月 15 日，毛泽东在中共八届二中全会上发表讲话，对忽视价值规律调节作用的做法提出了批评。他说：从去年冬季以来，集中搞粮食，忽略了副业和经济作物。后头又纠正这个偏差，来搞副业等经济作物，特别是二十项、三十项比价一定，什么棉粮比价、油粮比价、猪粮比价、烟粮比价，等等。这样一来，农民对副业，经济作物就大有味道，而粮食不行了。开头一偏偏到粮食，再一偏偏到副业、经济作物，谷贱伤农，你那个粮价那么便宜，农民就不种粮食了，这个问题很值得注意。

在这次会议上，毛泽东明确指出应该用价值规律来调节农业内部的比例关系问题。但是，毛泽东对价值规律作用的正确认识未能一直贯彻下去。随着经济建设中“左”倾错误的发展，他的认识陷入了误区。在“大跃进”和人民公社化运动中，他对供给制的青睐，对“破除资产阶级法权”的倡导，对公共食堂的赞赏，都表明他忽视价值规律作用的倾向。从 1958 年 10 月份开始，毛泽东意识到了这种鄙视商品生产，忽视价值规律的作法对于社会主义建设是不利的，于是便开始着手纠正“左”倾错误，重新确立按价值规律管理经济的原则。

1959 年 2 月，正在郑州观察的毛泽东用了三天时间，将各省委书记一批批召到他的专列会议室，商讨农业问题。按照会议程序，先是由省委书记们汇报各地的情况。轮到山西省委书记陶鲁笳汇报时，他把自己在晋南洪洞县蹲点时的见闻，向毛泽东作了如实汇报。他还特别详细、具体地讲述了自己亲眼目睹的一场调粮风波：一群公社干部来到老百姓家中，强行拉走大车粮食。老百姓看着自己辛辛苦苦种的粮食被白白拉走，都很气愤。公社干部却以教训的口吻说：如今公社化了，我们都是一个人民公社的社员，还分什么你我？难道你们对公社有意见?你们想走自私自利的资本主义？你们的社会主义觉悟哪里去了？一时间，双方展开了一场激烈的扭打，幸亏及时赶来的陶鲁笳和县委领导上前劝开了相互殴打的双方。毛泽东听后心情异常沉重。为了纠正这种已经刮起来的“一平二调”的“共产”风，缓和干部与农民的紧张关系，毛泽东提议要陶鲁笳参加起草一个通俗、简明的条文，对公社一级干部进行教育，使他们懂得价值法则，等价交换，这是个客观规律，客观法规，违反它，要整得头破血流。陶鲁笳和起草小组的几位同志经过反复讨论，拿出一个初稿向毛泽东汇报，当陶鲁笳汇报到人民公社要实行三级管理、三级核算、各计盈亏时，毛泽东非常尖锐地指出："你没有讲等价交换，价值规律嘛！当前，在队与队，社与组，组与国家之间，在经济上只能是买卖关系，必须遵守等价交换原则。"又经过几番讨论和修改，毛泽东综合大家的意见，最后形成了整顿人民公社的14句话方针，即："统一领导，队为基础；分级管理，权力下放；三级核算，各计盈亏；分配计划，由社决定；适当积累，合理调剂；物资劳动，等价交换；按劳分配，承认差别。"

1959年3月底至4月初，毛泽东在上海主持召开中共中央政治局扩大会议和中共八届七中全会。陶鲁笳向毛泽东递交了一个报告，内容是山西各县落实14句话方针的情况。陶鲁笳在材料中汇报道：忻定县在粮食问题上，根据不同来源，不咎既往，现款交易，谁卖谁得的政策，和多劳多得，多劳多吃，多产多吃，多产多卖，多卖多得，多得多分的原则，明确地规定了具体实施办法。当此项方法向会内会外的干部和群众宣布以后，在几天之内，全县尚欠800万斤的粮食收购任务，很快地完成了。有些公社闹"粮缺"风潮的不再闹了。又如运城县将原高级合作社的现金收入464万元全部退还给原高级合作社，深得民心。各县五级干部会议和全民讨论的情况证明，主席提出的旧账要算，要处理的指示，是完全正确的，是群众的一个迫切要求。

毛泽东批注："旧账一般不算这句话，是写到了郑州讲话里面去的，不对，应改为旧账一般要算，算账才能实行那个客观存在的价值法则。这个法则是一个伟大的学校，只有利用它，才有可能教会我们的几千万干部和几万万人民，才有可能建设我们的社会主义和共产主义，否则一切都不可能。对群众不能化解怨气，对干部，他们将被我们毁坏掉，有百害而无不利。一个县竟可以将原高级社的现金收入四百多万元退还原主，为什么别的社不可以退还呢？不要善财难舍，须知这是劫财，不是善财，无偿占有别人劳动是不允许的。"

陶鲁笳汇报材料中说："五级干部会议和全民大讨论，对于当前的生产运动起了巨大的促进作用……"毛泽东批注："开大会将要妨碍当前紧迫的春耕生产，这也是一项迷信，已被群众打破，看开什么会。开一平二调三收款的会呢，还是开现在这样的会，前者一定妨碍生产，毁坏社会主义，毁坏人民公社，后者则完全相反。”最后，他在陶鲁笳的报告前写了六个字作为标题：“介绍山西经验”。于是，这份《介绍山西经验》的材料就作为在上海召开的八届七中全会第 35 号文件发到了与会者手中。

山西的经验，对于刹住正在全国蔓延的“共产”风，对于调整农村生产关系，恢复“大跃进”以来造成破坏的农业生产起了很大作用，极大地调动了农民的生产积极性。

从现在的观点看，毛泽东对商品生产和价值规律的认识，虽然有很大的局限性，在实践中也犯了错误。但在计划经济体制下，这种局限性思想是很难避免的。无论如何，毛泽东利用价值规律来对经济建设进行管理，在当时是杰出的、卓越的，对于纠正当时“大跃进”和人民公社化运动中出现的“左”倾错误是起了巨大作用的。

十、吸收外资促发展

吸收利用外资为我国的社会主义现代化建设服务，是一项关系到国家建设和发展速度的大政策。毛泽东在管理经济时，主张立足于本国，以自力更生为主，同时也大力提倡积极地吸收利用外资，以服务于我国经济建设。1936 年 5 月，毛泽东在答复美国进步记者埃德加·斯诺提出的“中国是否欢迎外资在中国投资”这个问题时，明确表示了欢迎态度。1944 年，毛泽东在与美国记者福尔曼谈话时，更是直截了当地表明我们欢迎外国政府与外国资本家到中国解放区来投资。他说：“我们欢迎外国人及外国资本来中国作这些事，中国是落后的国家，所以我们非常需要外国来投资。”1945 年 4 月 24 日，毛泽东在中共七大上作了《论联合政府》的政治报告，明确地提出了关于利用外资的问题。他说：为着发展工业，需要大批资本。从什么地方来呢？不外两方面：主要地依靠中国人民自己积累资本，同时借助于外援，在服从于中国法令，有益中国经济的条件下，外国投资是我们所欢迎的。对于中国人民与外国人民都有利的事业，是中国在得到一个巩固的国内和平与国际和平，得到一个彻底的政治改革与土地改革之后，能够蓬蓬勃勃地发展大规模的轻重工业与近代化的农业，在这个基础上，外国投资的容纳量将是非常广大的。

1949 年 12 月 16 日，毛泽东率中国代表团乘火车抵达莫斯科，对苏联进行为期两个月的访问。此次访问的主要目的旨在争取苏联对华贷款及其他经济援助。这次出访，揭开了我国经济史上吸收和利用外资的新篇章。

当天下午，斯大林在克里姆林宫办公室的小会客厅会见了毛泽东。双方的谈话海阔天空，从前线的军事情况谈到经济建设、粮食收获、土地改革以及群众工作等，但斯大林闭口不提经济援助的事，他试探性地问毛泽东："你来一趟是不容易的，那么我们这次应该做些什么？你有些什么想法或愿望？"毛泽东表示：这次来，一是为祝贺斯大林 70 寿辰；二是看一看苏联，从南到北，从东到西都想看一看。斯大林揣摩着毛泽东的心思，再次询问："你这次远道而来，不能空手回去，咱们要不要搞个什么东西？"斯大林始终不愿先提出自己的想法，以免日后有人说他把自己的意志强加于人，因此表现得很谨慎。毛泽东认为斯大林应主动提出帮助中国，不提是没有诚意的。于是他以毛式特色的幽默说："恐怕是要经过双方协商搞个什么东西，这个东西应该是既好看，又好吃。"虽然翻译考虑到中西文化的差异，并未直译，而是解释说："好看就是形式好看，要做给世界上的人看，冠冕堂皇，好吃就是有内容，有味道，实实在在。"然而，斯大林仍是一脸茫然。见斯大林未明白自己的意思，便对他说："我想叫周恩来总理来一趟。"毛泽东充分相信周恩来的外交能力，想让周恩来与斯大林进行谈判。

为了让斯大林明白自己的来意，又不失东方大国的尊严，毛泽东十分聪明地以"答记者问"的形式表明了自己的意思。他说："我逗留苏联时间的长短，部分地决定于解决有关中华人民共和国利益的各项问题所需的时间……在这些问题当中，首先是现有的中苏友好同盟条约问题，苏联对中华人民共和国贷款问题，贵我两国贸易和贸易协定问题以及其他问题。"

1950 年 2 月 14 日，毛泽东、周恩来等与苏联政府再次进行谈判，并签订了苏联给予中国资金援助即低利率的贷款的协定，这次贷款数量为 3 亿美元，年息百分之一，贷款用以偿还苏方交付的机器设备和器材，中方以原料、茶叶、现金美元等偿付贷款本金及利息。50年代，中国共从苏联获得14.27亿美元的贷款，并用这些贷款引进了主要是苏联（也包括捷克等东欧社会主义国家）的156项工程的成套设备，建立了新中国经济的主干。

1950年3月27日，中苏两国又签订了三个协定：关于在新疆创办中苏石油股份公司的协定、关于在新疆创办中苏有色及稀有金属股份公司的协定、关于创办中苏民用航空股份公司的协定。4月5日的《人民日报》为此发表社论《欢迎有利于中国经济建设的中苏经济合作》。社论指出：利用国外资金和技术发展我国的经济建设，是一件大事。

1953年5月15日，中苏两国在莫斯科签订了《关于苏维埃社会主义共和国联盟政府援助中华人民共和国中央人民政府发展中国国民经济的协定》，规定到1959年为止，苏联将帮助中国新建和改建141项规模巨大的工程，按照两国商定的援助项目，总值约30亿至35亿卢布。后来又扩大至156项工程。

毛泽东在争取苏联经济援助时，不卑不亢，既坚持原则性，又不乏灵活性，充分维护了我国人民的尊严。新中国成立初期，由于毛泽东积极地吸收利用外资，我国的经济建设获得了巨大的发展。

第七章

外交管理的艺术

日本学者冈田春夫说："毛主席和列宁一样，改变了世界的历史，而且正在创造着世界历史，是20世纪的最伟大的人物。"毛泽东不但是伟大的革命家、政治家、战略家和军事家，而且是伟大的外交家。为了使中华民族在世界舞台上发挥应有的作用，毛泽东导演了一幕幕惊心动魄、威武雄壮的"外交活剧"，生动地表现了毛泽东善于把握历史机遇的判断力，敢于决断的宏大气魄，灵活运用各种谋略的娴熟技巧，以及深邃的外交战略思想。

一、我们反对大国主义

1956年9月29日，毛泽东在会见南共联盟代表团的谈话中诚恳地表示："在国际上，我们反对大国主义。我们工业虽少，但总算是大国，所以就有人把尾巴翘起来。我们就告诉这些人'不要翘尾巴，要夹紧尾巴做人'"。毛泽东又说，中国"过几十年在工业化后，翘尾巴的可能性就更大了……将来中国如果翘尾巴，翘到一万公尺以上，就批评它。要监督中国，要全世界都来监督中国"。

"大国主义"就是"大国沙文主义"，指站在本国、本民族利益的角度上，自私自利，损害别国、别民族的利益；颐指气使，把自己的意志强加在别国人民的头上，欺侮、压迫弱小国家；这种思想和言行就是大国沙文主义。苏联党和国家在很大程度上继承了沙俄时代的大国沙文主义传统，把其他的社会主义国家看成是小伙伴，任意加以控制和驱使，企图形成"老子党"和"儿子党"的关系。中国是一个有几亿人口的大国，中国的独立和主权竟然得不到苏联的充分尊重，这是作为中国人民领袖的毛泽东深感刺痛和最不能容忍的事。

中国有过100多年遭受帝国主义侵略和压迫的苦难历史，新中国成立后，又吃过苏联大国沙文主义的苦头，因此，中国对大国主义非常反感，在对外交往中更不会推行大国主义。无论是同朝鲜、越南等社会主义兄弟国家，还是与亚非拉的民族独立国家交往，中国都不搞大国主义。相反，在一定问题上，中国宁愿自己"吃亏"，也要提供对别国的支持。在新中国成立之初，中国为了支持金日成统一朝鲜半岛，而放弃了先解放台湾的行动。

大陆基本解放之后，毛泽东考虑解放台湾的问题。解放军夺取金门岛的失利，使毛泽东认识到，不具备一定的技术条件，渡海攻取台湾是不可能的。1949年12月，毛泽东第一次访问苏联，就解放台湾的问题，请苏联给予援助。斯大林犹豫再三，最后同意毛泽东就适当时机解放台湾进行必要的准备，同意将苏联给中国的3亿美元贷款，一半用于购买进攻台湾最需要的海军装备。这样毛泽东把解放台湾的准备工作作为1950年中共军事工作的首要任务，紧锣密鼓地加快进行，并初步考虑在1951年实施作战。

就在中国准备解放台湾的同时，金日成也向斯大林提出了统一朝鲜半岛的计划，请求斯大林援助。斯大林认为由北朝鲜统一半岛将极大地巩固苏联远东的边防，与此相比，台湾问题则远不如这个重要。从自己的利益出发，斯大林决定先帮助金日成实现统一半岛的计划。可是很长一段时间以来，斯大林和金日成没向毛泽东通气，毛泽东一直蒙在鼓里。到1950年三四月，金日成访苏时，斯大林叮嘱金日成，要他在开始统一半岛的军事行动之前，一定要取得毛泽东的同意，斯大林企图以这种姿态来“抚慰”毛泽东。

于是，5月13日，金日成出现在北京，与毛泽东会谈。金日成把他和斯大林会谈的情况跟毛泽东说了，并特别告诉毛泽东：斯大林同志强调有关统一朝鲜半岛问题的最后决定，必须取得毛泽东同志的同意。这就是他此次访问北京的主要目的。

毛泽东对金日成通报的情况深感意外，他怎么也没想到，就在中国解放台湾的准备工作即将就绪的情况下，斯大林会突然间转而赞成首先统一朝鲜半岛。

毛泽东预见到，一旦朝鲜战争爆发，美国极有可能出兵干涉，并进而会以武力阻止中国人民解放台湾。到那时，要解放台湾，就会变得非常困难。那么对金日成的计划，毛泽东是同意呢？还是不同意？

毛泽东感到窝火。斯大林那么长时间都没向他透露半点风声，这个时候才要金日成跑来告诉他，名为“尊重”，实际上是先造成事实。对于金日成的计划，毛泽东完全可以表示自己的不同意见，从而使斯大林和金日成有所顾忌，而把统一朝鲜的计划暂时置后。但是，毛泽东考虑到，朝鲜人想什么时候统一祖国，是他们自己的事，中国不好干涉，不能规定他们等中国解放台湾之后，再进行本国的统一。如果中国也这样干涉朝鲜的话，那和苏联的大国主义有什么区别呢？毛泽东对斯大林1945年以来几度干预中共“不许革命”的做法很不满意。后来事实也证明，这种干涉往往是错误的。斯大林扮演过的角色，毛泽东还会扮演吗？不会，“己所不欲，勿施于人”。毛泽东不会把自己厌恶的“大国主义”强加在他国的头上。于是毛泽东告诉金日成，原先他考虑的是应当首先解放台湾，在此之后再解决朝鲜问题，但既然统一朝鲜的问题已经与斯大林商定好了，他同意首先统一朝鲜。

事情的发展果然不出毛泽东所料，朝鲜战争一爆发，美国就改变了对朝鲜和台湾的政策。

1950年1月5日和12日，美国总统杜鲁门和国务卿艾奇逊分别发表声明和讲话，声称："美国目前无意在台湾获取特别权利或特权，或建立军事基地"，并且宣称美国的安全线既不包括台湾，也不包括南朝鲜，美国不会为了保护这些地方采取直接的军事行动。这个虚伪的声明骗了金日成，也骗了斯大林，使他们轻率地开始了统一朝鲜半岛的行动。但是，它没有骗倒毛泽东，后来事实证明毛泽东的判断是正确的。

朝鲜战争爆发的第三天，即1950年6月27日，杜鲁门命令美国海军、空军参加对北朝鲜的战争，并且派遣海军第七舰队侵入中国台湾海峡。这样，毛泽东解决台湾的计划，由于美国的干预而变得无法实施。再者，朝鲜战场的紧张形势，使毛泽东的注意力从台湾海峡转移到了东北和朝鲜。因此，1951年解决台湾的作战计划，就这样被迫放弃了。如果不是因为朝鲜战争，台湾海峡暂时就没有美国舰队，毛泽东相信，可以很快解放台湾。

这一次，我们失去了解放台湾的极好机会，从实际利益来说，是一大损失。但是从道义上来说，又不能不如此。我们不能重复苏联大国主义的错误，应该尊重兄弟国家自己的选择，不能要求他们服从我们的利益和决定。尽管在当时，毛泽东有充足的理由和很大的可能坚持首先解放台湾问题，但中国站在道义的立场上不可能这样做。为了道义，不惜作出牺牲，这是毛泽东外交的一个特点。

二、要斗就斗　奉陪到底　边斗边建设

毛泽东领导中国革命的目的，就是在革命胜利以后，把中国建设成为一个独

立、自由、富强、民主的国家。在革命胜利前夕的中共七届二中全会上，毛泽东给党指明了新的奋斗目标，就是要准备由革命战争年代转入和平建设时期，把中国建设成为一个伟大的社会主义国家。

新中国成立以后，毛泽东渴望有一个和平的国际环境，一心一意搞建设。但是帝国主义不答应，它们奉行侵略政策和战争政策，搞得世界很不安宁。那么怎样处理反对帝国主义侵略和进行国家建设的关系呢？对于这个问题，毛泽东曾经说过："你想一心一意地搞建设吗？偏不让你搞。世界上的事有时是不能按自己的主观意志去行事的。那好，要斗就斗，奉陪到底，边斗边建设。"

既然帝国主义的侵略使我们不能一心一意搞建设，那么，我们就应该同帝国主义的侵略作坚决的斗争，边斗边建设；或者先斗后建设，解决帝国主义侵略的问题之后再建设。面对帝国主义的侵略，我们不能妥协退让，否则就会受其控制、奴役。一旦沦为这个地位，什么建设，什么国家富强，统统都是空话。洋务派强国之梦破灭的一个重要原因就是帝国主义不愿意中国通过兴办近代工业富强起来，而洋务派对帝国主义的侵略又总是委曲求全、奴颜婢膝。毛泽东的性格特点之一就是敢于斗争，不屈服。青年毛泽东放歌：自信人生二百年，会当水击三千里。中年毛泽东面对胡宗南的追兵说：老子不怕邪！晚年毛泽东说：你越怕鬼，你越不能活。毛泽东的性格是中华民族优良品格的集中表现；他是中华民族反抗压迫和奴役，追求自由、解放的精神的化身。新中国建立后，面对美帝国主义的侵略，毛泽东毅然作出抗美援朝的决策，就体现了他敢于斗争的性格特点。

现在有人认为，当初中国不出兵抗美援朝，不打这一仗，就有可能早日解决台湾问题，也不至于后来和美国的关系闹得那么僵，对立那么多年。这种观点不对。当时并不是我们想打不想打的问题。而是美帝国主义硬逼着我们打这一仗。

首先，美国在侵略朝鲜的同时，已经以实际行动构成了对我国的侵犯。中国人民反对美国的侵略是必要的和正当的。1950 年 6 月 25 日，朝鲜战争爆发，两天后，即 6 月 27 日，杜鲁门命令美国军队直接参与朝鲜战争的同时，命令美国海军第七舰队侵入台湾海峡，阻止中国人民解放台湾，这是对中国主权的侵犯和对中国内政的粗暴干涉。不仅如此，美国在进攻朝鲜的同时，把战火也延及到了中国的领土领空上了。从 1950 年 8 月下旬起，美国军用飞机不断侵犯中国东北领空，侦察情报，轰炸扫射中国东北的安东、集安等城镇和村庄。据伍修权在联合国的控诉，侵朝美军从 1950 年 8 月 27 日至 11 月 25 日，不断出动飞机侵犯中国东北领空，据初步统计，已达 200 次，共出动飞机 1000 架次以上，毁坏中国财产，杀伤中国人民。面对美国的侵犯，中国不能不起而应战。正如毛泽东 1951 年 10 月在中国人民政治协商会议上所说的："如果不是美国军队占领我国的台湾，侵略朝鲜民主主义人民共和国和打到了我国东北边疆，中国人民是不会和美国军队作战的。但是既然美国侵略者已经向我们进攻了，我们就不能不举起反侵略的旗帜，这是完全必要的和完全正义的。"

其次，在当时的国际局势下，中美之战是不可避免的。不是我们想不想打的问题。

美国干涉朝鲜内战的目的，就是占领整个朝鲜半岛，把反苏反华的战线压至鸭绿江边。这是美国称霸全球战略的一个组成部分。一旦美国得逞，它在战略上就取得更有利的反华地位。这正如彭德怀所说的那样：如果不出兵，"美国就占领朝鲜与我隔江相望，威胁我东北，又控制我台湾，威胁我上海、华东。它要发动侵华战争，随时都可以找到借口。"所以，在当时"冷战"的政治格局下，意识形态的尖锐对立，美国国内又有大批顽固的反共反华分子等情况，决定中美两国是谈不上缓和的，迟早都会爆发一场大规模的武装较量。那么出兵作战对国内的经济建设有什么影响呢？毛泽东等中央领导人的态度是，要从长远看，不能只看当前。从当前看，战争会影响经济建设，但从长远看，必须边建设边打，或打了再建设。

毛泽东指出：我们不出兵，让敌人压至鸭绿江边，国内国际反动气焰增高，则对各方都不利，首先是对东北更不利，整个东北边防军将被吸住，南满电力将被控制。毛泽东特别提到了东北及其南部的电力供应问题。当时东北南部是中国重工业集中的地区。这里的抚顺是当时全国最大的煤矿，本溪和鞍山钢铁产量 1950 年占全国产量的 80%，沈阳是全国机械工业中心，有 2000 多家工厂，200 多种工业。这一系列工业中心离鸭绿江都不到 200 公里，这些工业中心所依赖的电力又主要来自鸭绿江上的水电站，一旦鸭绿江水电站被美国占据或破坏，东北南部工厂的机器就要停止运转，整个中国的工业基础就会受到极大的打击。即使美国不搞破坏，让它压到鸭绿江边，把中国工业基础的命脉，放在它伸手可及的地方，于是，我们不得不在很大程度上听它摆布，这怎么能够有国家的独立自主，又哪里能够搞好经济建设呢？

如果让美国压到鸭绿江边，我们就不得不在那里布置大量的防御力量，这实际上，也是让中国经济背上一个沉重的包袱。对此，周恩来算了一下账："消极防御也要花许多钱，例如改装一个飞机场就要 1 亿斤小米，东北修 8 个，关内修 3 个，就要 10 多亿斤小米，飞机场外还有许多设施，所费甚大。再有工厂搬家，许多工业无法按计划生产下去。军事上，除装备之外，还有兵力问题，鸭绿江 1000 多里的防线，需要多少部队！而且年复一年，不知它哪一天打进来，这样下去怎么能安心生产建设？"

总之，中国要一心一意搞建设，必须先解决美国的侵略威胁问题，因此，必须要出兵朝鲜，不让它推进到鸭绿江边。与其先搞建设后打仗，还不如先打仗，再建设，或边打边建。彭德怀说："出兵援朝是必要的，打烂了，等于解放战争晚胜利几年。"在反侵略和进行国家建设的关系的问题上，他和毛泽东想到了一块。

三、和平为上

毛泽东认为不同类型的国家完全可以和平共处。他的和平思想和周恩来的互相补充，从而形成了著名的和平共处五项原则，得到国际社会的广泛赞同，成为处理国与国之间关系的基本准则。

和平共处五项原则的核心就是"和平共处"这一条。毛泽东认为维护世界的和平与稳定，是中国人民和世界人民的最大利益。1955 年 5 月 26 日，毛泽东在会见印尼总理沙斯特罗阿米佐约时的谈话中，提出了"和平为上"的外交主张。他认为打仗总是不好的，还是用谈判解决问题为好。

根据毛泽东"和平为上"的思想，中国政府在五六十年代妥善处理了中印边界争端，博得了国际社会的广泛理解和同情。

中印边界长约2000公里，从来没有正式划定，但形成了长期的传统习惯界线。1914年，在西姆拉会议期间，英国代表在会外背着中国中央政府和西藏地方当局在德里用秘密换文的方式划出了一条所谓的中印东段边界线，即“麦克马洪线”。西藏地方当局无权代表国家同外国缔约，中国历届政府都没有承认“麦克马洪线”，因此这条所谓的边界线是非法的、无效的。根据非法的“麦克马洪线”，把中国西藏9万平方公里的领土划归了印度，也就是“麦克马洪线”以南至中印边界东段传统习惯线之间的广大地区。印度从英国的殖民统治独立出来之后，不但没有否认这条非法的“麦克马洪线”，反而把它作为英国殖民主义者留下的遗产，坚持继承、执行。印度视新中国的友好为软弱可欺，逐步侵占了“麦克马洪线”以南的大片中国领土。并突破中国军队的实际控制线，向“麦克马洪线”以北地区扩张。尼赫鲁想以先造成既成事实，再迫使中国承认的方式，来达到他的侵略目的。

面对印度的挑衅，中国政府站在和平的立场上，尽量采取克制和息事宁人的办法。1959年9月8日，周恩来总理向尼赫鲁提出：“我们两国之间的一切分歧都必须，也一定能够通过和平协商求得解决”。但印度政府并没有响应。为避免事态进一步扩大，周恩来又在同年的11月7日致函尼赫鲁，说为了有效维持两国边界现状，确保边境安宁，为解决争端创造良好气氛，建议双方武装部队立即从实际控制线各后撤20公里，双方保证不在这块地区派遣武装人员和巡逻，只保留民政人员和非武装的警察。周恩来还在信中建议，中印两国总理在近期举行会谈。对于中国总理的建议，尼赫鲁反应冷淡。

为了表明中国政府和平解决中印争端的诚意，1960年4月19日，周恩来、陈毅在结束对缅甸的友好访问后到达新德里，同尼赫鲁会谈。还在缅甸的时候，吴努总理对周恩来说，你到印度访问是勇敢的行为。意思是说，中印边界冲突不断，这时候飞往印度，是不是安全呢？周恩来毫不介意地回答：以前和蒋介石打仗，我还到蒋介石控制的地方去谈判。现在中国和印度并无战争，而且双方都存有友好的愿望，为什么不去呢？但尼赫鲁对于中国政府的友好态度并没有作出应有的反应，会谈没有达成任何实质性协议。

这次会谈以后，尼赫鲁得寸进尺，不断加紧侵略步骤。在西段，从1961年起到 1962 年 10 月 20 日止，印度在中国境内设立了 43 个据点。这些据点有的接近到中国哨所只有几米的地方，有的甚至设立到中国哨所的后面，切断了中国哨所的后路。在东段，仅 1962 年上半年，印度就沿“麦克马洪线”建立了 20 多个新的哨所，并于夏天开始在“麦克马洪线”以北的扯冬地区建立哨所。但是尼赫鲁觉得这种推进政策太“温和”了，他需要大规模的全面的进攻来清除掉他所侵入地区的中国军队。于是，1962 年 10 月 17 日，印军在边界的东西两段同时对中国军队发动了大规模的进攻。

对于印军的大举入侵，10 月 20 日，中国军队开始大规模地反击，到 11 月 20 日，中国军队经过一个月的作战，就取得了决定性的胜利。印军在战斗中死亡 1383 人，失踪 1696 人，被俘 3968 人。侵入中国境内的印军统统被赶回到印度边界一边。

在打败印度军队的第二天，即 11 月 21 日，中国政府发表声明宣布：（1）中国边防部队于 11 月 22 日零时起在中印边界全线停火。（2）中国军队主动从 1959 年 11 月 7 日双方实际控制线后撤 20 公里。（3）中国将在中国实际控制线的一侧设立若干检查站，并配备一定数量的民警，要求印方不要超过实际控制线。

1963 年 2 月 28 日，中国边防部队完成了主动后撤的计划。4 月，中国又宣布释放和遣返全部被俘的印度军事人员，归还在冲突中所缴获的武器、弹药及其他军用物资。

在处理中印边界冲突的过程中，中国政府信守“和平为上”的准则，根据和平共处五项原则，为争取中印事件的和平解决，做了大量的工作，可以说是仁至义尽了。但和平不是求来的，越是克制、容忍，对方越以为是软弱可欺，越是得寸进尺。因此要得到和平，还必须在克制的基础上进行适度的、坚决的斗争。面对印军的大举入侵，中国军队忍无可忍，进行了自卫反击，打退了印军的进攻，但中国并没有利用胜利来谋取非分的利益，而是主动停火，作出让步，迫使对方清醒过来，停止侵略，以利于和平解决问题。中国政府以有理、有利、有节的斗争方式，以谋求和平的最大诚意，再一次昭告世人：中华民族是一个爱好和平的民族。

四、我们支持你们　你们支持我们

毛泽东外交思想的一个鲜明特点就是把爱国主义和无产阶级国际主义紧密结合起来，认为支援其他国家和人民的革命斗争，支持被压迫民族和人民争取民族独立的斗争，实际上就是支援我们自己，是和本国本民族的利益一致的。

毛泽东在总结中国革命胜利的经验时曾经指出："在帝国主义存在的时代，任何国家的真正的人民革命，如果没有国际革命力量在各种不同方式上的援助，要取得自己的胜利是不可能的。胜利了，要巩固，也是不可能的。"中国人民在争取民族解放的长期革命斗争中，曾得到各国人民不同方式的无私援助，所以，我们革命胜利后，也应该向那些正在为民族独立而奋斗的国家和人民伸出援助之手。1956 年 9 月 15 日，毛泽东在中国共产党第八次全国代表大会开幕词中庄严宣布："亚洲、非洲和拉丁美洲各国的民族独立解放运动，以及世界上一切国家的和平运动和正义斗争，我们都必须给以积极的支持。"

"二战"后，随着帝国主义力量的削弱，社会主义和民主力量的增强，在战争中经过锻炼的，觉悟得到提高的亚非拉美人民争取民族独立的斗争迅速高涨，帝国主义旧有的殖民体系迅速崩溃，出现了一系列新独立的民族国家。

阿尔及利亚人民也于 1954 年 11 月 1 日举起了武装反抗法国殖民统治，争取民族独立的旗帜。1956 年 5 月底，阿拉伯联盟总秘书处照会中国政府，希望中国支持阿尔及利亚人民的斗争。周恩来总理迅速作出反应，在同年 6 月的全国人民代表大会上宣布：中国人民站在阿尔及利亚人民一边。1958 年 9 月 19 日，阿尔及利亚共和国临时政府成立。同年 9 月 22 日，中国政府正式承认阿尔及利亚临时政府。

1958 年 4 月，阿尔及利亚人民武装斗争的领导组织民族解放阵线派代表团访问北京。周恩来对代表团说，中国愿意为他们提供军事援助，并且表示，这些援助可以通过第三国的方式来提供，以免给西方国家造成借口，增加阿尔及利亚人民斗争的困难。中国的积极支援，对于阿尔及利亚最后打败法国殖民主义起了很大的作用。1962 年 3 月阿尔及利亚获得独立，中国立即提供经济援助，以帮助它恢复和发展民族经济。1964 年 10 月，在阿尔及利亚抗法武装起义 10 周年前夕，毛泽东致信阿尔及利亚总统本·贝拉，热情地表示祝贺。信中指出："我一直注视着伟大的阿尔及利亚人民革命。""我们对你们的革命斗争尽我们可能给予支持，但终究是有限的。""我们支持你们，你们支持我们。"

中国政府对第三世界国家和人民的支持是真诚的，无条件的。在外交上，决不拿第三世界国家和人民的利益来作交易。就在阿尔及利亚人民进行反法斗争的时候，法国戴高乐政府决定同中国建立外交关系。法国作为一个西方资本主义大国首先同中国建交，对于打破美国导演的对中国的封锁局面是有利的，于是，中国政府对法国的愿望表示欢迎。1961 年，法国参议员密特朗访问中国。密特朗表示，中法建交的事情必须等到阿尔及利亚的问题解决之后才能正式完成。陈毅代表中国政府坚定地回答，中法建交的问题上，中国可以等待，但是，中国仍将一如既往地支持阿尔及利亚人民争取独立的斗争，直到胜利。陈毅的回答鲜明地表现出：所有一切都不能妨碍中国坚持国际主义义务，支持反帝反殖和民族解放斗争的一贯立场。

中国对第三世界国家的经济援助是无私的，慷慨的，尽力而为的。1957 年 3 月 5 日周恩来总理在政协二届三次全体会议上所作的关于访问亚欧 11 国的报告中指出："目前，中国在力所能及的范围内，正在向某些亚非国家提供一些经济援助。这些援助就其数量来说是极其微小的，然而是不附带任何条件的，这表示了我们帮助这些国家独立发展的真诚愿望。"1963 年 8 月 5 日，周恩来在钓鱼台国宾馆同索马里总理舍马克会谈。舍马克对中国给索马里 8000 万瑞士法郎的援助表示感谢时，周恩来说："不要感谢，这是我们的义务。"

第三世界国家需要中国的援助，中国也需要第三世界朋友的支持。新中国建立之后，就受到了美帝国主义的封锁和包围。到 60 年代，随着中苏关系的破裂，中国又多了苏联这个敌手。但是毛泽东不屈服。他说："我咽不下这两口气，彻底的唯物主义者是无所畏惧的！不能让别人牵着鼻子走，既要对付正面的敌人，还要防止背后射来的冷箭，所以，看来，我得像鲁迅说的那样，我也得横过身来战斗，才能有效地进行两面出击。一手对付美国，一手对付苏联。”在这种艰难的处境中，中国需要朋友的支持，交不了“不仁义的阔朋友”，就多到第三世界去交“穷朋友”。这些“穷朋友”在关键时刻也很起作用。1971 年中国在联合国合法席位的恢复就是阿尔巴尼亚、阿尔及利亚等第三世界朋友联合斗争的结果。

当今第三世界国家作为一支独立的政治力量在国际舞台上发挥越来越大的作用。中国属于第三世界，积极发展同第三世界国家的友好合作关系是我国外交的立足点。中国需要第三世界的支持，第三世界欢迎中国，中国应当团结联合第三世界，为维护世界和平，促进世界经济发展作出更大的贡献。

五、这个庄则栋不但球打得好 还会办外交

20 世纪 70 年代，毛泽东为改善中美关系作了很大的努力，可以说，有一种紧迫感。他对他的护士长吴旭君说：“我一直没有放松对国际问题的关注，当个主席哪能只顾国内不顾国外，要兼顾。以后，我要多抓抓国际外交上的大事，否则，时间就来不及了。”

由于中美两国敌视隔绝了 20 多年，要改善关系谈何容易。化解两国之间长期形成的坚冰不但需要勇气、热情，还需要策略和善于捕捉时机的慧眼。

毛泽东通过邀请美国乒乓球代表团访华，展开“乒乓外交”，一举打开了中美两国之间友好交往的大门。而促使毛泽东决心邀请美国乒乓球代表团访华的，则是一件看似平常的小事：庄、科交往。

1971 年在日本名古屋举行第三十一届世界乒乓球锦标赛，毛泽东决定派代表团参加。中国代表团一离开北京，毛泽东就要吴旭君每天把各国通讯社对于中国派出代表团参赛的反应逐条讲给他听。有一次吴旭君看到一条消息，觉得有意思，就跟毛泽东说了。这条消息的大意是说 4 月 4 号，美国队 3 号选手格伦·科恩去场馆练

球，出来之后找不到车，结果上了中国队的车。科恩吃惊地看着一车中国人有些尴尬地说："我知道我的帽子、头发、衣服让人看了好笑。"科恩是个嬉皮士，留着长发。当时中国的乒乓球队队员庄则栋站起来说："我们中国人民和美国人民一直是友好的，今天你来我们车上，我们大家都很高兴。我代表同行的中国运动员欢迎你。为表达感情，我送给你一件礼物。"于是庄则栋把一尺多长的杭州织锦送给了科恩。科恩也非常高兴，想回赠什么，可发现什么也没带。

那时候中美关系十分僵，双方都处于敌对状态，庄则栋的举动可以说是相当勇敢的。毛泽东听完吴旭君的讲述后，眼睛一亮，脸上带着满意的笑容说："这个庄则栋不但球打的好，还会办外交。此人有点政治头脑。"

4 月 6 日这一天，世乒赛就要结束了。一份由外交部和国家体委联合起草的"关于不邀请美国乒乓球队访华的报告"送上了毛泽东的案头。在此之前，周恩来总理在文件上已圈阅了，并批了"拟同意"三字和一些批语。毛泽东没多加思索，也在自己的名字上亲自画了圈。这意味着，大家的意见一致：不邀请美国队访华。

如果没有庄则栋和科恩交往的那一段插曲，也许事情就这么定了，没有美国乒乓球队访华这件事了，也没有随后的"乒乓外交"了。中美友好交往的大门因为失去这一次极好的机遇，又不知要经过多少年的试探摸索才能打开。但历史就是怪得很，有时一件不起眼的小事，经过巨人慧眼的捕捉、观察也能成为改变历史进程的转折点，也能在历史巨人的心里激起不平静的浪花。庄、科交往这件事始终使毛泽东放不下，他感到这里面蕴含着不平凡的、珍贵的东西。就在他圈阅那份报告，表示同意不邀请美国乒乓球队访华之后，他总是心事重重，似乎在这件事情上有很多思想矛盾。

邀请美国乒乓球队访华在现在看来并不是什么太大的事情。可在当时的情况下，要作出这个决定并不是容易的事。我们和美国敌视、谩骂了 20 多年，双方的隔阂已经很深了，国内"打倒美帝国主义"的口号喊得震天响。在这时候向美国球队发出邀请是不是恰当呢？这是毛泽东不能不考虑的问题。而庄则栋主动和科恩交往的勇气给了毛泽东某种启示，他从庄科交往中看到了中美两国人民友好交往的愿望。于是，毛泽东经过反复思考，最后决定邀请美国球队访华。

在 4 月 6 日晚，也就是经毛泽东圈圈同意的"关于不邀请美国乒乓球队访华的报告”被退走的那天晚上，毛泽东提前吃了安眠药要睡觉。由于安眠药的作用，毛泽东在吃完晚饭时，趴在桌子上似乎就要昏昏睡去。这时已到了晚上 11 点多钟。但毛泽东突然说话了，要吴旭君给外交部副部长王海容打电话说“邀请美国队访华”。毛泽东这时是嘟嘟哝哝地说的，吴听了半天才听懂他的意思，而且毛泽东平时有言在先：“吃过安眠药以后讲的话不算数。”吴旭君心里一惊，怎么主席的态度和白天来了一个 180 度的大转变，而且这时他已经吃了安眠药，说的话是真是假，得搞清楚，传错了可不是闹着玩的。于是吴旭君故意装作没听见的样子，边吃饭边观察他是不是清醒。过了一小会儿，毛泽东抬起头来使劲睁开眼睛说：“小吴，你还在那里吃呀，我让你办的事你怎么不去办?”

吴旭君故意大声地问：“主席你刚才和我说什么呀？我只顾吃饭了没听清楚，你再说一遍。”于是毛泽东一字一句地把邀请美国队访华的话又讲了一遍。吴旭君不放心，又问他此时吃了安眠药讲话算不算数。毛泽东把手一挥说：“算！赶快办，要来不及了。”

吴旭君急了，拔腿就往值班室跑，去给王海容打电话，王海容得知后也急了，因为马上就要到午夜 12 点了，说不定美国队已经提前回国了。由于毛泽东在最后关头及时作出决策，才没有延误时机。美国队在比赛结束之后，正准备登机回国，但还没走，得到中国的邀请后欣喜异常。美国总统尼克松得到有关报告后，又惊又喜，毫不迟疑地批准了这次乒乓球队的访华。

美国乒乓球队在中国受到了热情友好的接待，他们深切地感受到了中国人民的友好情谊。他们作为中美友谊的使者对于促进中美两国人民的友好往来，缓和中美两国的关系起了重大的作用。美国总统尼克松在他们访华归来时，当作国家英雄一样接待，并热情邀请中国乒乓球队回访。不久尼克松派出总统特使基辛格访华。1972 年尼克松亲自访华，终于打开了中美两国友好交往的大门。

“乒乓外交”这招妙棋是毛泽东受庄则栋和科恩交往的启发，以巨人的慧眼敏锐地抓住稍纵即逝的机遇，争取外交主动权的结果。毛泽东事后曾说：“决定邀请美国乒乓球队访华，我是从大局考虑的。这是中美两国人民的心愿。人民之间的友好往来是势不可挡的。你看庄则栋与科恩的接触极其自然。他们之间没有往事的纠葛，不存在什么恩恩怨怨的问题……”

六、主动的倒 免得将来被动的倒

解放战争三大战役胜利后，中国共产党迅速取得全国胜利的趋势已不可逆转。同时国际上形成了社会主义和帝国主义两大阵营尖锐对峙的格局，苏、美各领一方。在这种背景下，关于新中国成立以后的外交政策有各种主张。有人希望中国走一种美苏之间的“第三条道路”，脚踏两只船，兼亲苏美。有人主张中国独当一面，谁也不靠。对于这个问题，毛泽东在 1949 年 6 月 30 日发表的《论人民民主专政》一文中作了明确的回答：“一边倒，是孙中山的四十年经验和共产党的二十八年经验教给我们的，深知欲达到胜利和巩固胜利，必须一边倒。积四十年和二十八年的经验，中国人不是倒向帝国主义一边，就是倒向社会主义一边，绝无例外。骑墙是不行的，第三条道路是没有的。我们反对倒向帝国主义一边的蒋介石反动派，我们也反对第三条道路的幻想。”在这里毛泽东提出了著名的“一边倒”政策的思想。

在两大阵营尖锐对峙的形势下，中国要“一边倒”，显然不可能倒向帝国主义一方，那么只有倒向苏联为首的社会主义国家一方。但“倒”也有个时机问题，有个主动和被动的问题。为了争取苏联对我国的支持和帮助，中国必须抓住时机，主动地“倒”向苏联一边。因为社会主义国家之间的关系处理得不好，也会造成许多矛盾和隔阂，苏联和南斯拉夫闹翻的事就说明了这一点。

1947 年 9 月，以苏联为首成立了共产党情报局。通过这个机构，苏联加强了对欧洲社会主义国家的控制。但南斯拉夫领导人铁托在一些问题上并不完全服从苏共的意见，遭到斯大林的指责，随后双方越闹越僵。1949 年 7 月开始，苏联等社会主义国家相继废除了与南斯拉夫签订的各种友好条约。

斯大林把王明等人为代表的所谓“国际派”看成是理想中的共产党人。对于 1935 年以后毛泽东等人领导的中国共产党，苏联总的说来是持怀疑态度的。这种怀疑态度直到新中国成立以后还没有完全消释，斯大林时而怀疑毛泽东是不是第二个铁托。

为了消除斯大林的疑虑，争取苏联对中国革命和建设的支援，毛泽东制定了“一边倒”的政策，并积极主动、真心诚意地发展同苏联的友好关系。

1948 年，毛泽东决定于当年 11 月末赴莫斯科向斯大林和联共中央通报一系列重大问题。他的这个决定是极富有浪漫色彩的。由他本人率领一个人员精干的代表团，从陈南庄乘吉普车开到最近的一处中苏边境，再去莫斯科和斯大林晤谈。后来由于毛泽东忙于指挥三大战役，加上坐吉普车去中苏边境也不安全，这一决定没有实行。

在新中国成立前夕，毛泽东派刘少奇率团访苏，寻求苏联对建立新中国的支持。刘少奇特别向苏方表示：毛泽东和中共中央认为，联共是世界共产主义运动的统帅部，中共只是一个方面军的司令部，根据局部利益服从世界利益的原则，我们决定中共服从联共的决定，即使我们有不同意见，在说明这些意见之后，也准备服从并坚决执行联共的决定。对此，斯大林的答复是：“所谓中共服从联共的说词是奇怪的，从来就没有这样的决定。”既然斯大林是这样说，毛泽东要求刘少奇向斯大林声明撤销中共服从联共的意见，但同时表明中共对联共的实际态度。从这件事我们可以看出，毛泽东对发展中苏友好关系的真诚态度。

主动“倒”向社会主义阵营对于新中国十分重要，因为这关系到新中国在当时国际格局中的地位问题，在新中国建立之前，斯大林就建议中共早一点成立新政府，以免西方国家借口中国的无政府状态进行武装干涉，把中国内战问题国际化。毛泽东接纳了斯大林的意见，在 1949 年 10 月 1 日建立了新中国。但新中国成立后，如果没有国际上的承认，则中国问题国际化的危险仍然存在。所以 10 月 1 日举行开国大典时，毛泽东悄悄地对周恩来说，从现在起，如果三天之内国外还没有人承认中华人民共和国，那就成问题了。毛泽东的担心不是没有道理的。因为以美国为首的西方国家不会承认，至少不会在短期内承认新中国，如果苏联等社会主义国家也不承认新中国的话，那的确是件麻烦事。毛泽东主动采取的“一边倒”政策在这个时候起了作用。在中华人民共和国宣告成立之后两个多小时，北京收到了第一份发自莫斯科的贺电：“苏维埃社会主义共和国联盟热烈祝贺中华人民共和国成立，并正式承认中华人民共和国中央人民政府”。紧接着，一批社会主义国家相继发来了贺电，并正式和中国建立外交关系，有保加利亚、罗马尼亚、匈牙利、朝鲜、捷克斯洛伐克、波兰、蒙古等，以苏联为首，清一色全是社会主义国家。

新中国成立初期，苏联的支持和援助对于我们恢复和发展国民经济，粉碎国内外敌人的进攻，巩固新生的人民政权，都具有重要意义。朝鲜战争爆发之前，1950年4月，毛泽东在中央人民政府委员会第六次会议上讲话，谈到《中苏友好同盟互助条约》签订的意义时说："帝国主义者如果准备打我们的时候，我们就请好了一个帮手。"这个预见是对的。在后来的抗美援朝战争中，不说苏联为我们提供了武器援助，就是这个巨人站在背后，对于我们的勇气和信心都是极大的鼓舞。

关于实行"一边倒"政策的历史背景和必要性，邓小平在1949年7月19日致华东局诸同志的信中，作了精辟的阐述。他说："帝国主义的各种花样直到封锁，其目的在于迫我就范，我们的斗争也在于迫使帝国主义就范。我们绝不就帝国主义之范，而一个多月的经验看出，帝国主义就我之范亦非易事。这一时期双方斗争实际上都是试探的性质，直到英美摊出封锁的牌。封锁，在目前说来，虽增加我们不少困难，但对我仍属有利，即使不封锁，我们许多困难也是不能解决的。但封锁太久了，对我则是极不利的。打破封锁之道，毛主席强调从军事上迅速占领两广云贵川康青宁诸省，尽量求得早日占领沿海各岛及台湾。同时我们提出的外交政策的一面倒，愈早表现于行动则对我愈有利（毛主席说，这样是主动的倒，免得将来被动的倒）……我们这样做，即占领全国、一面倒和自力更生，不但可以立于坚固的基础之上，而且才有可能迫使帝国主义就我之范。"

新中国成立初期，毛泽东实行主动的"一边倒"政策，意义重大。但"一边倒"并不是随人俯仰，损害主权，而是以独立自主为基础，以保证主权不受侵犯为条件的。

七、革命不能输出

1974年5月29日，毛泽东在会见马来西亚总理拉扎克时说："我们跟各国共产党很多都有关系。我不隐瞒这一点。他们如果有胜利，有发展，我们是高兴的。"

毛泽东又说："因为我们也是共产党，各国共产党我们不能拒绝他们到我们这个国家来，至于你们各国的内政，我们不能干涉。你们或者是和平，或者是战争，那是你们自己的事。"这些话把革命和外交的根本界限作了区分。一方面，中国共产党应当积极同非社会主义国家的共产党进行交往；另一方面我们不怂恿和支持这些国家的共产党搞颠覆活动，即不向这些国家输出革命。为什么不能输出革命，或"革命不能输出"呢？

首先，输出革命是不能成功的。毛泽东有一次对缅甸总理吴努说：一个国家靠外国的帮助，靠别国党的帮助，而取得革命的胜利，在历史上是很少见的。东欧各国的情况不同，那是因为苏联军队同纳粹德国作战时占领了这些国家，不然的话，靠外国的帮助，靠外国输出革命，而取得胜利是不可能的。我们就是在这个意义说，革命不能输出。

中国革命的胜利不是共产国际和苏联输出革命的结果，相反共产国际和苏联的一些错误的指示对中国革命造成了很大的危害。1936年，毛泽东在延安的窑洞里对斯诺说，共产国际的俄国代表应对中国共产党在1927年的反革命事件中遭受的灾难负责。1956年，中共八大召开期间，毛泽东会见苏联代表团时说："我们第三次'左'倾路线统治时期使苏区损失了百分之九十，这都是由于不相信自己，而一味盲听盲从的结果，也由于国际共产主义运动中出现的好似'老子党'与'儿子党'之分的不正常的党与党之间的关系的结果。"由于毛泽东对共产国际和苏联不恰当地干预中国革命的做法很不以为然，所以1943年5月共产国际宣布解散时，毛泽东很兴奋地说："他们做得对，我就不主张要这个机构。"在抗战胜利后，斯大林建议毛泽东把武装交出来，与蒋介石搞联合政府。三大战役后，斯大林又主张共产党与国民党划江而治，搞南北朝。这两个建议毛泽东都没有采纳，从而取得了中国革命完全的、彻底的胜利。"革命不能输出"还有一个方面的原因就是输出革命违背了中国一向倡导的和平共处五项原则。一个国家输出革命，在另一个国家支持搞颠覆活动，必然会造成另一个国家国内局势的动荡，并进而影响世界的和平与安宁。中国把维护世界和平作为外交的一个根本出发点，决不会因为输出革命而做干涉他国内政，破坏世界和平的事。

周恩来在1955年的亚非会议上，重申了中国不输出革命和不干涉他国内政的一贯主张。

亚非会议在印度尼西亚的万隆召开。会议开幕的第一天，一些亲西方国家的代表和对社会主义有很大成见的代表就对社会主义国家进行了攻击。伊拉克代表洪迪尔·贾马利在发言中指责共产主义是“独裁”，是一种“新殖民主义”，并且提出，当前一个重要的课题是反对共产主义。泰国代表危言耸听地声称中国成立傣族自治区域使泰国受到了颠覆活动的威胁。土耳其代表宣称，北大西洋公约组织和《马尼拉条约》组织都是“为了和平”，而现在世界上之所以没有和平，就是因为社会主义国家的扩张威胁。锡兰代表甚至说：“中国若有共处的诚意，就应要求共产党情报局命令各国共产党全部撤退。”他们指责中国“利用在国外的1000多万华侨的双重国籍来进行颠覆活动”。

针对这些国家的担心、误解乃至不怀好意的指责，出席会议的中国代表团团长周恩来进行了耐心的解释和说服。他指出：“中国革命是依靠中国人民的努力取得胜利的，决不是从外国输入的，这一点连不喜欢中国革命胜利的人也不能否认。中国古话说：‘己所不欲，勿施于人。’我们反对外来干涉，为什么会去干涉别国内政呢?”周恩来最后引用中国古语说：“‘百闻不如一见。’我们欢迎所有到会的各国代表到中国去参观。我们没有竹幕，倒是别人要在我们之间施放烟幕。”周恩来的发言，消除了一些非社会主义国家对中国输出革命，进行扩张的担心，剥夺了那些亲西方国家反华的口实，对亚非会议的成功召开起了重大作用。

毛泽东有一次同缅甸吴努总理谈话时也讲到了中国不干涉他国内政的问题，表达了中国不输出革命的基本精神。他说：“我们希望你们国内和平，至于具体地如何取得国内和平，那要你们自己处理。如果我们在具体问题上表示态度，那就不妥当了。”毛泽东又说：“共产党的问题不是一个国家的问题，而是一个世界性的问题，因为大多数国家都有共产党。因此各国都要自己处理自己的问题。”

毛泽东进一步指出：“在你们国内也有对我们不友好的党派、团体和个人，在别国如印度、印尼也有。但是我们不好干涉，不好对这些党派、团体和个人说，他们不应反对我们。每一国都有几种党。对于这几种党，我们不能表示反对哪些党，赞成哪些党。我们只能以每一国的政府为对象来解决问题。”

毛泽东在与非社会主义国家交往时，一方面对这些国家的共产党和革命人民表示道义上的支持；另一方面又坚持不输出革命、不干涉他国内政的原则。他的外交体现了无产阶级国际主义与和平共处五项原则的完美结合。

八、打而不登　断而不死

朝鲜停战协定签字以后，美国进一步介入台湾事务，企图制造“两个中国”“一中一台”，达到永远霸占台湾的目的。美国加紧为台湾提供武器弹药和训练特务，美蒋不断联合举行大规模的军事演习，在台湾海峡地区制造紧张局势。蒋介石的飞机竟然由福建、浙江沿海发展到进入云贵川康等地去撒传单、空投特务。对此，毛泽东说，太猖狂了，是可忍，孰不可忍！要打一些炮，警告他们一下。

1958 年 8 月 23 日，在毛泽东的直接指挥下，中国人民解放军福建前线部队开始炮击金门。顷刻之间，金门陷入一片火海之中，许多阵地被摧毁，在 85 分钟的袭击中，有 3 万余发炮弹从天而降，国民党军伤亡达 600 余人。美蒋双方都没料到中国人民解放军会在这时炮打金门，因此没有什么戒备。当时金门防卫司令胡琏正陪同前来视察的“国防部长”俞大维返回司令部，第一批炮弹打过来，险些被炸死。

炮击金门开始之后，美蒋之间的矛盾立刻暴露出来了。

根据 1954 年美国与蒋介石集团签订的“共同防御条约”，美蒋协同防御的范围包括台、澎、金、马地区。但是美国并不愿意为了蒋介石而轻易冒险同中国人民解放军发生直接的军事冲突。这一点，可以从 9 月 7 日的战斗中看出来。在蒋介石的一再要求之下，美国答应派军舰为蒋军护航。9 月 7 日，台湾蒋军舰船在美军炮舰护送下，向金门、马祖运输各种物资，以便金门、马祖守军之用。当天中午 12 点，当美蒋混合舰队到达金门的料罗湾港口时，福建前线的炮兵部队立即猛烈开火，炮弹准确地落入蒋军舰船编队和港口，而美国军舰不仅没有开火还击，反而丢下蒋舰和运输船只，掉头向台湾方向逃跑。金门蒋军和在料罗湾的蒋舰纷纷向台湾告急。

台湾问："美国朋友呢？美国军舰呢？"蒋舰回答："什么朋友不朋友？美国军舰已经掉头跑了！"大骂"美国人混蛋"。这一战，蒋舰被我军击沉三艘、击伤数艘。

美国不愿意为金、马与中国开战而把自己置于危险的境地。它想舍金、马，而保台湾。金门、马祖离内地近，离台湾远，舍掉金、马等于使美国人卸了一个包袱，而且疏远了台湾和大陆的联系，更便于它实现"一中一台"的阴谋。因此，美国不断向蒋介石施加压力，要求蒋军从金门、马祖撤走。1958 年 9 月 30 日，杜勒斯在记者招待会上说，如果看起来有了相当可靠的"停火"，那么，在金门、马祖这些岛屿上"保持这批为数不少的部队就是愚蠢的"。为了迫使蒋撤兵，杜勒斯还表示美国"没有保卫沿海岛屿的任何法律义务"，美国"不想承担任何这种义务。今天，我们并没有这种义务。"

对于美国这种企图在事实上制造"两个中国"的做法，蒋介石看得很清楚。他也反对制造"两个中国"，搞"一中一台"，并在这个问题上一直大骂美国对不住他。美国力图把他的"中华民国"变成附属国甚至托管地，他拼命也不干。他要保持自己的半独立性。解放军炮击金门加深了美蒋在这个问题上的矛盾。

对于杜勒斯 9 月 30 日的讲话，蒋介石立即予以反驳。10 月 1 日，蒋介石对美联社记者说，他反对削减沿海岛屿的武装部队或使沿海岛屿地位有任何改变。台湾当局的所谓"外交部"也一再发表声明，表示要坚守金门、马祖，不减少外岛驻军。

为了利用美蒋矛盾，反对美国从金、马脱身，和制造事实上的"两个中国"的图谋，毛泽东决定对金、马实行"打而不登、断而不死"的方针。也就是说，让金、马留在蒋介石手里，我们只是打炮，而不登陆占领，以便拖住美国，使它舍金、马而保台湾，从事实上制造"一中一台"的图谋不能得逞。

中共中央从 10 月 3 日起连续召开政治局常委会议，讨论台湾海峡形势及其对策。毛泽东在会上讲话的大意是：对于杜勒斯的政策，我们和蒋介石有共同点：都反对两个中国，我们要解放台湾，他也要"反攻大陆"；目前的实际情况是谁也统一不了谁，因此剩下的问题是如何与蒋达成默契，共同反对杜勒斯制造"两个中国"的图谋。为了反对美国制造"两个中国"，毛泽东提出把金、马留在蒋介石手中的主张，他说："蒋介石是不愿意撤出金、马的，我们也不是非登陆金、马不可。可以设想，让金、马留在蒋介石手里如何？这样做的好处是金、马离大陆很近，我们可以通过这里同国民党保持接触，什么时候需要就什么时候打炮，什么时候需要紧张一点就把绞索拉紧一点，什么时候需要缓和一下就把绞索放松一下，不死不活地吊在那里，可以作为对付美国人的一个手段。我们一打炮，蒋介石就要求美国人救援，美国人就紧张，担心蒋介石给他闯祸。对于我们来说，不收复金、马，并不影响我们建设社会主义。光是金、马蒋军，也不至于对福建造成多大的危害。反之，如果我们收复金、马，或者让美国人迫使蒋介石从金、马撤退，我们就少了一个对付美蒋的凭借，事实上形成两个中国。”

会议经过讨论，同意毛泽东的意见，对金、马还是打而不登，断而不死，让金、马留在蒋军手里，不让美国脱身，以利于同美国“两个中国”的政策作斗争。

10 月 25 日，中国国防部长彭德怀发表《再告台湾同胞书》，宣布：在不引进美国人护航的条件下，逢双日对金门诸岛不打炮，逢单日，可能打炮。这也就是“打打停停，半打半停”的策略。

从此，炮击金门变成了纯粹的政治仗，不但双日不打，就是单日打炮，也不打阵地和居民点，只打到海滩上。蒋军回炮，也同样只打海滩。后来又发展到每逢年节，对金门停止炮击三天，蒋军也同样办理。这时，海峡两岸领导人实际上已形成某种默契，共同抵制美国企图在台湾海峡画线，使台湾与大陆隔绝的计划。党中央和毛泽东正确及时地估量形势，制定“打而不登，断而不死”的方针，暂时维持金、马现状，把解放金、马同解放台湾作为一个整体加以考虑，不让美国从金、马脱身，从而又一次挫败了美国企图制造“两个中国”的阴谋。

九、我们同戴高乐有共同点

新中国成立以后，以美国为首的西方国家对中国实行外交上孤立、经济上封锁、军事上包围的政策。所以，新中国外交的一项严重的任务，就是打破美国等西方国家的封锁。

西方国家虽然联合起来对中国实行封锁，但内部也不是铁板一块的。随着欧、日经济的恢复和发展，实力的增强，对美国的态度逐渐发生了变化，由原来的俯首帖耳、唯命是从，变为不再心甘情愿地任凭美国摆布了。特别是法国这方面的倾向更明显。戴高乐上台以后，提出发展法国的核武器，建立法国完整的防务体系，遭到美国的反对，戴高乐便宣布退出北约一体化组织。

对于帝国主义国家之间的矛盾，毛泽东敏锐地觉察到了，并提出了利用帝国主义国家的矛盾，建立反美统一战线的思想。

1946 年 8 月，毛泽东在同美国记者安娜·路易·斯特朗的谈话中，指出美苏之间存在一个广大的“中间地带”。到 60 年代，毛泽东把中间地带分成两类，一个是亚、非、拉国家和地区，叫作“第一中间地带”，一个是欧洲、加拿大、澳洲、新西兰和日本，叫作“第二中间地带”。并认为这两个中间地带都同美帝国主义有矛盾。

1964 年 7 月 10 日，毛泽东在会见佐佐木更三等日本社会党人士的谈话中指出：整个亚洲、非洲、拉丁美洲的人民都反对美帝国主义，欧洲、北美、大洋洲也有许多人反对帝国主义。帝国主义者也反对帝国主义。戴高乐反对美国就是证明。我们现在提出这么一个看法，就是有两个中间地带。亚洲、非洲、拉丁美洲是第一个中间地带。欧洲、北美、大洋洲是第二个中间地带。日本的垄断资本主义也属于第二个中间地带。你们的垄断资本是你们反对的，可是他们也不满意美国。现在已经有一部分人公开反对美国，另一部分依靠美国。我看随着时间的延长，这一部分中的许多人也会把骑在头上的美国人赶掉。

1964 年 8 月 17 日，毛泽东在接见阿尔及利亚驻华大使的谈话中又说：我们利用戴高乐对美国进行斗争。在这一点上我们同戴高乐有共同点。他也看出我们有这一点。在反对美帝国主义这一点上，他也需要我们。所以我们把中间世界分为两部分。中间世界即所谓第三世界。第一个第三世界是亚洲、非洲、拉丁美洲。第二个第三世界包括像法国、日本、加拿大以及欧洲一些国家。他们同美国会有冲突。有些国家现在还不明显，例如日本、西德。估计五年、十年之后，他们会要站起来的。这些国家的垄断集团、大资本家是不会甘愿受美国控制的。现在已经看到一些征兆。就连英国保守党中一部分人也不赞成同美国合作得那么紧。

根据对矛盾的分析，毛泽东分清了敌友，找到了同盟军，决定据此建立国际反美统一战线，在这条反美统一战线中，主力军是“第一中间地带”的亚非拉国家，而“第二中间地带”的西方发达资本主义国家可作为“间接的同盟军”。根据这一思想，中国积极与法国建立了外交关系。

1963 年 8 月，戴高乐总统授权法国前总理富尔带着他的亲笔信，到中国商谈两国关系问题。富尔希望中法两国先建交，然后法国再同台湾断交。这与中国一贯的态度不同。中国一直主张必须先同台湾断交，表明态度，然后再和新中国建交。这一次，中国第一次表现出了极大的灵活性，同意了富尔的方案。

1964 年 1 月，中法两国正式宣布建交，这是西方大国中第一个同中国建立正式外交关系的国家，对于打破美国孤立中国的政策具有重要的意义。

为了打破美国的封锁，改善中国的国际地位，毛泽东在外交中善于利用矛盾，分化瓦解敌手，联合同盟军，争取建立反美国际统一战线，以共同反帝反霸，维护世界和平。用基辛格的话来说，毛泽东确是搞“平衡”和“均势”的大师。

十、不怕压 不怕“鬼” 走自己的路

独立自主是中国外交政策的立足点。中国在鸦片战争以后，长期受到帝国主义的侵略、欺凌和奴役，民族自尊心在这个过程中被严重挫伤。所以，中华民族重新获得独立自由，则深感来之不易，倍加珍惜。

新中国建立时，世界上分为社会主义阵营和帝国主义阵营。为抵御以美国为首的帝国主义阵营的封锁包围，中国实行“一边倒”的政策，即倒向苏联为首的社会主义阵营一边，反对帝国主义的侵略扩张。但中国的“一边倒”是有原则的，即在坚持独立自主基础上的“一边倒”。

斯大林在世时，还比较尊重新中国的独立自主权利。因为斯大林对自己在中国革命问题上所犯过的一些错误有一定的自知之明和歉疚之意，所以他对毛泽东和中国共产党怀有几分敬意，不那么颐指气使，损害中国的主权。

斯大林去世以后，赫鲁晓夫上台，赫鲁晓夫谋求苏联与美国平起平坐，共同主宰世界，霸权主义思想有了明显的发展。他企图把包括中国在内的其他社会主义国家牢牢地控制在自己手中，使之服从自己的全球战略需要。这种大国沙文主义的作法与中国独立自主的原则发生了尖锐的矛盾，一场控制与反控制，干涉与反干涉的斗争在所难免。

1958 年 4 月 18 日，苏联国防部长马利诺夫斯基元帅致函中国国防部长彭德怀元帅，建议中苏共建一座长波电台，以便于指挥苏联在太平洋地区活动的潜艇。致函表示，这个电台应位于中国东北部的沿海，费用由苏方负担大部分，中国可出小部分。对于这个有关中国主权的问题，中国不得不慎之又慎地考虑。到 6 月 12 日，彭德怀复信马利诺夫斯基，表示同意建立长波电台，但一切费用由中国承担，并且要签订一个协议，以明确责权。中国方面的意思很明确，即电台的所有权应归中国所有。这个方案既满足了苏方使用电台的需要，又没有损害中国的主权，应该说是一个很好的解决方案。但苏联不干，仍然坚持在中国领土上由中苏共建和管理长波电台。苏联的无理要求引起了毛泽东的警觉，他通过苏联驻华大使尤金提醒苏联领导人：在军事上搞“合作社”是不适当的。

中苏在长波电台的问题上还没有扯清楚时，赫鲁晓夫不知进退，很快又于同年 7 月 21 日通过尤金向毛泽东提出由中苏“建立一支共同潜艇舰队”的要求。毛泽东觉得赫鲁晓夫简直是欺人太甚，他严肃地对尤金指出，电台和潜艇部队都是涉及主权的政治问题，在这个问题上要讲条件，“半个指头也不行!”

尤金大使把毛泽东的话如实转告了赫鲁晓夫。赫鲁晓夫并不死心，急忙跑到中国与毛泽东面谈。毛泽东斩钉截铁地说：要搞，你们给技术资料，派专家帮助我们搞。搞联合舰队，是政治问题，讲政治条件，我们不干。赫提出对等条件，可以让中国的潜艇以摩尔曼斯克作基地。毛泽东说：“不要，我们不想在摩尔曼斯克干什么，也不希望你们在我们这儿干什么。英国人和别的外国人已经在我们国土上待了很多年，我们再也不想让任何人利用我们的国土来达到他们自己的目的。”赫氏还要争辩，毛泽东火了，拍了桌子，对赫鲁晓夫说：你把整个中国都拿去算了！

主权代表一个国家的最高利益。在维护领土和主权完整这个根本原则问题上，不能有丝毫的含糊和动摇。谁要损害中国的主权，毛泽东绝对不会容忍，哪怕天塌下来，都敢顶住，这就是毛泽东的性格和一贯原则。

赫鲁晓夫的大国沙文主义在毛泽东面前碰了钉子，恼羞成怒，翻脸无情。趁中国在经济非常困难时期逼中国偿还抗美援朝的军火“债”。原来是朝鲜战争爆发后，斯大林和中国商定，中国出兵，他提供武器，但没有采取书面协议的形式。赫鲁晓夫不承认斯大林所作的这个许诺，硬逼中国还“债”。当时，中国“人穷志不穷”，说要还“债”就还“债”，而且不论价，说是多少就是多少。因为对民族自尊的深爱和对主权完整的敏感根本压倒了钱的考虑，甚至根本蔑视讨价还价。

1960 年，赫鲁晓夫使出了他最毒辣的一手。7 月 16 日，苏联突然照会中国，决定把在华工作的全部苏联专家和技术人员撤回国，并且中止执行几百个经济技术协议和合同。7 月 31 日，中方复照苏方，希望苏联重新考虑这个决定，并表示愿意挽留苏联专家。但赫氏一意孤行，一个月之内就撤走了在华的 1300 名专家，撕毁了几百个经济技术协定，废除了 257 个科学技术合作项目。这就使中国一些重大的设计项目和科研项目中途停顿，使一些正在施工的项目停工，使一些正在试验生产的厂矿不能按期生产。中国本已严重的经济困难因而进一步加剧了。

但是毛泽东对赫鲁晓夫这些拙劣的手段一概不在乎。不怕压，不怕“鬼”，走自己的路，这是他一贯的性格。在他看来，为了维护国家的主权和尊严，这点压力，这点困难算什么？在 1962 年 1 月 30 日扩大中央工作会议上，毛泽东说：“从 1958 年起，我们就确定了自力更生为主，争取外援为辅的方针。”意思是说，你赫鲁晓夫施压，我们不要你的援助又怎么样？中国人民有自己的民族自尊心和自信心，绝不会为了得到一点外援而丧失自己珍爱的独立和自由，绝不会为了得到一点施舍而损害神圣不可侵犯的主权。这就是中华民族的民族精神，这就是毛泽东外交品格！

第八章 管理教育、科技、文艺等的艺术

“科学技术是第一生产力”。要把我国建设成为一个社会主义现代化强国，必须走“科教兴国”的道路。新中国建立以后，毛泽东十分重视科技、教育、文学艺术、体育、卫生等事业的发展。中共八大召开前夕，他提出要把中央委员会由“政治的中央委员会”变为“科学的中央委员会”，以加强对科、教、文、体、卫等事业的领导。

一、教育强国 教育是立国之本

1970年12月18日，毛泽东对美国记者斯诺说："什么'四个伟大'讨嫌！总有一天要统统去掉，只剩下Teacher，就是教员，因为我历来是当教员的，现在还是当教员。"这句话体现了毛泽东的谦虚和对个人崇拜的反感，但它从一个侧面反映了毛泽东对"教员"称号的珍视与偏爱，以及他对教育工作的重视。

1960年，毛泽东会见了无锡师范附属小学教师吴启瑞。吴的公公王立庵是毛泽东在湖南一师求学时的数学老师。吴的丈夫王人路是毛泽东青少年时期的好友。王人路在1948年病逝前，拉着吴启瑞的手嘱咐她，如有危难之事，可去找"毛大哥"——毛泽东。

毛泽东对王立庵先生很怀念，对王家是教师世家表示敬佩。会见时，吴启瑞随口说了句："搞教育工作不吃香。"毛泽东听后，马上纠正说："不，不！教育强国，教育是立国之本。没有昌济先生和立庵先生这些教师，我毛泽东哪有今天？现在你的妹妹王明夏在北师大附中当教师，我女儿李讷在她那儿学习，我是支持李讷将来做一名教师的。"吴启瑞自觉失言，感到脸上火辣辣的。

毛泽东对自己的老师一往情深。他以自己为例，说明了一切人才的成长和贡献，归根结底都离不开老师的栽培，从而阐明了教师和教育的重要地位和作用。一个国家的发展和强大，需要大批的人才，需要全体国民素质的提高。而教师和教育就是培养人才和提高国民素质的。因此，毛泽东说："教育强国，教育是立国之本。"

毛泽东非常重视教育工作。中国革命和建设需要大批的专门人才，这些人才的培养，主要是通过各级各类学校的教育来实现的。同时毛泽东又通过开办各类业余学校、培训班、识字运动等形式来提高一般民众的文化水平。在这个过程中，毛泽东既是领导者和组织者，有时又是一位工作认真的“兼职教师”。

毛泽东在担任江西苏维埃政府主席期间，领导兴办了各种文化教育事业。在瑞金开办了红军大学、苏维埃大学等十几所高等和中等专业学校；其他各地也普遍开办了列宁小学、农民夜校和识字班，用一切办法提高工农群众的政治文化水平，培养出大批领导干部和各种建设人才。

毛泽东对教育工作一丝不苟。徐特立回忆说：我是1930年年底到江西。这时江西还是游击区域，政权在区乡。毛泽东认为游击区域应当有带游击性的教育，要我编识字运动的办法。其中有一个小问题他和我讨论两次，一直到彻底得到解决才中止讨论。这一问题就是怎样教文盲写字，模范字怎样写法。这一小问题，本不值得他过问，而他丝毫不放松。因为文盲是广大群众问题，我们放松了一点，就是广大群众受了损失。就不是小问题了。

长征到达陕北以后，红军大学（后改名为“抗大”）也迁到了陕北，毛泽东任校务委员会主席，并亲自执教，讲中国革命战争战略问题，讲哲学。开始时，一些学员对部分教师讲课有些意见，毛泽东又亲自给这些学员做工作，要他们尊重老师，再不要提老师的意见了。

作为党的领袖，毛泽东非常重视对干部进行马克思主义基本理论教育，并要求他们把马克思主义基本原理和中国革命实践相结合，提高用马克思主义的基本立场、观点、方法研究解决中国革命实际问题的能力。为此目的，毛泽东亲自到陕北公学、“抗大”讲授哲学课。他的著名的哲学名篇《矛盾论》和《实践论》就是根据这个时期的讲课稿整理而成的。毛泽东准备讲课稿十分仔细认真。有一次他风趣地跟郭化若说：“我折本了。”郭不大理解，有点诧异。毛泽东笑着解释说：“我花了四夜三天的时间，才准备好了讲课提纲，讲矛盾统一法则，哪知只半天就都讲完了，岂不折本了吗？”这当然是开玩笑说的话。但毛泽东以党的领袖的身份当起了“业余教员”，又是那样的“学而不厌，诲人不倦”，这是很不容易的。

新中国成立后，毛泽东很重视教育事业的发展和群众文化素质的提高。他领导了扫除文盲的运动。还自己出钱为身边的工作人员办起了业余学校，有时自己也手把手地教工作人员读书识字。

1954年的一天，毛泽东把叶子龙和李银桥叫去，提议为警卫战士和身边工作人员办一个业余学校。他让人买来课本、笔墨、字典、地图、作业本等，70多个人每人发一套，并以他的名义请来了五位老师。业余学校办起来了。

毛泽东经常检查警卫战士的作业本。有一次，他看见卫士封耀松的作业本上，老师给了一个大大的“5”分，赞叹说：“嗯，好，又进步了。”小封很得意。可毛泽东看了一会儿，脸上的笑容消失了，“嘿”了一声说：“你们那个老师也是马大哈呀。”小封紧张起来，把眼睛凑近作业本看。他的作业本上默写白居易的《卖炭翁》，毛泽东用手指甲在其中一行的下边划道：“这句怎么念?”

“心忧炭贱愿天寒。”

“你写的是忧吗？哪里伸出来一只手？你写的是扰，扰乱的扰。怪不得炭贱卖不出价钱，有你扰乱么。”

小封脸红了，抓挠头皮窘笑。

“这句怎么念?”

“晓驾炭车碾冰辙。”

“这是辙吗？到处插手，炭还没卖就大撤退，逃跑主义，这是撤退的撤。”毛泽东抓起笔给小封改作业，“虚有5分，名不副实”。于是，小封的“5分”变成了“3分”。

因此，机关业余学校，除了五位老师以外，其实还有一位老师，那就是毛泽东。

毛泽东是教师出身，在革命战争年代又经常给学员讲课，新中国成立后又很重视文化教育事业的发展。所以，他说他历来是当教员的，虽然是语义双关的谦虚之词，可仔细想来，又觉得不无道理。

二、倡导“双百方针”

1956年，我国对私有制的社会主义改造基本完成。党和国家面临的迫切任务是调动一切积极因素，团结一切可以团结的人进行全面的社会主义建设。为此，就要调动和发挥广大的知识分子建设社会主义的积极性。

可是，由于我国科学文化领域内受到苏联学术批评中粗暴作风的影响，以及国内一部分人“左”倾思想的干扰，教条主义、宗派主义和形式主义等问题一直束缚着广大知识分子。其突出表现就是只许发展一种学派，不许发展另一种学派，在学术、文艺问题上动不动就打棍子，扣帽子。

在这种情况下，毛泽东为了发展我国的科学，繁荣文学艺术，在4月28日的政治局扩大会议上提出了“百花齐放”“百家争鸣”的方针。他说：“‘百花齐放、百家争鸣’，我看这应该成为我们的方针。艺术问题上百花齐放，学术问题上百家争鸣。讲学术，这种学术可以，那种学术也可以，不要拿一种学术压倒一切，你如果是真理，信的人势必就会越多。”

毛泽东提出“双百方针”以后，还对这个方针的贯彻落实进行具体指导。这是毛泽东一贯倡导的工作方法。他曾说，领导不能停留于一般的号召，还应该具体指导。要作具体指导，就得深入实际，了解调查，关心事物的发展进程，从中发现问题，发现好的方法，不断总结经验和纠正错误。使方针的实现有相应的政策保证，使人们在实践中体会到贯彻这个方针的必要性，以鼓励和激发人们的积极性，这样，既能保证正确的发展方向，也容易使一种正确的主张在实行过程中有一个比较正确可行的办法。

为了鼓励知识分子参加“争鸣”，毛泽东没少花心思。

1956年，周谷城在《新建设》杂志上发表了《形式逻辑与辩证法》一文，毛泽东看后，很是欣赏。一次，在上海，毛泽东拿起那本《新建设》杂志对周说：“你的逻辑论文写得很明确，要继续争鸣下去。”

周谷城说：“我很孤立，火箭炮冲起来，我也有些受不了。”

毛泽东说：“有什么了不起，辩论就是嘛。”

有一次，毛泽东约周谷城到中南海游泳池游泳。游罢上岸之后，毛泽东拿出一本线装的《汉书》，翻至《赵充国传》说：“赵充国这个人当年主张西北边疆屯田，很能坚持自己的主张。最初，赞成他的人不过十分之一二，不信的有十分之八九，到后来，他的主张慢慢地有人赞成了，最后，相信的十分之八九，不信的只有十分之一二。可见真理要人家接受，是有一个过程的，无论过去和现有都是如此。”毛泽东的话对周谷城启发很大，他知道毛泽东是以赵充国为例，鼓励他继续“争鸣”下去。

后来，周谷城的那篇文章又在《人民日报》上发表了，毛泽东知道后，很兴奋，他特地用长途电话召周到北京。

毛泽东对周谷城说：“问题移到《人民日报》上来了，讨论可能展开。”

周说：“我把形式逻辑与辩证法联在一起讲，却又把它们严格划分，恐怕不易有人信。”

毛泽东用夹杂英语的话语风趣地说：“formal logic 本来说是 formal 的，要把它与辩证法混同，甚至改成辩证法，是不可能的。它是独立学问，大家都要多学一点。”

当周再一次说到自己很孤立，成了众矢之的时，毛泽东告诉他：“你的意见有人赞成，并不孤立。人民大学的刊物《教学与研究》上，有人写文章，和你的观点相同。我可以叫人寄给你看看。”

此后，毛泽东果真很快叫人给周谷城寄去了几本刊物，有关地方还折角作了记号。

赞同周谷城观点的人叫王名方。1957 年 4 月 11 日，毛泽东在中南海颐年堂邀集逻辑学、哲学界人士研讨逻辑学讨论中提出的问题。参加者之中有周谷城和王名方。毛泽东指着周、王二人说：“你们两人的观点很接近，可以作学术上志同道合的朋友。”毛泽东为周、王之间的学术交流起了牵线搭桥的作用，同时也是对周、王二人勇于探索的理论勇气的鼓励。

毛泽东还曾专门指示周谷城：最好把西方哲学史上哲学家所讲的逻辑，每一个人的，都给写一篇或几篇说明介绍的文章，从古到今，来它个系统的叙述。还说：“最好把所有的逻辑书，不论新的或旧的，过去的或现在的，一律搜齐，集成大部丛书，在前面写几句按语式的话，作为导言。”

以后，北京出版界决定出版《形式逻辑与辩证法问题》一书。周谷城写信请求毛泽东作序，毛泽东回信说：

谷城兄：两次热情的信，都已收到，甚谢！大著出版，可资快读。我对逻辑学无多研究，不能有所论列。问题还在争论中，由我插一手，似乎也不适宜，作序的事，不拟应命，可获谅解否？敬覆，顺颂教安。

毛泽东

一九五八年七月二十八日

“双百方针”的目的是使科学、文化领域活跃起来。在学术问题上不管多数派，还是少数派，都能够充分表达自己的观点，自由地展开辩论，在自由的辩论中分真伪，别正误。要使“争鸣”能够正常、持续地进行下去，作为领导者应该有意识地给少数派鼓励和打气，因为真理并不一定总是在多数人那边，有时是在少数派手里。毛泽东积极支持周谷城展开“争鸣”，并不只是由于自己赞赏周的观点，更重要的是，他是希望通过对周的鼓励，来把这场争论引导进行下去。从而为自己倡导的“双百方针”树立一个成功的范例。

由于“争鸣”是在学术界中进行的，属于政界的领导者，是应当对“争鸣”进行积极的引导，但应把握好分寸和尺度，不宜直接卷入某场学术论争之中。因为领导者，不管他自己是否意识到，他的身份在客观上具有“权威性”。如果领导者直接卷入学术争论之中，发表意见，那么，必然会自觉不自觉地把自己身上那种“权威”影响带进来，破坏学术“争鸣”所必需的宽松、自由的气氛，从而不利于“争鸣”的正常、深入地进行。毛泽东不为周谷城的书作序，就是这个意思。毛泽东倡导“百家争鸣”的方法值得我们学习。

三、百花齐放　推陈出新

毛泽东一生喜欢戏曲。青少年时期，在家乡他最爱湖南的花鼓戏。1918年，他自湖南赴北京，在当时的北大图书馆当图书管理员，有机会接触各种京城大戏，使他眼界大开，从此，对戏曲的迷恋程度进一步加深。

毛泽东喜欢戏曲。对旧戏的价值和缺陷都有深刻的认识。为了使传统的戏曲焕发出新的光彩，使之为人民服务，毛泽东十分重视戏剧的改革和发展。

1947年12月，毛泽东发表了一个题为《改造旧艺术，创造新艺术》的讲话，提出：接受旧的艺术，还要创造新的艺术。旧的艺术是有缺点的，尤其是它的内容，我看是颠倒是非，混淆黑白。历史本来不是帝王将相创造的，而是劳动人民创造的，可是在旧戏中，比如孔明一出场就神气十足，压倒一切，似乎世界就是他们的，劳动人民不过是跑龙套的。世界上本来是百分之九十的人是工人、农民，我们住的房子，都是他们双手盖起来的。土豪劣绅连个柱子都搬不动，可是许多的旧戏却把劳动人民表现成"小丑"。毛泽东反对旧戏中美化封建统治阶级、丑化劳动人民的做法，要求把旧剧中颠倒的封建统治阶级和劳动人民的位置，再重新颠倒过来，恢复劳动人民是历史创造者的真面目。这就为旧剧的改革指明了方向。

1948年11月23日，《解放日报》发表了一篇根据毛泽东意见写成的社论——《有计划有步骤地进行旧剧改革》。社论提出：旧剧是旧的压迫阶级用以欺骗和压迫劳动群众的一种主要的阶级斗争工具，我们要帮助和鼓励劳动群众去反对和消灭这种欺骗和压迫。现在人民解放战争胜利形势飞跃发展，大城市相继被解放，旧剧的改革任务，更加急迫地摆在我们面前。

1951年4月，以梅兰芳为院长的中国戏曲研究院成立的时候，毛泽东为之题词："百花齐放，推陈出新"，成为我国戏剧改革和发展的方针。根据这个方针，全国戏剧各剧种，各流派，不但是京剧，也包括各地方剧，都要共同发展、繁荣，这就是"百花齐放"，同时，要对旧戏的内容和形式进行改造，这就是"推陈出新"。

在"百花齐放、推陈出新"方针的指导下，广大戏剧工作者积极进行戏改工作，取得了很大的成绩。昆曲的新生，就是"戏改"结出的一个硕果。

毛泽东接触昆曲，是他1918年到北京以后，当时正是昆曲的兴盛时期。以北大蔡元培、吴梅等专家学者为代表的教育界、知识界连篇发表文章和观后感赞美昆曲，一致认为昆曲艺术是集文学、历史、音乐、舞蹈、美学等门类之大成者，是文人"造出来的艺术"。这对喜欢古典文学特别是诗词的毛泽东产生了很大的影响。

毛泽东很快迷上了昆曲优美的唱腔和诗一般的唱词，像韩世昌、白云生、侯永奎等这些昆曲演员的名字及《林冲夜奔》《游园惊梦》等昆曲名段都给他留下了极深刻的印象。

毛泽东离开北京后，一晃30多年过去了。在这段时间里面，由于战争的破坏，昆曲艺术由盛到衰，新中国成立前夕，几近灭绝。新中国成立后，在毛泽东的重视下，在“百花齐放、推陈出新”方针的指引下，昆曲艺术工作者对昆曲进行了改革，使得观众稀少，难以生存的昆曲迎来了新生。这个新生的转变就是1956年昆曲《十五贯》的演出。

昆曲《十五贯》是根据清朝初年著名戏剧作家朱素臣的《十五贯传奇》改编而成的。该剧的主要情节是：赌徒娄阿鼠图财杀死屠户尤葫芦，窃走铜钱十五贯，反而嫁祸于尤葫芦的养女苏戌娟和身带十五贯钱的过路青年熊友兰，无锡知县过于执主观地断定熊、苏二人通奸杀人，将熊、苏判处死刑。苏州知府况钟奉命监斩时发现疑点，连夜去见巡抚周忱请求缓刑复查。随后况钟通过微服私访，调查研究，终于弄清事实，抓住杀人凶手娄阿鼠，为熊友兰、苏戌娟洗清了冤屈。该剧在情节的处理和人物的塑造方面非常成功。

《十五贯》上演后，得到了毛泽东、周恩来等党和国家领导人及欧阳予倩、梅兰芳、夏衍等知名人士以及各界群众的好评，一时出现了“满城争说十五贯”的现象，戏剧家田汉感叹地说：“一出戏救活了一个剧种。”

毛泽东、周恩来对《十五贯》的重视，一是由于它的艺术性；二是它的思想性和教育意义，这些都是“推陈出新”，进行“戏改”的成果。

1956年5月17日，周恩来在《十五贯》座谈会上说：“《十五贯》一针见血地讽刺了官僚主义、主观主义，是成功的。官僚主义和主观主义在现在不是个别的。现代戏还没有一个能这样深刻地批判官僚主义和主观主义的。”

毛泽东在4月27日的中央政治局扩大会议上说：“《十五贯》应该到处演，戏里边的那些形象我们这里也是很多的，那些人现在还活着，比如过于执，在中国可以找出几百个来。”

毛泽东提出“推陈出新”的方针，及在这个方针指导下出现“一出戏救活一个剧种”的情况，说明创新是一切艺术形式的生命。一切艺术形式只有依据人民性和时代性的要求，坚持为人民服务的方向，紧跟时代的步伐，不断改革和创新，才能永葆繁荣兴盛，才能立于不败之地。

四、人的知识面要宽些

新中国建立以后，毛泽东十分重视我国科学技术的发展。为了提高中国的科学技术水平，毛泽东要求加强对科技工作的领导，并提出中央委员会应成为科学中央委员会。毛泽东在 1956 年 9 月 10 日的八大预备会议第二次全体会议上作了讲话。他说："中央委员会中应该有许多工程师，许多科学家。现在的中央委员会，我看还是一个政治中央委员会，还不是一个科学中央委员会。所以，有人怀疑我们党能否领导科学工作，能否领导卫生工作，也是有一部分道理的，因为你就是不晓得，你就是不懂。现在我们这个中央的确有这个缺点，没有多少科学家，没有多少专家。"

毛泽东在这里，实际上就是向全党发出了学习科学技术的号召。为什么要领导科技工作，领导者必须自己要懂科学呢？

领导工作的任务主要是两个，一是管人，二是决策。要领导科技工作，如果领导者自己对科学不懂，则很难与下属沟通，很难在下属面前建立威信，很难不被人怀疑"能否领导科学工作，能否领导卫生工作"的能力。这样的领导者又怎么能够"管好人"呢？如果一个领导者对自己所要管理的工作不懂，或知之甚少，又怎么能够就工作方面的问题作出决策呢？即使作出了决策，也是盲目的，不正确的，脱离实际的，会带来损害的。所以，毛泽东要求干部学习科学知识，而他自己则给全党树立了一个努力学习科学的榜样。

在革命战争年代，出于领导革命斗争的需要，毛泽东读书和研究的范围偏重于文、史、哲和军事知识。在革命取得胜利以后，转入和平建设时期，领导经济建设和科技工作的新任务给毛泽东的学习提出新的要求，促使他努力学习科学技术方面的知识，以适应新时期领导工作的需要。经过努力，在毛泽东的知识结构中，尽管仍偏重于文史哲，但他的科技知识也是很丰富的。

毛泽东学习科技知识，一是读书，二是好问。每次外出巡视，毛泽东都要随身带很多书，其中包括科技方面的书。有一次，毛泽东在专列上聚精会神地读书。张治中进来，走到了他的身后，毛泽东没有发觉。张治中问："您这样聚精会神地看，是什么书?"毛泽东说："这是本有关炼钢铁的书。"张治中说："连这种技术性的书您也要看么?"毛泽东回答："是呀! 人的知识面要宽些，你是人大代表，也该看。"

据毛泽东的秘书林克回忆说，毛泽东读过赫胥黎的《进化论与伦理学》《人在自然界中的地位》，达尔文的《物种起源》，摩尔根的《基因论》，威廉斯的《土壤学——农作学及土壤学原理》等书。对于这些科技性很强的书，毛泽东读来，甘之如饴，并能融会贯通，记忆理解。

毛泽东学习科技知识，还有一个特点，就是虚心好问。有一次，毛泽东问李四光："'山字形构造'是怎么回事，你是不是给我讲一讲。"这令李四光非常感动。毛泽东博学多闻，态度又这样谦虚，连地质力学中"山字形构造"这样专门的概念都注意到了，体现了他对地质科学的关心。

经过勤学好问，毛泽东在科技方面的知识达到很丰富的程度，令李四光、钱三强这样的大科学家都不能不感到佩服。

1964 年 2 月 16 日，毛泽东约李四光、竺可桢、钱学森等科学家到中南海会谈。毛泽东和这些科学家就天文、地质、尖端科学等许多重大科学问题广泛交谈了三四个钟头。李四光回家后对他的子女说："主席知识渊博，通晓古今中外许多科学的情况，对冰川、气候等科学问题，了解得透彻入微。在他的卧室里，甚至在他的床上，摆满了许多经典著作和科技书籍，谈到哪儿就随手翻到哪儿，谈的范围很广，天南海北，海阔天空。"毛泽东对科学问题懂得多，所以他和科学家谈得开，谈得拢，双方很容易找到共同语言。这实际上是心与心之间的对话，在这种对话中，领袖把自己的信任和期望传递给了科学工作者，对他们产生了极大的鼓舞作用。

毛泽东渊博的科学知识，使他能够对许多重大的科学问题发表意见，启发和鼓励我国科学工作者为攻克科学技术尖端，赶超世界先进水平而奋斗。他把超群的哲学思辨能力运用于对科技问题的思考之中，有时提出的观点令人耳目一新，大开眼界。

1955 年 1 月 15 日，毛泽东主持书记处扩大会议，讨论发展原子能事业问题，钱三强应邀在会上讲述核物理学的研究发展概况。毛泽东问钱三强：

“原子核是由中子和质子组成的吗?”

“是这样。”钱三强回答。

“那质子、中子又是什么东西组成的呢?”

这个问题，钱三强似乎以前没有多想过，他只好照实回答：“这个问题正在探索中，根据现在研究的成果，质子、中子是构成原子核的基本粒子、所谓基本粒子，就是最小的，不可再分的。”

毛泽东略加思索，然后说：“我看不见得，从哲学的观点看，物质是无限可分的。质子、中子、电子，也应该是可分的，一分为二，对立统一嘛! 不过，现在实验条件不具备，将来会证明是可分的。你们信不信? 你们不信，反正我信。”后来的发现证明毛泽东的预言是正确的。同年晚些时候，美国科学家发现了反质子和反中子。

毛泽东用辩证唯物主义理论，阐明宇宙从大的方面看来是无限的，从小的方面看来也是无限的，不但原子可以分，原子核可以分，基本粒子也可以分。在毛泽东这一思想指引下，我国物理学工作者在 1966 年提出了基本粒子的层次模型理论，受到了国际上的重视。

现在，党和政府提出了“科教兴国”的战略。要使我国的科学技术赶超世界先进水平，有赖于广大科技工作者和科技工作领导者的共同努力。科技工作的领导者要像毛泽东那样，不断地学习，不断地思考，始终关注科技发展的前沿。只有这样，才能领导和鼓舞广大科技工作者勇攀科学高峰，取得更大的成绩。

五、知识分子要从世界观上解决问题

知识分子是人类社会知识、经验的继承传播者和总结提高者。他们创造性的劳动对于社会的进步和发展，起着不可替代的重要作用。一个国家或民族的强弱兴衰，在很大程度上看它是否尊重知识，重视人才。

中国共产党非常重视发挥知识分子的作用。但知识分子不是一个独立的阶级，他们的思想总是反映出他们所依附的那个阶级的思想意识；所以，对于知识分子，我们不但要用其“才”，还要察其“德”，要看他的政治立场和世界观是属于哪个阶级的，是属于无产阶级的，小资产阶级的，还是剥削阶级的。毛泽东认为，一个人最重要的是要有正确的政治立场和世界观。知识分子只有站在无产阶级的立场上，确立无产阶级的世界观，才能自觉地做到为人民服务，才能真正自觉地把自己的工作与整个革命事业的大局联系起来。否则，就会自觉不自觉地背离无产阶级革命的政治路线，给革命事业带来损害。因此，要把不同阶级的知识分子改造过来，要改造他们的世界观，使他们由剥削阶级世界观转变到无产阶级世界观，从而自觉地为无产阶级和人民的革命事业服务。

对于知识分子世界观的改造，早在延安整风时期就开始了。在文艺界整风之前，一些文艺家在创作时，没有把自己和人民群众的关系摆正，不深入群众，不了解群众，不歌颂人民的光荣业绩，而是疏远群众，讽刺和嘲笑革命人民的某些缺点，以夸张的手法去暴露革命阵营的所谓“黑暗面”。一些人有意无意地写出一些对人民“冷嘲暗箭”的作品，伤了革命的同志，造成了很不好的影响。毛泽东认为，出现这些偏差的原因，是在于作者的思想意识和政治立场上有问题。为使文艺真正做到为人民服务，为革命服务，毛泽东决心对延安文艺界进行一次思想改造。

为此，毛泽东召开了文艺座谈会，并且在座谈会上发言，深刻阐述了文艺为人民特别为工农兵服务的根本方向和根本原则，以及如何“为”的问题。他以自己的亲自体会说明文艺工作者转变立场和感情的重要性：

我是个学生出身的人，在学校养成了一种学生习惯，在一大群肩不能挑，手不能提的学生面前做一点劳动的事。比如自己挑行李吧，也觉得不像样子。那时我觉得世界上干净的人只有知识分子，工人农民总是比较脏的。知识分子的衣服，别人的我可以穿，以为是干净的，工人农民的衣服，我就不愿意穿，以为是脏的。革命了，同工人农民和革命军的战士在一起了，我逐渐熟悉他们，他们也逐渐熟悉了我。这时，只是在这里，我才根本地改变了资产阶级学校所教给我的那种资产阶级和小资阶级的感情。这时，拿未曾改造的知识分子和工人农民比较，就觉得知识分子不干净了，最干净的还是工人农民，尽管他们手是黑的，脚上有牛屎，还是比资产阶级和小资产阶级知识分子都干净。这就叫感情起了变化，由一阶级变到另一阶级。我们知识分子出身的文艺工作者，要使自己的作品为群众所欢迎，就得把自己的思想感情来一个变化，来一番改造。没有这个变化，没有这个改造，什么事情都是做不好的，都是格格不入的。

毛泽东在这里向广大文艺工作者提出了“世界观根本转变”的思想改造的要求：“首先需要在思想上整顿，需要展开一个无产阶级对非无产阶级的思想斗争。”毛泽东希望文艺工作者能够利用整风运动的机会，通过学习马列主义，走与工农群众相结合的道路，实现自身的无产阶级化，从而真正成为思想自觉的党的文艺工作者。毛泽东预见到：“这个过程可能而且一定会发生许多痛苦，许多摩擦，但是只要大家有决心，这些要求是能够达到的。”

新中国成立以后，对知识分子的思想改造，范围扩大了，由文艺界扩大到整个知识界。因为新中国成立以后，党和国家工作的重心转移到经济、文化建设上来，迫切需要大批政治可靠、学有专长的知识分子。为了造就这样一支宏大的知识分子队伍，一方面从工农中选拔培养；另一方面需要对旧社会遗留下来的知识分子进行改造，使他们能够适应新社会的需要。

旧知识分子大多数都出身于剥削阶级家庭，又长期生活在半殖民地半封建社会里，不能不受到封建、买办、法西斯思想的影响。思想上旧社会的残余不能不影响他们的工作积极性的发挥。因此要从思想上帮助旧知识分子卸掉这些思想包袱，使他们在新中国的经济文化建设中更好地发挥作用。

这次对知识分子的思想改造运动从1951年秋正式开始，到1952年秋基本结束。主要内容是，认真学习马克思列宁主义和毛泽东思想，彻底肃清封建的、买办的、法西斯主义的思想影响，划清敌我界限。同时，批判资产阶级思想，划清无产阶级思想和资产阶级思想的界限。从而帮助所有的知识分子树立了为人民服务的革命的人生观，确立工人阶级在政治上、思想上处于领导地位的观念。

毛泽东认为，改造一个人，要从世界观上解决问题。抓住这个根本点，那么其他的问题都迎刃而解了。他要求党员在组织上入党之后，还要在思想上入党。不管这个党员出身于哪个阶级，只要思想上入党就算是一个真正的无产阶级先进分子了。同理，旧的知识分子虽然进入了新社会，那么思想上也要进入新社会。这就要用无产阶级世界观去改造他们的思想，只有确立无产阶级世界观，树立了为人民服务的思想，知识分子才能算是无产阶级的一部分。

六、文艺界应多歌颂光明

1942年春，延安整风运动正式拉开序幕，即将向文艺界扩展。就在这个时候，《解放日报》文艺版上发表了两篇争议性很大的杂文。一篇是丁玲的《三八节有感》，一篇是王实味的《野百合花》。两篇文章都把讽刺的矛头指向当时延安一些不大好的现象。但在随后的整风运动中，丁玲由于毛泽东的保护，被定为"同志"，而王实味则被定为"托派"。后来经复查，王实味的案子是定错了，1992年，党中央为他平反昭雪。

《三八节有感》写于1942年3月7日晚，不言而喻，是为了纪念三八节而作的。此前不久发生的两桩离婚案触发了丁玲为妇女鸣不平的情绪。文章批评一些男同志，地位提高以后，丢掉原来的"土包子"，另娶年轻漂亮老婆的现象。还讽刺延安一些女同志打扮得花枝招展，在节假日举行的舞会上扬扬得意的形态。因此得罪了一大批人。文章发表之后，立即毁誉四起。

毛泽东敏感地注意到丁玲这篇文章在思想意识和政治立场上有问题。他认为边区的主流是好的，是进步的，革命的，虽然还存在着某些缺点，但那是支流，是次要的。文艺家应该多"歌颂光明"，鼓励人民的斗志，提高边区的形象，使全国人民增强抗战胜利的信心，而不是相反，抓住边区细枝末节的缺点作夸大的暴露，给边区和党的形象抹黑，离散人们的斗志，甚至为敌所用，作为反共的工具。因此他对边区文艺界一部分人不"歌颂光明"只"暴露黑暗"的现象极为不满，认为这是文艺界思想不纯的表现，是和党的政治路线严重偏离的表现。

毛泽东认为丁玲这篇文章出问题的根本原因，在于作者的世界观还没有无产阶级化，还自觉不自觉地站在小资产阶级的立场上来观察问题，夸大其词，抒发小资产阶级的个人体验和情绪。但是，他认为作者的本意是善良的，是为了帮助同志改正错误，但由于立场不对，产生了与本意相反的后果。

毛泽东决心批评、挽救丁玲。

在1942年4月初的高级干部会上，丁玲受到了第一次批评。首先开炮的是康生的老婆曹轶欧，她很有条理地批评了《三八节有感》和《野百合花》。接着发言的是贺龙，他说："我们在前方打仗，后方却有人骂我们的总司令……"贺龙对《三八节有感》意见很大。在会的最后，毛泽东作了总结。他说：《三八节有感》同《野百合花》不一样。《三八节有感》虽然有批评，但还有建议。丁玲同王实味也不同，丁玲是同志，王实味是托派。毛泽东的这个结论使丁玲在随后的整风运动中没有受到太大的冲击。

毛泽东虽然把丁玲划为"同志"之内，但并没有放过丁玲的错误。会后，毛泽东找丁玲谈话，对她进行批评教育。

在谈话时，丁玲明确表示，她对《三八节有感》在党内引起那么大的批评风潮感到不理解。她问毛泽东："为什么你在文章里批评人，人家服气，我写文章批评，人家就不高兴呢？"

毛泽东对丁玲的态度很生气。他很动火，也很动感情地对丁玲说："共产党是喜欢、愿意听批评的，如果我们不听批评的话，我们这个党就完了！我也批评嘛，你批评没有什么不好的，可以批评的，但要看对什么。我们批评共产党人是自我批评，是我们自己人的批评……应该与人为善嘛，与人为善就应该充分估计人家好的地方。”

“批评同志要实事求是，讲点辩证法。人家有优点，要肯定嘛。缺点，有几分就说几分，要恳切，不要刻薄。”

“你要进行批评，先得肯定人家的好处，说他怎样艰苦，怎样打胜仗，怎样有功劳；说我们这个党是了不起的，是伟大的，光荣的。然后再说我们还有一点缺点，还有封建残余。一些男同志对女同志的看法还不一样。你开门见山就说女同志受压迫，受歧视，人家就受不了啦。”

毛泽东推心置腹的一席话，让丁玲既感动，又觉得开朗。她表示接受毛泽东的批评意见。毛泽东对丁玲的表态，也很高兴。

在随后的文艺界整风运动中，为了使丁玲避免受到冲击，毛泽东提醒丁玲去拜访对《三八节有感》不满情绪最大的贺龙和康生。

丁玲第二天就去拜访了贺龙。贺龙很热情，很坦率，两人很快消除了误会，并且加深了友谊。但是丁玲却有意无意地冷落了一个不该忽略的特殊人物——康生。直到几十年后，丁玲才明白了毛泽东的良苦用心。她回忆说：当时毛泽东跟我讲，你不要只到我这里来，你还要到康生那里去一下。我说我同康生有什么关系呀？我要到他那里去干什么？现在我了解他跟我讲话的那个道理啦！康生在背后整我。

在毛泽东的批评教育下，丁玲消除了“头脑中的小资产阶级王国”，确立无产阶级世界观，实现了“脱胎换骨”的新生。以后丁玲深入工农兵群众，创作出一大批反映陕北新人、新事、新天地的优秀作品，成为毛泽东文艺思想的一面光辉旗帜。1949年，丁玲创作出我国第一部反映土改运动的长篇小说《太阳照在桑乾河上》，毛泽东得知后，连声赞扬：“丁玲是好同志。”他为丁玲走上新的文学道路而高兴和庆祝。

毛泽东和丁玲既是同志又是朋友。丁玲犯了错误时，毛泽东耐心地批评和教育，诚恳地帮助她改正错误。当丁玲改正了错误，转变了世界观，在文学创作上取得新的成就时，毛泽东又真诚地为她感到高兴，并热情地加以鼓励。这体现了无产阶级革命领袖对广大文艺工作者深沉的、宽厚的、无私的爱和殷切的期望。正是在这种情感的感召下，广大文艺工作者遵照毛泽东文艺为工农兵服务的教导，转变世界观，深入工农兵群众，深入生活，创作出了一大批反映群众革命风貌，深受群众喜爱的优秀作品，为解放区和新中国的文艺事业作出了巨大贡献。

七、保护文物 当作一项纪律去执行

毛泽东十分重视保护历史文化遗产。1949 年，在解放北平前夕，毛泽东在给华北前线的电文中指出：此次攻城，必须做出精密计划，力求避免破坏故宫、大学及其他著名而有重大价值的文化古迹。你们务必使各纵首长明了，并确定这一点。让敌人去占据这些文化机关，但是我们不要攻击它，我们将其他广大城区占领之后，对于占据这些文化机关的敌人再用谈判及瓦解的方法使其缴械。即使占领北平时间延长许多时间，也要耐心地这样做。为此，你们对于城区各部分要有精密的调查，要使每一部队的首长完全明了，哪些地方可以攻击，哪些地方不能攻击，绘图立说，人手一份，当作一项纪律去执行。

毛泽东保护北平文化古迹的心情跃然纸上。

1947 年 8 月，毛泽东来到陕北葭县，在这里住了一段时间，难得有闲游览了一座寺庙。李银桥对这次游览作了生动的记叙，从这里我们可以看出毛泽东对于历史文化遗产的珍爱态度。

李银桥回忆说：

> 南河底村在白云山下，山上有座白云寺，规模宏大。毛泽东突然问我：“银桥，你到过寺庙吗？
>
> 我说：“见过小庙，没见过大庙。”
>
> “我是去过大庙的。”毛泽东垂下眼帘，仿佛沉入遥远的回忆中，“在湖南长沙读书时，我同一个同学徒步走了 5 个县，作社会调查。我们身上

一文不名，有一次到了微山寺，讨得一顿斋。那寺庙好大哟，方丈是个很有学问的人……”

片刻，毛泽东抬起眼皮，问道：“想不想去看庙?”

我犹豫道：“那是一些迷信……”

“片面，片面!那是文化，懂吗?”毛泽东纠正我说。

我那时只懂得写字看书是学文化。

“那是名胜古迹，是历史文化遗产。”毛泽东解释着，并定下决心说：“明天我们去看庙!”

第二天早晨，天气晴朗。毛泽东仍是拿着那根柳木棍儿，顺着盘山的松柏林荫道向山上走去。葭县县长闻讯由县城赶来陪毛泽东一道上山。

接着，李银桥回忆了毛泽东上山以后，在白云寺和管寺庙的老和尚交谈的情况。毛泽东问老和尚生活的情况怎样，向他宣传党的宗教政策，又了解了白云寺建于何时、扩建于何时、鼎盛时期有多少和尚等问题。然后由老和尚领路去参观寺庙。李银桥接着回忆说：

寺庙很大，有50余座殿、堂、庑、阁。各式各样的佛祖，菩萨、金刚、力士，栩栩如生。毛泽东尤其对那些雕刻、塑像，石碑和牌匾感兴趣，看得很仔细，一字一字读，表情肃穆，不时发出感叹之声。

“这些东西，都是历史文化遗产，是我们这个民族的宝贵财富。一定要好好保护，不要把它毁坏了。”

老和尚频频点头：“主席说得对，主席说得对。”

毛泽东似有所动，回忆着说：“我在长沙读书时，暑期里走了5个县，搞社会调查。我去了微山寺，和尚们叫我施主，我说我不是施主，我一文不名，我只是讨一顿饭……”

毛泽东忽然把头转向县长：“请县里拨一些经费，把庙修一修。”

县长说：“我回去马上办。”

毛泽东继续向前走去，脚步似乎轻松了许多，我想，这一定是因为有了了却一桩心事后的愉快之感吧。

新中国成立以后，毛泽东更加重视对历史文化遗产的保护。

政务院在1950年颁布了关于保护古迹、文物的指示，但有些地方仍有不重视保护，甚至破坏文物的现象。毛泽东对此事特别重视，1952年曾集中作了不少指示，解决不重视保护文物的倾向。他还专门就叶恭绰、柳亚子、李济深、章士钊四人来信提出的保全北京城内明末抗清将领袁崇焕祠墓一事，作出批示，让北京市市长彭真查明处理，认为“如无大碍，袁崇焕祠墓应予保存”。又致信叶恭绰：“明末爱国领袖人物袁崇焕先生祠庙事，已告彭真市长……此事嗣后请与彭市长接洽为荷。”

这年秋天，在外出视察途中，毛泽东特意到河南汤阴县参观岳飞故里。据《汤阴县志》记载：他刚下车便走到月台上那个“岳武王故里”碑座前，仔细端详了石碑的镌文，问起有关岳飞的故乡和岳庙、岳坟及岳飞出生在汤阴县的一些情况。他叮嘱不要在岳庙里面开会，要保持古庙的静穆。在河南安阳小屯村视察时，毛泽东随手拣了些陶器片，说这些是商朝的，带回去研究一下。又提了几个问题：盘庚是什么时候迁到这里的；殷纣王为什么在这里建都；殷纣王的墓在什么地方；殷墟的范围及挖掘情况……此后，又乘车到安阳桥的“袁坟”（袁世凯墓），步行到袁坟院里先看了西边那排石人、石马、石虎，又到坟前大殿后面的院子里一个台阶上坐下，让大家都来休息，接着讲了袁世凯的经历。有人说袁坟可以挖了，他说留着做反面教员也可以。

这年年底，中央统战部致电华东局统战部，要求查询苏南破坏古寺庙的情况，电报说，据一些佛教徒反映，浦东“今年春天以来，拆像毁寺之风大炽，几所名胜寺庵全遭破坏。”毛泽东在上面批示：“此件望加衔发给各中央局及各省市统战部加以注意。估计此类事各地皆有。”

名胜古迹和历史文物历经千年百年流传至今，实在不易。许多古建筑、古雕塑体现了我国古代劳动人民高度的艺术创造力，是他们聪明才智的结晶，对于我们现在来说，仍具有很高的审美价值、观赏价值和借鉴意义。历史文化遗产是我们民族历史的记录和民族精神的象征，我们重视历史文化遗产就是珍视我们民族的历史，就是尊重我们民族本身，这对于我们发扬爱国主义精神，提高民族自尊心都具有重要的教育意义。越是民族的，越是世界的。历史文化遗产是我国的瑰宝，保护历史文物对于保护世界文化遗产来说也是一大贡献。

毛泽东对于历史文化遗产倍加珍惜，妥善保护；并且提出，要把保护文物“当作一项纪律去执行”，这种对待历史文化遗产的态度值得我们学习。今天，我国有关保护文物的制度和法规日益完善，但是破坏文物的现象还是时而出现，我们要加强文物保护法的宣传和执行，提高全体公民的文物保护意识，切实把文物保护工作做得更好。

八、一定要把遗传学搞上去

今天，我国在生物遗传学领域中，有多项成就居于世界领先地位。面对这些成就，我们自然不能忘记毛泽东曾经对这一学科所给予过的巨大关怀和支持。

在 20 世纪的 40 年代末 50 年代初，一场争论发生在生物遗传学领域。争论的一方是苏联的李森科派，这一派大谈生物体不存在特殊遗传物质和外因引起生物遗传性状的变异是可以遗传的。争论的另一派是西方的摩尔根学派，这一派与李森科派的观点相反，主张到细胞里去找“基因”，分析细胞特别是染色体的内涵物质，找出脱氧核糖核酸（即 DNA）。

为解决两派的争论，苏联把学术问题上升到政治的高度。1948 年全苏农科院大会作出决议，宣布摩尔根遗传基因理论是“反动唯心主义的”遗传学说，米丘林主义与摩尔根主义，是“社会主义与资本主义两种世界观在生物学中的两种意识形态的斗争”。据此，苏联关闭了细胞遗传学等有关实验室，一批“摩尔根主义者”遭到开除或逮捕。

新中国成立之初，由于受到苏联的影响，李森科的那套理论在中国广泛流行，而摩尔根学派则受到冷落、压抑、排斥、打击。作为中国摩尔根学派的代表人物谈家桢，自然受到了非同一般的压力和冲击。1950 年，前苏联遗传所的副所长努日金教授来华讲学，就指名道姓地要与谈家桢“讨论”，要谈家桢从“反动的遗传学圈子里跳出来”。1952年，有人著文《为坚持生物学中的米丘林方向而斗争》，公开批判“反动的、唯心主义的”摩尔根遗传学。在各方围攻之下，谈家桢一时势单力孤，难以支撑。

正当谈家桢和中国的摩尔根学派遭到排挤，困难重重时，毛泽东，这位共和国的缔造者，亲自出面为他们解围了。毛泽东以敏锐的目光洞察到，摩尔根的遗传学说是科学，而不是什么“唯心主义”。

在毛泽东的直接指导下，1956年8月10日，中宣部、中科院、高教部共同主持召开青岛遗传学座谈会。会议历时15天，是一次为摩尔根学派“脱帽子”的会议。会议期间，谈家桢满心喜悦，以致举杯痛饮，酩酊大醉。谈老后来回忆说：“青岛会议是一次历史性的转折，第一次对摩尔根学说有了科学的态度。正是通过这次会议，我才卸掉了包袱，对搞遗传学重新有了信心。”这个历史性的转折是在毛泽东的关怀下取得的。从此毛泽东对谈家桢及其遗传学有了更多的关注。

青岛会议以后，毛泽东先后四次接见谈家桢，另外还有几次向谈家桢表示问候和关怀，勉励他把遗传学搞上去。

1957年3月，毛泽东在中南海第一次接见谈家桢，鼓励他说：“你们青岛会议开得好嘛！要坚持真理，不要怕，一定要把遗传学研究工作搞起来。”又说：“过去我们学习苏联，有些地方不对头。应该让大家搞嘛，可不要怕！”这些话，说得谈家桢豁然开朗，信心倍增，决心遵照主席的教导把教学和科研工作做得更好。

回到上海复旦大学后，谈家桢针对我国教育上全盘照搬苏联的弊端，提出了“优化院系”“改变苏联模式”“教、学、研相结合”这三条意见，以促进教育改革。可是，一夜之间，反右运动开始了。谈因提出这些意见被划为“内定右派”，“罪证”就是，那些意见属“反苏言论”。

当谈家桢感到这一次“在劫难逃”时，毛泽东的一次突然会见把他解救了出来。1957年盛夏，毛泽东到了上海，在中苏友好大厦接见民主党派负责人和各界代表，通知谈家桢参加。毛泽东一见到谈家桢就亲切地说：“老朋友啦，谈先生！”接着又风趣地说：“辛苦啦，天气这么热，弦不要拉得太紧嘛！”这一次接见，出乎谈家桢的意料，不但使得他的“内定右派”的问题烟消云散，也使他能够继续在课堂上讲授他的课程。

反右过去以后，谈家桢虽然还能站在讲台上讲他的课，但要听许多风言风语。一些人说，让谈家桢开摩尔根的课只是出于统战的需要，其实还是不开的好。谈家桢听后，很生气，也很担心，如果按照这些人的认识，中国遗传学研究要何年何月才能赶上世界先进水平。他想找一个机会把心中的担心和委屈对主席一吐为快。

1958年1月，毛泽东再一次找谈家桢谈话，参加会见的还有周谷城和赵超构。毛泽东关切地问谈家桢："要把遗传学搞上去，还有什么障碍和困难?"谈家桢直言相告："'双百方针'提出后，成立了教研室，本人也可以开课讲授了，但是有人把这些看成是'统战需要'，是对高级知识分子的照顾，在思想上并没有尊重摩尔根遗传学派，进一步开展研究工作仍阻力重重……"

毛泽东沉吟了一下，说："一定要把遗传学搞上去，有困难，我们一起来解决嘛!"毛泽东对谈家桢反映的问题很重视，不久，他就此问题向上海市的主要领导作了明确指示。

1959年，国庆10周年期间，毛泽东来到上海，第四次接见谈家桢。在场的还有柯庆施、陈丕显、曹荻秋、刘述周等上海市党政文教主要领导。

一见面，毛泽东就笑着问谈家桢："你对搞遗传学还有什么顾虑吧?"

谈家桢答道："没有什么顾虑了。""我们遵照'双百方针'，两个学派的课程同时开。"

毛泽东说："好嘛，我支持你!"

刘述周接着说："我们大力支持谈先生在上海把遗传学大搞特搞起来。"

毛泽东听了很高兴，说："这样才好啊，要大胆地把遗传学搞上去!"

由于毛泽东的公开表态，在上海党政领导的支持下，在谈家桢等遗传学工作者的刻苦努力下，上海的遗传学研究很快得到了发展。

毛泽东先后四次接见谈家桢，每一次都鼓励他要把遗传学搞上去，这对于帮助谈家桢克服"左"的干扰，摆脱困难的处境，起了极大的支持作用，对于促使谈家桢一心从事遗传学研究，起了极大的鼓舞作用。毛泽东的这些鼓励和支持对于谈家桢，和我国遗传学的发展，都是十分宝贵的。

新中国成立初期，我国的生物遗传学研究刚刚起步，还非常的稚嫩和薄弱，稍有不慎，就会导致这一学科夭折在摇篮之中。毛泽东在日理万机之余始终没有停止对遗传学研究的关注和支持，从而使如履薄冰的我国生物遗传学研究，得以保留和发展。这说明了毛泽东对发展我国科学技术的高度重视和深远的战略眼光。

九、古为今用

中华民族有悠久的历史文化传统，这是我们取之不尽，用之不竭的精神文化宝库。毛泽东非常重视对我国古典文化的批判、继承、利用和发展。在这方面，他提出了“古为今用”的思想。

毛泽东认为研究历史也好，搞学术也好，不能为历史而历史，为学术而学术，而是要和现实生活结合起来，为现实服务，要“古为今用”，否则就是钻故纸堆，毫无价值。

要“古为今用”，我们就要学会区分古代文化中的“精华”和“糟粕”，要结合时代的要求用其“精华”，弃其“糟粕”。“精华”是指古代文化中带有人民性和民主性，对社会的发展能起推动作用的部分；“糟粕”是反映统治阶级腐朽落后思想，败坏社会风气，禁锢人们头脑，麻醉人民意志，阻碍社会进步的东西。“精华”，随着时代的进步，会愈益显示出它的光辉，而“糟粕”则最终会为人民唾弃，并被抛进历史的垃圾堆。

历史文化与现实有密切的联系。历史文化中的许多内容都可以用作现实生活的借鉴。毛泽东具有深厚的历史文化知识功底，同时，对现实又有深刻的了解。因此，他的“古为今用”是信手拈来，恰到好处，成效显著。

1959 年，毛泽东安排编一本书，叫做《不怕鬼的故事》。这本书是在中国遭受内外压力，十分困难的形势下，决定编写的。当时，中苏关系走向僵化和分裂，帝国主义的反华气焰也日见其凶，中印边界摩擦不断，西藏发生叛乱，国内由于“大跃进”，经济也变得困难。严峻的形势使毛泽东感到要唤起全国人民不怕“鬼”

的精神，同“帝、修、反”作斗争，同一切困难作斗争。毛泽东把“帝、修、反”及一切困难都叫作“鬼”，于是便决心编这样一本书。

按照毛泽东的意见，中央安排由作家何其芳具体负责组织编写《不怕鬼的故事》这本书。在编写过程中，何其芳多次向毛泽东汇报编写的情况，毛泽东对其中的每个问题都抓得很细。到1959年夏天，这本书基本上编成了，但还有待于定稿。

该书的故事主要选自从晋到唐到明清的各种志怪、志异的人鬼作品。如晋人作的《列异传》、唐朝戴孚的《广异记》、宋朝张师正的《括异志》、清朝蒲松龄的《聊斋志异》、纪昀的《阅微草堂笔记》等。这些故事短则几十字，多也不过千余字，短小精悍，形象生动，描绘了各种各样的人勇敢机智与鬼作斗争并最后取胜的故事。

书基本编好以后，毛泽东要何其芳为该书写一篇序言，说明编写的目的。毛泽东在何其芳起草的序言修改稿中，以何的口吻增加了这样一大段：“这本书从1959年春季全世界帝国主义、各国反动派、修正主义组织反华大合唱的时候，就由中国科学院文学所着手编辑，到这年夏季即已基本编成。那时正是国内修正主义起来响应国际修正主义，向党的领导举行猖狂进攻的时候，我们决定将本书初稿加以精选充实，并决定由我写一篇序。1960年底，国际情况起了很大变化，八十一个共产党和工人党在莫斯科举行了代表会议，发表了反对帝国主义，反对反动派，反对修正主义的声明。这个‘不怕鬼’的声明使全世界革命的声势为之大振，妖魔鬼怪感到沮丧，反华大合唱基本上摧垮。但是读者应当明白，世界上妖魔鬼怪还多得很，要消灭他们还需要一定时间；国内的困难也还很大，中国型的魔鬼残余还在作怪，社会主义伟大建设的道路上还有许多障碍需要克服，本书出世就显得很有必要。”毛泽东还加写道：“难道我们越怕‘鬼’，‘鬼’就越喜爱我们，发出慈悲心，不害我们，而我们的事业就会忽然变得顺利起来，一切光昌流丽，春暖花开了吗?”

经过周密、细致的编写修改，《不怕鬼的故事》终于在1961年2月正式由人民文学出版社出版了。这本小册子倾注了毛泽东的精力，凝结了他“不怕鬼”“打鬼”的思想，对于鼓舞全国人民顶住国际上的压力，战胜严重的经济困难，产生了积极的作用。

同样是讲鬼神，从不同的角度去讲，可以产生不同的效果。如果从唯心主义的角度去讲，宣扬鬼神的存在，如何厉害，要求人们信奉敬畏鬼神，就是迷信，要抛弃和反对。反之，如果站在唯物主义的立场上去谈鬼论仙，赋予鬼神以某种象征意义，号召人们打倒害人的“鬼怪”，即打倒世上的黑暗、腐朽、罪恶的势力，这就是革命的、积极的、进步的了。所以那些不怕“鬼”的故事，正是站在唯物主义立场上写的讽喻性寓言故事，目的是给人们以启发和教育，因此，它们也是我国古代文化宝库中的珍品。它们散落在各个朝代的众多典籍中，《不怕鬼的故事》一书把它们选出编辑一起，自然是对我国古代文化整理中的一个贡献。

对于我国丰富的古代文化遗产，我们可以大胆地利用。只要能够满足今天的需要，只要用得正当，就可以用。不只可以用来为政治服务，也可以用来满足人们精神文化生活的需要。但是一定要告诉人们哪些是“精华”，可以借鉴吸收，哪些是“糟粕”，要批判扬弃；要提高人们对古代文化的辨别鉴赏能力。像戏说康熙、乾隆等之类的古装戏可以演，但一定要注意发掘其中的积极因素，而不能宣扬一些消极落后的东西。如果人家看了这种戏后，“膝盖骨发痒，恨不得找个人来拜拜”，那就是违背了“古为今用”的原则了。

十、召唤“三千毛瑟精兵”

文艺是现实生活的反映，它源于生活，又高于生活。革命文艺是动员人民、组织人民的重要工具。它通过塑造一系列的艺术形象，典型、具体、生动、饱含感情地揭露敌人的假、丑、恶，歌颂人民的真、善、美，使人民在轻松的艺术享受中得到了启发，受到了教育，增强了革命的热情和意志。

毛泽东非常重视发挥文艺在革命斗争中的作用。1936年11月，身陷囹圄达三年之久的作家丁玲，在党组织帮助下，逃离南京，进入当时中共中央所在地保安。她是最早从国统区来的文艺家之一，这在当时并不是一件小事。丁玲的到来，一方面为加强根据地革命文艺事业的开展增添了新的力量；另一方面又有利于党开展文艺界的统一战线工作，吸引、团结更多的国统区文艺工作者。对此党中央非常重视，专门为她举行了欢迎会。中共中央及时抓住这一有利时机，开始酝酿在文艺方面采取大的行动。丁玲建议成立正式文艺团体。经过紧张的筹备，1936 年 11 月 22 日召开了文艺工作者协会成立大会。毛泽东亲临大会，为了开拓全国文艺界统一战线的新局面，他提议该会取名为“中国文艺协会”。会上，毛泽东发表了重要讲话，指出：“中华苏维埃成立已很久，已做了许多伟大惊人的事业，但在文艺创作方面，我们干得很少。今天这个中国文艺协会的成立，这是近十年来苏维埃运动的创举。过去是有很多同志爱好文艺，但我们没有组织起来，没有专门计划的研究，进行工农大众的文艺创作，就是说我们过去都是干武的。现在我们不但要武的，我们也要文的了，我们要文武双全。”

毛泽东把文艺战线当作一支重要的方面军。在延安，毛泽东有一次风趣地说，我们有两支军队，一支是朱总司令的；一支是鲁总司令的。他很看重“笔杆子”在动员人民，打击敌人中的作用。丁玲到革命根据地不久，毛泽东问她打算做什么，丁玲回答说：“当红军。”毛泽东很高兴，写下《临江仙》一词送给她：

壁上红旗飘落照，
西风漫卷孤城。
保安人物一时新。
洞中开宴会，
招待出牢人。

纤笔一支谁与似？
三千毛瑟精兵。
阵图开向陇山东。
昨日文小姐，
今日武将军。

毛泽东把靠一支笔战斗的作家比喻成三千毛瑟精兵，足以看出他何等重视文艺的作用。

1938年4月30日，毛泽东参加了陕甘宁边区工人代表大会的一个晚会，看见如此多的文化人相聚相欢，他禁不住告诉工人代表们："有人说笔杆子有什么用场，难道还可以拿笔打日本人吗？笔杆子也可以打日本人，斧头、锄头、笔杆子，都要组织起来。拿破仑说：一支笔可以抵得过三千支毛瑟枪。现在我们说，只要一支笔抵一支枪，全国就有好几万支枪。"

为了组建这支抗日的、革命的文艺队伍，毛泽东做了大量的工作。

首先是礼贤下士，广交朋友，使各地奔赴延安的文艺界人士欢喜来，留得住。毛泽东很重视和文艺界人士的交往，每闻有人到延安，总是尽快从百忙之中挤出时间，安排集体或个别的场合，同他们见面，倾听他们的要求，帮助他们解决各种困难。许多作家、艺术家事后回忆，他们初到延安，都渴望见到毛泽东，但没想到很快获此礼遇，内心深受感动。

1941年夏，作家萧军因对有些同志的文艺观点和做法不满，打算离开延安，赴重庆继续从事革命文艺活动。临行前，他向毛泽东连致两信，直率地反映了延安文艺界以及党的工作中存在的问题，流露出他的不愉快的心情。8月2日，毛泽东给萧军复信："萧军同志：两次来信都阅悉，要的书已付上。我因过去同你少接触，缺乏了解，有些意见想同你说，又怕交浅言深，无益于你，反引起隔阂，故没有即说。延安有无数的坏现象，你对我说的，都值得注意，都应改正。但我劝你同时注意自己方面的某些毛病，不要绝对地看问题，要有耐心，要注意调理人我关系，要故意地省察自己的弱点，方有出路，方能'安心立命'。否则天天不安心，痛苦甚大。你是极坦白豪爽的人，我觉得同你谈得来，故提议如上。如你同意，愿你再谈一回。敬问近好!"这封信写得情理交融，感人至深。萧军见后，立即赴约，两人又推心置腹交换了许多意见。毛泽东说服萧军留在延安，为党的文艺事业多做工作。毛泽东真挚的感情、坦诚的态度深深地打动了萧军的心。最后，他取消了离开延安的计划。

为组建一支抗日救亡的文艺队伍，毛泽东除了发挥外来的文艺工作者的作用之外，还注重培养和造就更多的革命文艺人才。1938年1月，为了纪念"一二八"抗战六周年，一些过去在上海活动，抗日战争爆发后来到延安的戏剧工作者演出了一出抗日的戏剧。毛泽东看了这次演出后说：戏演得好，这些人不要散了。最初打算办一戏剧训练班，后来办了一个艺术学校，取名鲁迅艺术文学院。毛泽东是第一个签名的发起人。4 月 10 日，鲁迅艺术文学院举行成立典礼。毛泽东应邀参加典礼。主持人请毛泽东讲话，毛泽东说，我是工作人员，今天不讲话，过几天再来讲。以后毛泽东多次去鲁艺讲话、作报告。鲁艺成立一周年纪念时，毛泽东题词："抗日的现实主义，革命的浪漫主义。"两周年纪念时，题写了"鲁迅艺术学院"的校名和"紧张、严肃、刻苦、虚心"八字校训。在党中央和毛泽东的直接关怀下，鲁艺建成延安第一所培养各种高级和中级文艺人才的学校，出色地为各地输送了大批文艺干部。

如何使来自大城市和长期钻山沟的两部分文艺家，取长补短，团结起来为抗战服务，也是毛泽东在组建"鲁总司令的队伍"时不能不考虑的问题。在一次讲话时，他说："亭子间弄出来的东西有时不好吃，山顶上弄出来的东西有时不大好看。有些亭子间的人以为'老子是天下第一，至少是天下第二'，山顶上的人也有摆老粗架子的，动不动'老子二万五千里'。现在应当不以那为满足……应该把自大主义除去一点……作风应该是统一战线。统一战线同时是艺术的指导方向。"

今天，我们不但进行社会主义物质文明建设，还要进行社会主义精神文明建设。广大的文艺工作者对于提高人们的文化素质和思想道德水平，促进社会主义精神文明建设，肩负着庄严的历史使命，起着重大的、不可替代的作用。我们要以毛泽东召唤"三千毛瑟精兵"那样的热情，来重视和发挥广大文艺工作者在社会主义精神文明建设中的作用。我们要像毛泽东那样关心尊重文艺工作者，作文艺工作者的知心朋友；要像毛泽东那样具体细致地把培养新一代文艺工作者的工作做好，只有这样，才能创建一支宏大的社会主义文艺队伍，为我国社会主义现代化建设提供强大的思想动力和丰富的精神食粮。

管理

第九章

军队管理艺术

在长期的革命斗争和创建中国特色的新型人民军队的实践中，毛泽东深刻批判了剥削阶级的军队管理制度，科学总结了人民军队管理工作的丰富经验，系统阐明了人民军队管理的理论原则，表现出了卓越的军队管理才能，为我军管理工作提供了重要的理论基础和实践依据，在我军的建设和发展史上，立下了不朽的功勋。

一、决不允许枪指挥党

“我们的原则是党指挥枪，而决不允许枪指挥党”，这是毛泽东在党的六届六中全会上提出来的一个极其重要的原则，是我军管理工作和其他各项工作必须遵循的原则，也是我军建设和发展的根本保证。

在创建红军之日起，毛泽东就十分重视军队领导权问题。1927 年 9 月，毛泽东领导了秋收起义。但最初部队中军阀主义严重，官兵关系比较紧张；不少人对革命前途悲观失望，革命情绪低落；有些旧军官留恋旧军队的生活方式，经受不起艰难困苦的考验，致使部分官兵或背叛革命，或携枪逃跑。这样的部队既不能完成革命的政治任务，也不能在反动势力的包围下生存和发展。在这种情况下，毛泽东在江西永新领导了我军历史上具有重要意义的“三湾改编”，创造性地提出了“支部建在连上”的原则。根据毛泽东的意见，建立了党在起义军中的领导制度，即班、排设党小组，连建立党支部，营、团建立党委，连以上设党代表，整个部队统一在党的领导下。“三湾改编”是毛泽东着手加强军队管理的一次成功尝试。

为了从制度上保证“党指挥枪”原则的执行，毛泽东提出了“建立健全党委会议制度”的思想。所谓党委会议制度，亦即“党委制”，就是党委集体领导下的首长分工负责制。这一制度，在领导方式上体现的是一种党委集体领导。毛泽东在《关于健全党委制》一文中明确指出：“党委制是保证集体领导、防止个人包办的党的重要制度。”

为了保证党委的集体领导，毛泽东要求党委第一书记“同其他书记和委员之间的关系是少数服从多数。”党委书记与委员之间保持一种平等的关系，他们才能充分发表意见，党委会才能真正把各种意见集中起来，形成党委的正确决议，达到党委的集体领导。

毛泽东还从军队的特殊职能和军事行动的特殊性出发，提出了“军队在作战时和情况需要时，首长有临机处置权”。因为，战争是充满不确定性的领域，战场上的情况变化无常。要迅速解决这些问题，有时是来不及召开党委会集体讨论决定的。在这种情况下，为了保证作战的顺利进行，正确解决突然出现的情况，分工首长“有临机处置权”。这就把执行党的集体决定的权威性与灵活性统一起来了。

毛泽东认为在军队中，党委的集体领导与分工负责这两个方面不是相互对立的，而是相互联系的一个整体，他强调“集体领导和个人负责，二者不可偏废”。

“党指挥枪”原则及其一系列制度，都是毛泽东敏锐地观察中国国情、军情后，提出来的。然而，在革命战争年代，我们党内、军内曾经围绕要不要坚持党对军队绝对领导这一根本原则问题，发生过几次大的斗争。

第一次是同张国焘右倾分裂主义的斗争。1935 年 6 月，红一方面军与红四方面军在四川懋功会师之后，党中央决定一、四方面军共同北上，建立新的根据地，开创全国抗日反蒋的新局面。张国焘却拥兵自重，提出种种借口，不愿北上，并要右路军南下。党中央和毛泽东在教育挽救张国焘的同时，与之进行了坚决的斗争。为了避免更大的损失，中共中央政治局立即召开了紧急会议，决定率领右路军中的一、三军和军委纵队 8000 余人继续北上。1935 年 8 月，中共中央在《关于一、四方面军会合后的政治形势与任务的决议》中，针对张国焘的错误，强调坚持党对军队绝对领导的原则，加强党中央对各部红军的统一领导。《决议》指出：“中国工农红军，是在中国共产党中央的唯一的、绝对的领导之下，生长与发展起来的。没有中国共产党，就没有中国工农红军。”“必须在一、四方面军中更进一步的加强党的绝对领导”。9 月 10 日，又发布了《为执行北上方针告同志书》。毛泽东针对张国焘的错误，在后来撰写的《战争和战略问题》一文中指出：“共产党员不争个人的兵权（决不能争，再也不要学张国焘），但要争党的兵权，要争人民的兵权。”“我们的原则是党指挥枪，而决不容许枪指挥党”。

第二次是同王明右倾错误的斗争。1936 年西安事变的和平解决，促成了国共两党第二次合作。在国共两党合作抗日谈判中，国民党多次提出要我党交出军队，或接受国民党派员参加领导我军，我党拒绝了国民党的无理要求。1937 年 11 月，毛泽东在延安发表了《上海太原失陷以后抗日战争的形势和任务》的演讲。演讲中，他把坚持党对军队的绝对领导作为一条原则加以阐述。并提出了我党在统一战线中独立自主的方针。而刚从苏联回国的王明反对毛泽东的正确路线，竭力主张“一切经过统一战线，一切服从统一战线”，并把“两个一切”具体化为七个统一：即“统一指挥，统一编制，统一武装，统一纪律，统一待遇，统一作战计划，统一作战行动”。这“七个统一”，实际上就是取消共产党对军队的绝对领导。为了批判王明的右倾错误，毛泽东在 1938 年 11 月召开的党的六届六中全会上再次强调坚持党对军队绝对领导的必要性。

第三次是反对党内新军阀主义倾向。抗战初期，我党我军内部一度出现过新军阀主义倾向，其主要表现，毛泽东把它概括为：不愿意严格地接受共产党的领导，发展个人英雄主义，以受国民党委任为荣耀。虽然毛泽东很早就对这种企图摆脱党的领导的新军阀主义倾向敲了警钟，但并没有及时得到纠正，直到延安整风时才得以彻底解决。为了不让历史重演，1944 年 4 月，毛泽东在《关于军队政治工作问题的报告》中，认真总结了反对新军阀主义的经验教训，再次重申了党对军队绝对领导的原则，并把它作为建军的基本原则，进一步加以明确。

自此以后，在我军历次颁发的条令、条例中，都明确地把我军必须置于中国共产党的绝对领导之下，作为一条根本原则加以规定，使之成为我军传家的法宝。

二、 军队也需要民主

军队实行民主制度，是毛泽东军队管理思想的一个重要原则。长期的实践证明，健全和发扬民主生活，能充分调动官兵的积极性和创造性，是保证各项任务完成的重要条件。把军队内部的民主建设作为加强军队管理的一个重要方面，是毛泽东的一个创举。

早在我军建军初期，毛泽东在分析当时的红军第四方面军的基本状况时发现

“红军第四军产生于封建剥削制度尚未肃清的中国，它的主要成分，又多是从封建军阀军队里头转变过来的，一般封建的制度、思想和习惯，还是与封建军阀军队里头的习惯一样……其结果造成官兵间的悬殊，低估了士兵以至官长的情绪，逃跑的数目多，军中充满了怨恨的空气，甚至发生自杀事件，这是与红军的斗争任务完全背驰的现象”。于是，明确提出“中国不但人民需要民主主义，军队也需要民主主义”的思想。在抗日战争时期，毛泽东在《论持久战》中也指出：“军队应实行一定限度的民主化，主要地是废除封建主义的打骂制度和官兵生活同甘苦。这样一来，官兵一致的目的就达到了，军队就增加了绝大的战斗力，长期的残酷战争就不怕不能持久。” 1948 年 1 月，他作了《军队内部的民主运动》的指示，对军队内部的民主运动的目的和内容作了总结和概括。从而使我军的民主制度更加系统化和理论化了。

毛泽东把军队内部民主主要概括为实行政治民主、经济民主、军事民主，即“三大民主”。在军队内部每一个官兵都是部队建设的主人。实行“三大民主”，是我军拧成一股绳、攥成铁拳头的纽带，是军人行使民主权利的形式。

古往今来，一切剥削阶级的军队，无一不是官大一级压死人；士兵不仅没有任何权利，稍有不满还要被打骂体罚，他们不过是拿枪的奴隶和供人驱使的工具。在人民军队里，大家为了一个共同的革命目标走到一起来了。在毛泽东的倡导下，我们军队不仅需要民主，而且能够实行广泛的民主。在井冈山时期，红军就废除了打骂制度，官兵同甘共苦，士兵开会有说话的自由。毛泽东、朱德常常和士兵坐在一条板凳上，共同探讨问题，虚心听取大家的意见。那时从军长到伙夫，每人每天五分钱菜金，官兵“有盐同咸、无盐同淡”。由于经济公开，仍能节省一些“伙食尾子”发给大家作零用。畅所欲言的讲评干部会，集思广益的战前“诸葛亮会”，你追我赶的杀敌立功竞赛等民主活动，一代一代传下来，使官兵关系亲密无间，部队建设红红火火。

战争年代，我军与敌人有一个鲜明的对比：无论是国民党军队，还是日本侵略者，他们凭着飞机大炮总是打败仗；而我军缺枪少炮，或者靠大刀长矛，或者靠“敌人给我们造”，却照样能打仗、打胜仗。一个重要原因，就是我们实行了广泛的民主，因此具有强大的吸引力、凝聚力和感召力。每个士兵一到部队，都会产生当家作主的感受。许多土生土长的农家子弟，没有多少文化，平时开会连话都不会说，但在人民军队这个大熔炉里，通过广泛的民主生活，汲取知识，增长才干，成为建军治军、领兵打仗的骨干。军队实行广泛的民主，使我军官兵把人民军队的使命当作自己的事业，杀敌立功的勇气调动起来，无穷无尽的聪明才智充分发挥出来，没有什么样的困难不能克服，没有什么样的敌人不能战胜。

1947 年 5 月，我军准备攻打西北蟠龙磨盘山阵地。当时，防守在这里的蒋军整一师一六七旅修筑了钢筋水泥梅花形碉堡群，防御工事十分坚固。我军一个团连续进攻受挫后，上级准备下令暂时撤退。五连经过仔细侦察，召开军事民主会，发动官兵认真分析敌情、地形，献计献策。通过讨论大家认为，可以继续攻打，提出变正面强攻为两侧迂回穿插，深夜潜伏敌阵地附近，用手榴弹消灭碉堡内的敌人，粉碎敌堑壕交叉的火力网等许多好建议。上级采纳了他们的意见，组织新的进攻，结果一举歼灭顽敌，获得蟠龙战役的胜利。为此，毛泽东通电全军："此项军事民主，在陕北蟠龙战役和晋察冀石家庄战役中都实行了，收到了极大的效果。"

由此可见，军队内部实行民主，出觉悟、出智慧、出勇敢、出战斗力，这是我军几十年实践反复证明了的伟大真理。

三、政治工作是我军的生命线

政治工作是我军的生命线，是以毛泽东为代表的老一辈革命家对我军政治工作的地位和作用所作的一个结论性论断，它在毛泽东军队管理思想中占有重要位置。

毛泽东在领导武装斗争的初期，就以敏锐的目光，深刻地认识到在人民军队中建立革命的政治工作是巩固和纯洁部队，发展和壮大力量，完成党赋予的各项任务的生命线。著名的"三湾改编"，通过实行党对军队的绝对领导，实行民主主义等项措施，首次靠发挥革命的政治工作的威力，遏制了部队中组织纪律涣散、悲观失望、慌乱无措的倾向，为建设一支新型人民军队奠定了基础。在后来的古田会议上，毛泽东又系统地进行了阐述。此后又经过一、二、三、四次反“围剿”的战争实践，使政治工作在组织上、制度上得到了健全和发展。

“生命线”的提法最早是出现在1932年7月中共中央《给苏区中央局及苏区闽赣两省委信》中。信中说：“政治工作在红军中有决定的意义，每个红军战斗员不仅要能够有充分的军事技术——手中武器，而且最重要的是脑子的武装。必须充实现有军队中的政治工作，实现中央政治工作条例。政治工作不是附带的，而是红军的生命线。”此后，朱德、周恩来、王稼祥等人也对“生命线”作了强调。1944年毛泽东在对谭政撰写的《关于军队政治工作问题》初稿作了多次修改，并增加了关于“生命线”的论述，指出：“共产党领导的革命的政治工作是革命军队的生命线”，强调：“无此则不是真正的革命军队。”在解放战争和新中国成立后，毛泽东继续坚持和发展了政治工作是我军的生命线的思想。

我军诞生之初，力量弱小，犹如莽莽荒原上的星星之火，很容易为强大的敌人所扑灭，也容易因自身能量的不足和成分复杂而止熄。毛泽东就以“星星之火，可以燎原”的科学预见和必胜信念，教育和鼓舞红军指战员革命总有胜利与出头之日。在井冈山斗争时期，红军物质条件极端困难，缺衣少食，但官兵同风雨、共患难，同吃红米饭、同喝南瓜汤、同盖稻草被，拿着大刀、梭镖、鸟枪与优势装备的敌人拼杀。正因为我军置于党的绝对领导之下，党通过在军队中的强有力的政治工作，从政治上、思想上和组织上来保证绝对领导的实施，才使我军有了自己的生命线，从而经受了战斗残酷、物质菲薄、环境恶劣的严峻考验，使我军不断发展壮大。

举世闻名的红军长征，是中国战争史上乃至世界战争史上的奇迹和壮举。当中央红军在“左”倾错误路线指导下几乎到了山穷水尽的险恶地步时，遵义会议确立了以毛泽东为主要代表的马克思主义正确路线在中央的领导地位。红军在毛泽东等领导人的指挥下，依靠强有力的政治工作，发扬团结友爱和英勇顽强的精神，粉碎了敌人几十万大军的围追堵截，斩关夺隘，履险飞渡，爬雪山过草地，长驱二万五千里，纵横11省，克服了无数困难，战胜了张国焘的分裂主义，胜利实现了战略大转移。长征的胜利向全世界宣告，红军个个是英雄好汉。

抗战中，在我党实行抗日民族统一战线，联合国民党共同抗日的形势下，部队中出现了轻视政治工作许多新问题。针对此种情况，毛泽东于 1938 年亲自兼任总政治部主任，大力抓军队政治工作，重印古田会议决议下发连队。他在党的七大报告中，指出："这个军队具有一往无前的精神，它要压倒一切敌人，而决不被敌人所屈服。不论在任何艰难困苦的场合，只要还有一个人，这个人就要继续战斗下去。"同时号召我军"下定决心，不怕牺牲，排除万难，去争取胜利。"八路军、新四军深入敌后，与人民群众同生死、共患难，一面打仗，一面生产，粉碎了日军的残酷"扫荡"和封锁。我军之所以得到空前的大发展，并为人民解放军积蓄了强大的力量，政治工作为此建立了不可磨灭的功勋。

解放战争时期，我军政治工作有了新的发展。特别是在毛泽东倡导下开展的新式整军运动，极大地提高了全军指战员的阶级觉悟，进一步增强了革命团结，加强了组织纪律性；毛泽东指出："一切反动派都是纸老虎"，"这些反动派总有一天要失败，我们总有一天要胜利"，以指明战争的前途，坚定必胜的信心；同时加强对敌军工作，开展政治攻势，改造了大批俘虏，毛泽东把人民军队比喻为"一个火炉，俘虏兵过来马上就熔化了"；动员和组织千百万群众参军参战，使我军战斗力得到了显著提高。从战略防御转入战略反攻后，我军犹如秋风扫落叶一样打败了国民党，夺取了全国胜利。

新中国成立后，我军由夺取政权转变到巩固和保卫政权而战斗、而建设的轨道上来。在平时，部队除了担负站岗值勤任务外，还要随时完成急、难、险、重任务，哪里有困难哪里就有子弟兵，哪里有危险哪里就有子弟兵。毛泽东关于政治工作是我军的生命线的思想深入人心，政治工作为我军沿着正确的方向发展起到了重要作用。

长期的战斗和社会主义建设历程充分证明，毛泽东提出的"政治工作是革命军队的生命线"的思想，是我军的优良传统和真正优势，是我军生存与发展、克敌制胜的生命线，我们必须坚持和发扬。

四、能用人者 可以无敌于天下

“政治路线确定之后，干部就是决定的因素”的思想，揭示了干部问题的重要性。毛泽东在各个时期都一再谈到这个问题。土地革命战争末期，他指出：“指导伟大的革命，要有伟大的党，要有许多最好的干部。”“党依靠这些人而联系党员和群众，依靠着这些人对于群众的坚强领导而达到打倒敌人之目的……正像斯大林所说的话：‘干部决定一切。’”抗日战争时期，在党的六届六中全会上，毛泽东更明确地提出了：“政治路线确定之后，干部就是决定因素”。新中国成立以后，在50年代末到60年代初，鉴于国际斗争的新形势和新变化，毛泽东及时提出了要培养造就千百万革命事业接班人的任务。从军队来讲，就是枪杆子掌握在什么人手里的问题，并郑重指出，这是在新形势下关系到我们党、国家和军队的前途、命运的问题。

为政之要，首在得人。坚持任人唯贤、德才兼备、知人善用是毛泽东选拔任用干部的原则。已故的老一辈革命家陈云说，毛泽东一生有五大贡献，其中第一大贡献就是培养了整整一代人。他说：“从遵义会议到抗日战争胜利，毛泽东同志的一个无可比拟的功绩，是培养了一代人，包括我们在内的以及‘三八式’的一批干部。”这些干部衷心拥护毛泽东，毛泽东也离不开他们。离开他们，毛泽东纵有三头六臂，也不可能取得最后的胜利。

毛泽东在确立他的领袖地位之前，就十分注意军队干部工作。1929年的春夏之交，红四军缺少一名政治委员。当时作为前委书记的毛泽东，必须物色一名合适的人选。经过一番考虑，毛泽东选中了罗荣桓。他认为罗荣桓是一个人才。经毛泽东推荐和介绍，罗荣桓以一个基层政工干部的身份，参加了红四军党的第九次代表大会，并被选为前委委员。罗荣桓没有辜负毛泽东的期望，成为了人民军队政治工作的支柱，为我党、我军作出了卓越贡献。他历任红一军团、八路军一一五师政治部主任，第四野战军政委，总政治部主任等职务，1955年被授予元帅军衔。

毛泽东成为党的领袖以后，选材用人更成了他特别重视的一项工作。他善于把实际斗争中涌现出来的德才兼备的领导骨干不断地充实到中央领导核心中来，加强中央的集体领导，以便更好地发挥他们的聪明才智。1943年3月，中央领导机构调整，毛泽东推举刘少奇、任弼时为书记处书记，朱德、周恩来、王稼祥、刘少奇为中央军委副主席，叶剑英为军委参谋长，杨尚昆为军委秘书长。1945年党的七大又产生了新的中央核心机构。同时，还产生了包括陈云、徐向前、彭真、邓小平在内的44位中央委员，以及王首道、邓颖超等33位候补委员，产生了董必武、林伯渠、张闻天、彭德怀等13人组成的政治局。1956年党的八大，通过十年的斗争考验，党的第一代领导群体更加团结与稳固。中央第一代领导集体的形成，证明了毛泽东用人思想的无比正确和英明。毛泽东正是依靠这个领袖群，依靠这个群体中的每位成员在革命战争年代形成的和谐一致、坚强无比的凝聚力，率领亿万中国人民打碎了一个旧中国，建立了一个新中国，影响了整个世界的格局。这个领袖群体的形成与巩固，集中体现了毛泽东的用人思想和智慧。

“能用人者，可以无敌于天下”。正是由于毛泽东加强干部队伍建设，坚持正确的干部路线，才造就了一大批德才兼备、文武双全、经得起考验的领袖群和干部队伍，以至使这支队伍成为我军的中流砥柱和国家的栋梁，从而使中国革命取得了胜利。

五、走革新之路　增强部队战斗力

在建军初期，毛泽东就十分重视我军的编制体制问题，并把它看成是提高军队战斗力的一个重要因素。秋收起义失败后，5000多人的起义部队到达江西三湾村时还剩下不足1000人。为了保存和发展这支革命队伍，毛泽东在对部队进行思想整顿的基础上，又从调整编制体制入手，从组织上对部队加以整顿，将一个师缩编为一个团，使整个部队更加精干，并在各级建立了党的组织，从而把党的组织与军队编制结合起来，开始确立了我军独特的编制体制。1934 年 1 月，毛泽东在总结红军建设的经验时说："现在的红军，已经走上了铁的正规的革命武装队伍的道路。"其中一个重要的表现就是"编制改变了，使红军在组织上增加了力量"。他认为"所有这些，大大提高了红军的战斗力，成为不可战胜的苏维埃武装力量"。这就是说，改变军队的编制体制，使其现代化，能够大大提高军队的战斗力。在《论持久战》中，毛泽东提出了"革新军制离不开现代化"的思想。

军队编制体制现代化的一个重要方面，就是它的合成化，也就是说，从编制体制上将诸军兵种合成一体，形成强大的战斗力。我军诞生于 20 世纪 20 年代。南昌起义时，部队中已有少量的炮兵，但却没有设炮兵建制，还是以步兵为主的单一兵种。1928 年 5 月，毛泽东和朱德所领导的工农革命军第四军就有一个炮兵连，这是我军最早的炮兵连。1938 年 1 月，成立了八路军炮兵团。毛泽东对这个团寄予了极大的希望。在该团成立一周年之际，他写下了这样的题词："八路军炮兵团成立已一周年，盼望你们努力政治、军事学之学习，成为抗日战争中的有力兵团，达到战无不胜攻无不克之目的，为民族争光，为八路军争模范！"随着解放战争的节节胜利，建立新的军兵种的条件逐渐成熟，毛泽东审时度势，开始筹划建立空军、海军和陆军的各技术兵种。1949 年 7 月，朱德建议选三四百人去学习空军，并购置 100 架飞机，组成一个歼击部队，准备第二年解放台湾之用，毛泽东表示赞同。同年 8 月，毛泽东主持中央会议，商讨海军学校的开办及有关问题。会议决定，派张学思与刘亚楼赴莫斯科同苏联谈判建设中国的空军、海军的事宜，并由周恩来到苏联与斯大林会谈，争取一笔借款，主要作为空军、海军的装备定货之用。1949 年 11 月 11 日，在毛泽东的直接筹划下，中国人民解放军空军正式建立起来了。不久，在 1950 年 4 月 14 日，中国人民解放军海军也正式成立了。此时，我军正准备渡海解放舟山。周恩来又致电苏联部长会议主席布尔加宁，希望苏方在 1951 年春天前给我国提供一批急需的海军舰艇、飞机和海岸炮。这批装备的到来，使我海军开始初具规模。同年 6 月，中央听取了海军司令员萧劲光关于海军工作的汇报，并批准了海军的 3 年建设计划。其后，我军的装甲兵、工程兵、防空兵等其他各兵种相继建立起来。从此，人民解放军开始发展成为一支有诸兵种的合成部队。

为了改变我军基本上是由单一的步兵构成的机制，加快我军现代化、正规化步伐，1949 年 2 月至 4 月，按照毛泽东关于统一全军部队编制和番号的指示，人民解放军进行了大规模整编。依据我军现实情况、参考国外军队的编制，确定了方案。具体方案是：以师为基本独立单位，保持军的指挥机构，撤销兵团和野战军的机构，将野战军指挥机关改为大军区，兵团机构一部分作为军兵种领导机关。整编后的军、师、团、营、连的建制都实行“三三制”，统归各大军区指挥。全国统一成立省军区、军分区、市县武装部，负责领导地方武装和民兵工作。在党的七届三中全会上，毛泽东决定，缩小陆军步兵部队，加强空军、海军及其他特种兵建设，做到复员工作与军队建设并重。同时决定，在 2 年内将 540 万军队裁减为 250 万到 300 万。为保证这一艰巨任务的顺利完成，从中央到地方，成立各级复员委员会(后改称转业建设委员会)，中央复员委员会由周恩来任主任，代总参谋长聂荣臻任副主任，全面领导军队的复员和转业及地方安置工作。

通过革新军制，结束了我军编制体制不统一的局面，进一步提高了部队的战斗力，使军队现代化、正规化建设迈向了新的阶段。

六、培养人才 刻不容缓

光有现代化的武器装备和编制体制，而没有高素质的现代化人才，也难以形成战斗力。因此，为人民军队培养现代化人才的军事院校，在毛泽东的直接领导下也就应运而生了。

1927 年底，毛泽东率领秋收起义部队上井冈山不久，为了提高部队特别是下级军官的军政素质，即在江西宁冈市亲手创办了我军第一个教导队。1928 年 6 月，他在给中共中央的报告中说：“为着训练下级军官，现在办了一个五百五十人的教导队，准备经常办下去。”1931年又在中央苏区瑞金创办了中央红军学校，先后办了6期，仅第一至第四期就为部队输送了6000余名连以上干部。1934年1月，为了巩固和扩大红军的目标，毛泽东要求“红军学校应当使之成为比较过去更能训练大批高级的与初级的军事政治干部的学校”。中央红军长征胜利到达陕北以后，根据红军即将面临的抗日作战任务的需要，他明确地提出：“教育首先是干部教育，只有提高了干部的军事政治程度，才能使战斗员的军事政治程度真正提高。提高老干部的程度，创造许多新的干部，这是红军在大战争面前的迫切任务。”1936年6月，中国抗日红军大学在延安创办，毛泽东亲自兼任校政治委员。抗日战争爆发后，中国抗日红军大学改为中国人民抗日军事政治大学，简称“抗大”，各抗日根据地还创办了12所“抗大”分校。毛泽东和党中央其他领导经常给学员们讲课，他还亲自在“抗大”掀起读书的热潮。解放战争时期，根据毛泽东及中央军委的指示，各战略区以“抗大”分校为基础，先后建立了军政大学或军政干校，为军队培养了大批的干部。

新中国成立后，我军进入了正规化现代化建设时期，毛泽东更加重视军队院校的建设，提出要“办好军事院校”。1950年10月23日，他电令当时任西南军政委员会主席的刘伯承，速赴北京主持中国人民解放军陆军大学的筹建工作。一个月以后，刘伯承向中共中央和毛泽东提出了《关于创办军事学院的意见书》，得到了中央军委和毛泽东的批准。1951年1月，中国人民解放军军事学院在南京成立，毛泽东称它是中国人民解放军军史上重大转变的标志之一。

1949年，斯大林就曾向毛泽东提出建议：要建立强大的国防，必须首先建立一所现代化的军事工程学院。现在的问题在于，战争使这个话题成了毛泽东案头的当务之急。1952年3月18日，人民解放军代总参谋长聂荣臻和副总参谋长粟裕向中央军委呈送了《关于成立军事工程技术学院的报告》。3月26日，中央军委主席毛泽东在军委副主席朱德、周恩来等审阅后的报告上批示“同意”。6月11日，志愿军代司令员陈赓被调回国内工作。6月23日，毛泽东、朱德、周恩来在中南海菊香书屋接见陈赓。在陈赓汇报完战况后，毛泽东直奔主题。毛泽东说，调你回来，是要你创办一所高等军事工程技术学院，培养技术军官，加快国防现代化建设，你当院长兼政委。为保密起见，周恩来建议去掉“技术”二字，就叫中国军事工程学院（后简称“哈军工”，现改为“国防科学技术大学”），同时对陈赓提出要求：“尽快上马，早出人才。”这一“快”一“早”，将新中国开国领袖们的急切之情表露无遗。而就同一天，远在重庆的西南军区第二高级步兵学校已经接到命令，命令副校长徐立行率该校 200 名干部于翌日出发，赴哈尔滨执行先遣任务。新中国就这样启动了创建第一所军事工程学院，培养自己的军事技术人才的步伐。以后，我军还相继建立了初、中、高级军事、政治和技术院校，不断完善了军队院校体制。

为了办好军队院校，毛泽东还亲自确定院校的教学方针和教学内容，并亲自到院校讲课。他说：“一个军事学校，最重要的问题，是选择校长教员和规定教育方针。”在教学内容上，毛泽东强调要紧密联系战争实际，“教授革命战争所必须的课程”。因此，他早在对“抗大”教育的指示中就指出，在八个月的学习期内，最好能给学生到部队中去实习的机会，时间约一个月。同时，还要正确处理好红与专的关系，坚决纠正过去以政治课压倒其他一切科目的不正常现象。教学还要同科学研究结合起来。他说，教学与科研是相辅相成的，要运用科研成果充实教材，丰富授课内容，提高教学质量。

几十年来，我军各级院校培养了大批军政干部和军事技术人才，为推进我军现代化建设和发展作出了突出的贡献，这都是与毛泽东的关心和指导分不开的。

七、没有文化的军队是愚蠢的军队

由于我军是一支以农民为主体组建起来的革命军队，当时文化素质低，而且受封建文化思想影响很深，阻碍了部队的政治和军事水平的提高。1944 年 10 月，毛泽东在陕甘宁边区文教工作者会议上强调：“我们的工作首先是战争，其次是生产，其次是文化。没有文化的军队是愚蠢的军队，而愚蠢的军队是不能战胜敌人的。”这是毛泽东对军队文化建设的地位和作用的高度概括。

毛泽东始终把文化素质与部队的政治素质、文化艺术与部队的思想意识的转变联系起来，主张学习新文化，改造旧文化，使文化建设变成整个革命机器的“齿轮和螺丝钉”。正是在这种思想的指导下，我军开展了轰轰烈烈的文化活动，从而开创了我军以文化建设来促进部队管理的局面。

在战争年代，尽管战斗频繁，毛泽东仍然要求部队利用战斗间隙，采取多种形式和办法，组织干部战士学习科学文化知识。1928 年 11 月，毛泽东在红军第四军第六次党代会上，明确把“分期举行士兵认字运动”作为红军训练的重要问题之一提出来。1929 年的古田会议上，又规定各纵队政治部负责编写青年士兵识字课本，每个纵队设立一所青年士兵学校，置备纸、笔、墨等用具发给大家。当时，部队官兵文化程度普遍较低，文化教育一般以识字扫盲为主，各部队自编识字课本，聘能者为师，开展互帮互学活动，在频繁的行军作战中，干部战士创造了行军背识字板、娱乐打识字牌，做识字游戏，以及“削木为笔，大地为纸”等辅助办法，学习写字识字。在当时的教导队等军事学校中还专门开设了文化课，作为学习政治理论和军事专业技术的预科。

在部队，开展思想性、知识性和娱乐性相结合的群众性文化活动，更是有声有色。1929 年 12 月，毛泽东在古田会议决议中指出：“红军的宣传队，是红军宣传工作重要的工具。”要“以大队为单位在士兵会内建设俱乐部”（1930 年改称“列宁室”），其任务是“在战斗员和指挥员中进行课外的军事、政治、文化、卫生等工作，使他们能得到共产主义的教育，以巩固红军的战斗力”。从那时起，政治机关负责征集、编印“革命歌谣”“革命故事”“革命歌曲”“画报”“壁报”等，发给部队；各部队开展“游艺”“音乐”“花鼓调和旧剧（指戏曲）”“打足球”“练武术”等文体活动。部队各剧社和宣传队的创作和演出等活动，同广大指战员的战斗、生活紧密联系。他们通过演出、口头宣传、战场鼓动、写标语、画壁画、下连队辅导等工作，鼓舞和教育红军战士和人民群众。部队战斗频繁，剧社和宣传队经常组成小分队跟随战斗部队活动。能演出就演出，不能演出就做战场宣传鼓动和战勤工作。刘伯承、陈赓等我军高级将领也曾登台演出。基层俱乐部是部队的业余学校，连队群众文化活动都由俱乐部来组织实施。在行军作战中，部队只要在一个村子住半天以上，总要找两间房子，把俱乐部布置起来。操课之余，就在这里教课、排戏、跳舞、讲故事、说笑话等。干部和士兵们也愿意到俱乐部来，俱乐部真正成了官兵之家。尽管当时物质条件极端艰苦，又要打仗，但由于文化活动开展得好，因而使官兵充满了高度的革命乐观主义精神。

新中国成立以后，军队的文化工作根据毛泽东文化艺术要为工农兵服务的思想，坚持面向连队，为士兵服务，把文化工作重点放到连队。全军普遍围绕中心任务，以课外活动方式，组织各种群众性文化活动。许多部队组建了战士业余文艺演出队，开展兵演兵活动，并通过调演和会演的形式，来推动我军基层文化活动的开展，使部队文化活动空前活跃，做到“处处有歌声，人人搞体育，节日有晚会，假日有活动”，坚持用先进的思想占领军营文化阵地，永葆人民军队的性质和本色。

毛泽东关于加强军队文化建设的思想对于提高官兵的科学文化水平，陶冶情操，增强体质，让先进的思想占领文化阵地，抵制不健康思想的侵蚀，活跃军队生活，增强军队凝聚力，巩固和提高战斗力，进一步加强军队管理，都起到了重要作用。

八、加强纪律性 革命无不胜

从人民军队诞生的那天起，毛泽东就把严守纪律、服从命令作为管理人民军队的重要内容。在我军初创之时，毛泽东就认识到了严明纪律的重要性。在“三湾改编”中，他创立了我军所必须遵循的一些规章制度。在转战井冈山的斗争中，他根据部队在纪律方面存在的问题，规定了我军的“三大纪律”。1928 年 5 月，他在对红军讲话时指出，革命道理很多，一下子讲不了那么多，现在只讲“二、三、四”三个字的道理。“二”就是两种战争，一种是正义的，一种是非正义的。“三”是三大纪律。“四”是红军除了打仗以外，到了每个地方，还要做好打土豪分田地、组织赤卫队、建立苏维埃政府、建立共产党组织四件事。讲了三大纪律后，毛泽东解释说，我们是革命的队伍，没有纪律是不行的，红军应该自觉遵守纪律。后来他又提出了“六项注意”，后又改为“八项注意”。他在古田会议决议中，更完整地提出了我军建设的一系列规章制度，并明确地提出了“编制红军法规”的思想。他提出：“编制红军法规明白地规定红军的任务、军事工作系统和政治工作系统的关系、红军和人民群众的关系、士兵会的权能及其和军事政治机关的关系。”在这里，毛泽东所说的“编制红军法规”，在内容上是很宽泛的，它既包括红军的各种条令条例，也包括军事法。在解放战争中，毛泽东又亲自起草了《中国人民解放军总部关于重新颁布三大纪律八项注意的训令》等法规性文件，并要求部队把军事、政治工作的经验“制成条例或章程，以便普及全军，成为定制”。1952 年 7 月，他又提出了“五统”“四性”，即要求全军实行“统一的指挥，统一的制度，统一的编制，统一的纪律，统一的训练”，培养“组织性、计划性、准确性和纪律性”，进一步强调了加强军队法制建设的重要性。在毛泽东的亲自指导下，人民军队制定了《纪律条令》《内务条令》《队列条令》(简称“三大条令”）和《政治工作条例》，一直沿用至今。

加强纪律性，从根本上就是要严格管理军队，维护纪律的严肃性。1937 年，抗日军政大学的队长黄克功在与一女学员谈恋爱不成后，枪杀了这位女学员。毛泽东得知此事后，指示成立专案组，对黄克功进行公开审判并处以极刑，以教育全党全军。当时，正值抗战用人之际，许多同志包括一些高级领导同志鉴于黄克功当过旅长，作战有功，力谏毛泽东赦免黄克功的死罪，让其戴罪立功。在这种情况下，毛泽东专门给黄克功专案审判长雷经天写了一封信，并要求雷经天在审判大会上当众宣读。毛泽东在信中说：“共产党与红军，对于自己党员与红军成员不能不执行比一般平民更加严肃的纪律。”军纪是严肃的，执行军纪也应该严肃。只有这样，才能真正发挥军纪的作用。

毛泽东不仅强调依法从严管理部队，同时也极其注意管理方法。1948 年第四野战军解放锦州时，许多部队驻在苹果园里。当时正值苹果飘香的季节，尽管树上硕果累累，树下落果遍地，但战士们一个也没吃。毛泽东听说后很感动，他说：“在这个问题上，战士们自觉地认为：不吃是很高尚的而吃了是很卑鄙的，因为这是人民的苹果。我们的纪律就建筑在这个自觉性上边。”建立在自觉基础上的严格纪律，是我军始终保持高度集中统一，受到人民群众拥护爱戴，不断从胜利走向胜利的一个重要原因。在革命军队里，官兵是一致的、平等的，从高级将领到普通士兵，都以自觉遵守纪律为荣，损害纪律为耻。朱德总司令乘车路过岗哨被拦住，他以普通一兵的身份主动接受检查。而把纪律看得比自己的生命还重要的志愿军一级英雄——邱少云就是这样一个典型。在朝鲜战场上，志愿军某部500名官兵奉命潜伏在离敌人阵地前60米的草丛里，敌人的燃烧弹烧着了战士邱少云的衣服，为严守潜伏纪律，保证作战胜利，他在熊熊烈火中忍受剧痛，直至光荣牺牲，没有暴露目标，使部队按计划发起冲击，迅速歼灭了敌人。邱少云严守纪律、顾全整体、自我牺牲、英勇顽强、纪律高于生命的精神，集中体现了我军严守纪律的最高境界。

加强纪律性是我军的优良传统，是治军的永恒主题。从红军时期不拿群众一个红薯，到辽沈战役驻在果乡不吃群众一个苹果；从解放上海露宿街头，到抗美援朝爱护朝鲜人民一山一水、一草一木，都展现了我军文明之师、正义之师、胜利之师的风采。正是因为我军官兵严格执行纪律，才赢得了“子弟兵”和“最可爱的人”的称号。这样的军队，必定攻无不克，战无不胜。

九、军民鱼水情意深

军队拥护政府，爱护人民；政府和人民群众拥护军队，优待革命烈士家属和军人家属的活动，是毛泽东军队管理思想的又一个创举。它是人民军队本质的体现，是党政军民团结一致的象征，是我军从胜利走向胜利的重要保证。

“我是一个兵，来自老百姓……”这首雄壮的军歌，正确地反映了人民军队的来历。人民军队，来自于人民，服务于人民。人民军队服务人民，最根本的就是为人民的解放事业而奋斗。1945年，毛泽东在党的七大上就明确提出，我们这个军队之所以有力量，是因为所有参加军队的人都不是为着少数人的或狭隘集团的私利，而是为着广大群众的利益，为着全民族的利益，而结合，而战斗的。紧紧地和中国人民站在一起，全心全意为人民服务。几十年来，我军始终加强和维护军政军民团结，保证了军队的发展和胜利。我军在毛泽东这一思想的指引下，从井冈山斗争、二万五千里长征，到抗战、解放战争，历经多少困苦和磨难，克服了多少艰难和险阻，在与自己两倍、三倍甚至十倍的敌人面前，从不畏惧，决不屈服，为了人民的解放事业，创造了无数可歌可泣的伟大诗篇。强渡大渡河勇士的英雄气概；血战狼牙山五壮士的浩然正气；坚贞不屈的杨靖宇将军与日寇拼搏的战斗意志；舍身炸碉堡的董存瑞的献身精神，至今仍铭刻在人们心中。仅四年解放战争，人民解放军就伤亡 130 多万人。人民军队这种为人民解放事业无私无畏、艰苦卓绝的英勇斗争精神，也正是从毛泽东正确思想指引下焕发出来的。

人民军队爱护人民，把人民群众当成自己的父母兄弟，关心他们，维护他们的利益。毛泽东率领秋收起义部队向井冈山进军时，就指示部队不住民房，不要损坏群众的东西，并亲自召开军民大会，宣传工农革命军是共产党领导的军队，是穷人的队伍，号召群众组织起来，打土豪、分田地，跟着共产党闹革命。为了教育部队加强军民关系，他又制定了“三大纪律，六项注意（后改为八项注意）”，将红军如何对待人民群众，用最具体、最简要的语言固定下来。在毛泽东的带领下，官兵说话和气，买卖公平，借东西送还，损坏东西照价赔偿。群众感动地说：“哪朝哪代不是‘兵过如水洗’，红军来了对我们这样和气，把我们的东西看得如此珍贵，这个队伍硬是万万岁！”从此，这种尊重群众，时刻把人民群众的利益放在第一位，维护群众利益的思想在我军代代相传。在战争年代，部队总是一面打仗消灭敌人，一面抢救老百姓的生命财产。1942 年冬，胶东纵队五旅的 10 名战士路过马石山时，见许多群众被日军围困在山上。为不使群众受到敌人蹂躏，他们毫不畏惧地冲上去，掩护群众胜利突围，自己却在山上与敌人同归于尽。1948 年，驻扎在长春的国民党部队在我军围困前，对附近群众洗劫一空。我军在战斗间隙一面给群众送粮送种子，一面又冒着炮火帮群众拉犁抢种。战争往往给人民带来灾难，人民军队总是宁愿自己忍受饥饿甚至牺牲，也要千方百计地解除人民群众的痛苦。在和平时期，人民军队也时刻把人民的困难当成自己的困难。哪里人民需要，哪里就有解放军，哪里任务险急，解放军就出现在哪里。人民军队始终和人民群众站在一起，忠贞不渝地为人民的利益战斗到底。

毛泽东从人民军队的性质与本质出发，清楚地指出，军队和人民群众如鱼之于水，人民军队是鱼，人民群众是水，鱼离开了水就不能活，军队脱离了人民就要变质，就要失败，因此，要密切同人民群众的关系。我们这支军队完全依靠人民，才能发展、壮大，才能无比强大。长期以来，有多少戎冠秀妈妈，有多少红嫂，她们用乳汁、汗水、鲜血和生命，哺育着这支军队成长。老百姓把人民军队的每一个成员，都当成自己的亲人，甚至胜过亲人。1942 年 6 月，八路军回民支队二大队长李建德在战斗中负了重伤，刘庄的刘大娘把他留在自己家里养伤。大娘的儿子在外跑小买卖，就把李大队长当儿子，每次汉奸和日本兵来搜查，都说是她的亲儿子。一次儿子回家了，被鬼子抓住，问她哪个是儿子。刘大娘一口咬定李大队长是她的儿子，自己的儿子却让敌人抓走了。李大队长从屋里冲出来，要去救时，大娘紧紧地抱住他说："孩子，别难过。为了抗日，为了保护八路军的大队长，舍掉儿子我值得!"她对八路军胜过自己的亲人。在抗日战争期间，为了战胜日寇，各根据地的人民在党和政府的领导下，创造性地开展了麻雀战、地雷战、地道战等，配合主力部队开展游击战，使日军陷入了人民战争的汪洋大海。在解放战争中，解放区人民在"一切为了前线，一切为了胜利"的号召下，广大妇女碾米、磨面、缝军衣、做军鞋；青壮年们按照军事上的需要，组织支援大军，运粮食、送伤员、铺路、架桥。解放军打到哪里，人民群众就支援到哪里。据不完全统计，在辽沈、淮海、平津三大战役中，参战支前民工达 249 万人，马车、小推车 88 万余辆，牲畜 100 多万头，担架 20 多万副。有人计算过，光运到淮海前线的粮食，如果全部装上小推车，每车以 200 斤计，需装 285 万车，能从南京到北京排成 5 行。这是一幅多么雄伟的、世界罕见的支前历史画卷！尽管淮海前线在春节期间，雨雪交加，道路泥泞，部队又十分密集，但我军粮弹充足，士气高昂，每人还能领到一份 1 斤猪肉、5 包香烟的年礼。咫尺之外的国民党军队，则烧尽了抢来的木柴、家具，以及挖来的棺木板子，也暖和不了他们冻僵的躯体，还经常为了争夺飞机丢下的几块大饼而火拼。这是多么鲜明的对比！

人民军队只有与人民群众同呼吸、共命运、心连心，才能无比强大，从胜利走向胜利。军爱民，民拥军，军民团结向前进。为此，毛泽东曾写下了"军民团结如一人，试看天下谁能敌"的著名诗句。

第十章

管理亲人和身边人的艺术

毛泽东既是一位伟人，又是一个有血有肉的普通人，有着常人一样质朴的情感。对于与他有着血肉联系的亲人和朝夕相处的身边工作人员，毛泽东有着山一样高的爱，海一样深的情。他将这种博大无私的情感融于严格的管理教育之中，收到了良好的成效。

一、等你“劳动大学”毕业了再上“延安大学”

毛泽东生于农村，长于农村，一生都对农村怀着浓厚的感情。他认为农村是所培养、锻炼人才的好“学校”，经常要求广大干部和身边的工作人员深入农村，和农民共同生活，向农民学习请教。对于自己的子女，他也不例外。1946年春，毛岸英从苏联回国，回到了阔别19年的父亲身边。看到儿子已长成一个英俊的大小伙子，毛泽东百感交集，心中充满了惭愧和内疚。19年来，他欠儿子的实在太多，为了全中国人民的解放事业，他没有尽到做父亲的责任。但毛泽东并未因此而放松对毛岸英的要求，他不愿让儿子做温室里的鲜花，希望他成为一个了解中国国情，深知人民疾苦，能吃苦耐劳，意志品质顽强的人。

不久，毛泽东便把毛岸英交给陕北的一位劳模，并语重心长地对他说：“等你‘劳动大学’毕业了，再上‘延安大学’，好不好？”

1946年1月，在苏联经过长达9年的学习和磨炼后，毛岸英从莫斯科经新疆，飞西安，秘密回到延安，见到了日夜思念的父亲。久别重逢，父子俩都非常高兴。毛泽东仔细打量着儿子：高高的个子，天庭饱满，举手投足间颇有自己的风范；英俊的脸庞，特别是开阔的眉宇间，又依稀可见杨开慧的倩影。毛泽东满意地笑了。他详细地询问了岸英在苏联学习和生活的情况，当他听岸英说《红楼梦》里的有些诗词不大好懂时，又耐心地给他作了讲解。之后，毛泽东站起身，抬头遥望着延河对岸凤凰山上正在开荒的人群，慈祥地对岸英说：“你在苏联长大，住的是洋学堂，对国内的生活你还不了解，缺乏实践，应补上这一课。”说到这儿，他略一沉思，继续说：“理论只是知识的一半，你光有外国的书本知识还不够，还要把书本知识变成自己的才行，中国还有个学堂，就是农业大学、劳动大学。”

听到这里，岸英早已领会了父亲的意思，接过话头说：“是的，我离开中国这么久，在苏联大多过的是学校生活，中国农村我不知道，也不会种田，我愿意向农民学习。”

毛泽东为了教育儿子到农村后，虚心地向当地农民学习，不耻下问，又给他讲了孔子的一个故事：有一次，孔子的学生问孔子：“会种田吗?”孔子说：“我不如老农。”学生又问：“会种菜吗?”孔子说：“我不如老圃。”

接着，毛泽东告诉儿子：“你在莫斯科睡得那么好，一人一张床，到了延安，就是炕上铺张芦席子，底下烧火，不要怕，老百姓有虱子，不要怕，有水就多洗一洗，没水，就用手多捉几个。”过了一会儿，他又说道：“过些时候，我替你找个校长，住劳动大学去。”

不久，毛泽东把岸英带到陕甘宁边区的劳动模范吴友良面前说：“这就是校长，你过去吃的面包牛奶，回来要吃中国的小米，可养人哩!”随后，毛泽东指着岸英对吴友良说：“我现在给你一个学生，他住过外国的大学，没住过中国的大学。我拜托给你，请你带他上劳动大学。”

吴友良带着几分惶恐地说：“咱叫什么大学？咱啥也不懂。”毛泽东谦虚而又诚恳地说道：“我知道的，你都知道。你知道的，我还不知道呢！他还是个娃娃，你要教他嘛。告诉他，庄稼是怎么种出来的，怎么多打粮食。”吴友良这才信心十足地说：“那我行。”毛泽东高兴地说：“好吧，就这样说定了，过几天就来。”

临行前，毛泽东充满期望地看着岸英，语重心长地说：“你要和老乡们一同吃，一同住，一同劳动，从开荒一直到收割后再回来，等你‘劳动大学’毕业了，再上‘延安大学’，好不好?”

“好!”岸英爽快地答应道，他换上父亲送的打了补丁的衣服和鞋子，背上一斗半小米和几斤菜籽，来到南泥湾开始上“劳动大学”。

其间，毛泽东利用去南泥湾视察工作的间隙特地看望了岸英。当他发现儿子的手依然白胖无茧时，严肃地说：“你还不能毕业呢!”并指着吴友良手上的血泡老茧说：“他是你的教授，你要好好向他学习。”岸英不好意思地点点头。

从此，毛岸英牢记父亲的教诲，有意识地加强锻炼。他起早贪黑地和老乡们一起抡起大镢头，起圈装粪，施肥犁地，学着干各种农活，尽管一天的劳动后，经常累得腰酸背痛，可他从来不叫苦，不偷懒，更不放松对自己的要求。

在“劳动大学”里，毛岸英学会了赶着毛驴下地送粪、犁地、种洋芋，把玉米种子袋挂在脖子上单手点种。后来，他又学会了双手同时点种等手艺。

50 多天后，国民党胡宗南部进犯延安，形势越来越紧张。村干部为安全起见，把岸英送回到毛泽东身边。毛泽东仔细地打量着儿子，只见他头上扎着毛巾，身上穿着布汗衣褂，脸上黑咕溜湫，臂膀黝黑结实，跟陕北农民一个样。毛泽东会心地笑了，风趣地说：“好哇！白胖子成了黑胖子，你学习成绩不错嘛！不过，今后还得继续锻炼。”说着，疼爱地拍拍岸英厚实粗糙的大手，看着他手心里那些血泡结成的厚厚老茧，又夸道：“这就是你在‘劳动大学’的毕业证书！”

孟子曾经说过：“天降大任于斯人也，必先苦其心志，劳其筋骨，饿其体肤，空乏其身，行弗乱其所为。是以动心忍性，增益其所不能。”毛泽东深深懂得这个道理，他担心毛岸英凭借自己的特殊身份而养尊处优，不思进取，刻意把他送到条件艰苦的农村中去接受锻炼，增长才干。由此可见毛泽东教子的一番良苦用心。

二、法律是不允许有特殊人物不遵守的

毛泽东虽然是个伟人，但也有着人之常情，和天下千千万万的父母一样，非常疼爱自己的子女，希望他们能够幸福地生活。1948 年，毛泽东已经 55 岁，按照中国人的传统习俗，早该是儿孙满堂了，对于长子毛岸英的婚事，他很是关心。男大当婚，女大当嫁，26 岁的毛岸英，也已心有所属，和刘思齐准备结婚。可当毛泽东得知刘思齐离结婚年龄还差几个月时，坚决要他们严格遵守法律，反对他们马上结婚。他生气地对两人说：“法律是不允许有特殊人物不遵守的，是要每个人都遵守，你毛岸英、刘思齐也不能例外。”

毛岸英和刘思齐早在延安时期就已相识，两人在生活和学习中加深了了解和认识。1948 年，毛岸英和刘思齐双双被分配到西柏坡附近农村搞土改。接触中，

两人的感情日益加深，确立了恋爱关系，准备早日结婚。于是，两人去征求毛泽东的意见。

毛泽东首先关切地询问了刘思齐：“你正在学习，还没毕业，现在结婚不怕影响你的学习吗?”刘思齐答道：“结婚后好好安排，不会影响我的学习。”“你还小，着什么急呀，反正我同意你们结婚，等一等，好不好?”毛泽东以商量的口吻说。毛岸英说：“好，听爸爸的。”两人转身离开了毛泽东的住所。但过了不大一会儿，毛岸英又走回来。“你怎么又回来了?”毛泽东问道。“我今年已经26岁了，我想结婚以后，好专心致志学习和工作。这样，就不必在这方面花费那么多时间和精力了。”“你的意思，是不是要我同意你们结婚呀?”“是的。”

毛泽东看到儿子固执己见，生气地说：“按照解放区的法律，女方必须满18周岁，男方必须满20周岁。思齐还不满18周岁，你们必须守法，不能因为是毛泽东的儿子而有半点特殊，法律是不允许有特殊人物不遵守的，是要每个人都遵守。你毛岸英、刘思齐也不能例外。”

毛岸英没想到父亲会发这么大的脾气，觉得他太不通情达理了。他想到了自己幼年丧母，过着颠沛流离的生活，少年时代又背井离乡，在苏联经历苦难。如今，当爱情的幸福悄悄降临时，却还要再等几个月。想到这里他心中充满了无限的委屈，泪水夺眶而出，大声对父亲说：“婚姻自由，自己作主。”毛泽东也毫不让步，训斥道：“法律要作你的主。”毛岸英气得摔门而出，刚走到院子里，一下子就晕倒了。值班的哨兵以为他得了急病，连忙把他扶到了一间屋子里。

毛泽东听说岸英病了，心理很是不安，叹了口气说：“他像我一样，自己决定了的事情，就非要去做不可。”他让警卫买了点水果糖，亲自到窑洞里去看望生病的儿子。毛岸英思想上还是没有想通，对父亲不理不睬。毛泽东语重心长地说：“岸英啊，哪个当父母的不疼爱自己的儿女?你总不能让老百姓说：‘毛泽东的儿子就可以不执行边区政府的法令’嘛！你莫要这样固执，你的对象要知道你这样不通情达理，也不会高兴的！”

通过毛泽东细致耐心地开导、劝说，毛岸英思想上的疙瘩终于解开了，细想父亲说的每一句话，都是入情入理，共产党自己定的法律，岂能自己违反。失信于民，那会叫别人怎么看自己呢?想到这里，他心中感到无比的惭愧和后悔，噙着眼泪叫了声“爸爸”，孩子般地哭了。他不好意思地向父亲作了检讨，承认了自己的错误。父子俩的一场误会烟消云散。

1949年9月，刘思齐早已过了法定的结婚年龄。毛岸英和她商量之后，再次去征求父亲的意见。毛泽东这一次爽快地说：“我同意，你们准备怎么办婚事呀！”毛岸英说道：“我们商量了，越简单越好，我们都有随身的衣服，也有现成的被褥，不用花钱买东西。”

1949年10月15日，毛岸英和刘思齐简单而热闹的婚礼在中南海举行。

毛泽东时时处处严格要求着自己的子女，要求别人做到的，首先要求自己的子女做到。正如毛岸英所说：“岁数不到就结婚的人多着呢。”在革命战争年代，我国的法制还不健全，早婚现象相当严重。毛泽东并没有因为这一点就放纵自己的子女，而是严格要求他们自觉遵守法律，他教育子女要做一个守法的合格公民。

新时期，在各种不良思潮的诱惑面前，家长们更应该像毛泽东一样不仅自己以身作则，严守国法，而且要对子女严加管束，耐心教育，及时制止子女的违法乱纪行为。只有这样，才能更利于青年一代的健康成长，使他们以后切实能成为合格的社会主义事业的接班人。

三、青山处处埋忠骨 何须马革裹尸还

毛泽东一向注重对子女进行爱国主义教育，鼓励他们要不怕牺牲，精忠报国。朝鲜战争爆发后，他毫不犹豫地将自己的长子毛岸英送上前线，让他去“在战火中接受考验”。毛岸英在朝鲜战场上不幸壮烈牺牲，对毛泽东来说是个沉重的打击。老年丧子，白发人送黑发人，他悲从心来。中国有句俗话说：叶落归根。但当很多人劝说毛泽东将儿子的遗体运回国内安葬时，这时他考虑到的却是千千万万长眠在异国他乡的志愿军烈士，这些人也都是父母所生，烈士们的父母也同样承受着丧子

之痛，他并没有因为自己的感受而搞任何特殊化，毅然说道："青山处处埋忠骨，何须马革裹尸还。"

1950年6月下旬，朝鲜内战爆发，美国立即进行武装干涉。10月，美国将战火烧到我国东北边境。为了维护我国领土主权和中朝两国人民的利益，毛泽东和党中央果断决定组建中国人民志愿军，出兵朝鲜，抗美援朝，成千上万的中华儿女奋起响应。

此时，毛岸英正在北京机器总厂担任党总支副书记。本来他准备好好钻研一番业务知识，争取早日干出一番事业来。可朝鲜战争爆发后，他心潮起伏，难以平静，立即向党中央和毛泽东递交了要求参加志愿军的申请书。他是第一个自愿报名参加抗美援朝战争的人。毛泽东对儿子冲锋在前，不怕牺牲的爱国主义革命精神颇为赞赏。虽然在枪林弹雨中走过几十年的毛泽东深知，战争随时都有牺牲的可能，但他仍决定让儿子出国参战。他勉励儿子说："好哇，你去朝鲜，可以在战火中经受考验嘛！"当时，江青和中央有些领导都力劝毛泽东，说岸英在单位里负责重要工作，离不开，不要去参战了。但毛泽东毫不动摇，坚定地说："谁叫他是毛泽东的儿子，他不去，谁还去？"

不久，毛泽东便亲自将毛岸英交给了志愿军司令员彭德怀。彭德怀感到十分为难，毕竟他是毛泽东的儿子，战争可不是儿戏，随时都有可能牺牲，万一有个三长两短，他怎么向毛主席和全国人民交代呢？毛泽东看出了他的顾虑，恳切地说："让他到战场上去锻炼自己，我看你就收留了他吧！"

就这样，由于毛泽东亲自替儿子向彭德怀说情，毛岸英要求上前线的愿望终于实现了。1950年10月9日，新婚刚一年的毛岸英，告别了亲人，第一批赴朝参战，被分配到中国人民志愿军总部任机关秘书和翻译，并在一个党小组任小组长。

1950年11月5日，中国人民志愿军入朝后的第一次战役告捷。11月25日，敌军出动几十架飞机，对我军狂轰滥炸，实施疯狂报复，第二次战役开始。上午11时左右，志愿军总部遭敌空袭，毛岸英和作战参谋高瑞欣壮烈牺牲。

噩耗传来，犹如晴天霹雳。毛泽东怔怔地坐在沙发上，一声不响。良久，他才眨了一下眼睛，目光开始缓缓移动，望着茶几上的烟盒，伸出手去拿烟，但两次都未能从烟盒里把烟拿出来。卫士李银桥连忙从中抽出一支，帮他点燃。屋里除了毛泽东从牙缝里往里吸烟的声音外，死一样的沉寂。毛泽东的眼圈陡然一红，湿润了。时间在此时似乎已经凝固，谁也不敢说话。吸完第二支烟后，毛泽东用略带沙哑的声音，长长地叹道："唉，谁叫他是毛泽东的儿子呢？"他强忍悲痛，听江青汇报了儿子牺牲的经过。最后，毛泽东提醒大家："这个事，先不要告诉思齐，晚点，尽量晚点。"

1951年2月下旬，彭德怀回国向毛泽东当面汇报工作并谈了毛岸英牺牲的经过。他心情沉重地说："主席，我没有保护好岸英，我有责任，我请求处分！"毛泽东点燃了香烟，抽着，默默无语。半晌，他才抬起头，缓缓地说道："革命战争，总是要付出代价的嘛！为了国际共产主义事业，反抗侵略者，中国人民志愿军的英雄儿女，前仆后继，牺牲了成千上万的优秀战士，岸英就是属于成千上万牺牲了的革命烈士中的一员，一个普通的战士，不要因为是我的儿子，就不应该为中朝两国人民的共同事业而牺牲，哪有这样的道理呀！"

彭德怀向毛泽东汇报朝鲜战局，及请示今后的作战方针之后说："岸英的遗体……"毛泽东摆摆手，打断了他的话，说："青山处处埋忠骨，何须马革裹尸还。志愿军的英雄儿女与敌人浴血奋战，牺牲了成千上万的优秀战士，岸英也是牺牲的千百万烈士中的一员。不要因为他是我的儿子就特殊。哪里黄土都埋人，岸英应一同与牺牲的优秀战士葬在朝鲜的国土上。"

1954年12月，毛泽东在接到彭德怀要求将毛岸英遗体葬于朝鲜的信后，批示道："同意彭的意见……"当刘思齐要求将毛岸英的遗体运回北京时，毛泽东劝道："青山处处埋忠骨，何须马革裹尸还，不是有千千万万的志愿军烈士安葬在朝鲜吗？"于是，在朝鲜的平安道桧仓郡的志愿军烈士陵园里，便增修了一座普普通通的坟墓。墓前立着一块三尺高的花岗石碑，碑上刻写着这样几个大字："毛岸英烈士之墓"。

多年以后，当毛泽东向老友周世钊提起毛岸英牺牲的往事时，说："当然，你如果说我不派他去朝鲜战场上，他就不会牺牲，这是可能的，也是不错的。但是你想一想，我是极主张派兵出国的，因为这是一场保家卫国的战争，我的这个动议，在中央政治局的会议上，最后得到了党中央的赞同，作出了抗美援朝的决定""我作为党中央的主席，作为一个领导人，自己有儿子，不派他去抗美援朝，保家卫国，又派谁的儿子呢？”“人心都是肉长的，不管是谁，疼爱自己子女的心都是一样的，如果我不派我的儿子去，而别人又都像我一样，自己有儿子也不派他去上战场，先派别人的儿子去前线打仗，这还算是什么领导人呢？”

毛泽东并不是不疼爱自己的儿子，相反，他对毛岸英这个长子寄予了无限的厚望。长期领导中国人民进行革命战争的他，不可能预料不到战争的严重后果。但他对毛岸英要求上前线的愿望，给予了积极的肯定和充分的支持，甚至为此不惜向志愿军司令彭德怀求情。毛岸英牺牲后，又让儿子的遗体与千千万万牺牲在朝鲜战场上的志愿军烈士一起留在了朝鲜，他这种大公无私的精神，教育和启迪着一代又一代人。

四、要知难而进

困难和挫折往往是我们前进路上的拦路虎。很多人在困难面前畏手畏脚，一蹶不振，缺乏顽强的意志，临阵退缩，最终一事无成。毛泽东在长期的领导中国革命和建设的实践中，遇到过数不清的困难和挫折。政治上几起几落，枪林弹雨中死里逃生，但他在困难面前毫无畏惧，谈笑风生，“不管风吹浪打，胜似闲庭信步”。毛泽东经常教育子女要敢于面对困难，挑战困难，跨越困难，最终战胜困难，而不要在困难面前裹足不前，意志消沉。他常常有意地让子女做些看似难办的事，让他们去亲身体验困难，并鼓励他们去克服困难，赢得胜利。

当李敏和李讷还在读小学时，一个寒冷冬季的星期天，两姐妹刚做完作业，毛泽东微笑着对她们说：“今天带你们出去玩玩，想不想学滑冰呀！”两姐妹一听，非常高兴，蹦蹦跳跳地跟着父亲走向南海溜冰场，一路上有说有笑。

两姐妹以前从未滑过冰，看着别人在冰场上潇洒自如，而且还不时地做出各种花哨的姿势，异常兴奋。她俩以为学滑冰是件很容易的事情，刚开始时，劲头十足，兴趣高昂，争先恐后地换上父亲给她俩买的溜冰鞋。毛泽东在一旁静静地看着两个女儿，眼神中充满了鼓励，好像在说：“好样的，你们去练吧！”两姐妹冲父亲笑笑，迫不及待地冲向溜冰场。“扑通”一声，李敏刚迈出第一步，就一屁股摔倒在地，冷冰冰的冰地一开始就给了她一个下马威。摸摸痛处，李敏挣扎着爬起来，一股不服输的劲头顿时涌上心来。性急的她，刚抬起一只脚，又“啪”地一声摔了个四脚朝天，潜意识中她用手护住了自己的头部，而身体的其他部位都摔得青一块，紫一块，只感到天旋地转，东西难辨。好一会儿，李敏才抬起头看看妹妹，只见她用稚嫩的双手强撑着地面，撅着屁股想爬起来，但试了几次都没有成功。两姐妹看到对方的狼狈相，都忍俊不止。再看看父亲，只见他正冲着女儿们微笑，眼神中充满了鼓励，仿佛在告诉她们：勇敢地站起来，站起来再练！世上无难事，只怕有心人！你们一定可以成功的！看到父亲充满期待的目光，两姐妹强忍着疼痛，爬起来再练、再摔，再摔、再练。最后她俩都放弃了努力，用乞求的目光看着父亲，希望他能开恩，准许她们休息一会儿。但毛泽东毫不动情，坚持让她们练到规定的锻炼时间。父命难违，姐妹俩只好爬起来继续练习。功夫不负有心人，终于她们能够慢慢地在冰场上站稳了，甚至还可以小心翼翼地向前滑几步。

毛泽东一言不发，只是默默地看着。“扑通”，李讷又一次摔倒在地，疼得哇哇大哭。她开始有些怨恨父亲的无情了。李敏也赌气地坐在地上，不愿再起来，泪水在眼眶里打转。但她毕竟年长一些，没让眼泪流出来。

“好了，收兵吧！”毛泽东终于开口说话了。一听到父亲的这句话，姐妹俩好像在绝望之中抓住了一根救命稻草，站起来就往外走，由于过于激动，两人再次摔倒在冰面上，只得连滑带爬地回到冰场外。

毛泽东笑着对两人说：“怎么样，有何感想？”李敏感叹道：“学滑冰太难，太难了。冰太滑，两脚又总是不听指挥，太难。”毛泽东哈哈大笑道：“难就对头了，要知难而进嘛！”李讷接过话头，撒娇似地对父亲说：“摔得太疼了。”“好嘛，不摔不打不成才，摔摔打打长得快嘛！”

第一次滑冰练习就这样结束了。两姐妹心想：滑冰这么难，而且我们今天又都光荣“负伤”，爸爸肯定会心疼我们，怕我们真的摔伤了，不会让我们再练习滑冰了。

谁知，起身离开溜冰场时，毛泽东又说道："今天挨摔，明天就少摔或不摔，下周再继续练。"

第二个练习日，两姐妹为减少皮肉之苦，要了个小聪明，都穿上了厚厚的棉衣棉裤。吸取上次教训，两人再也不敢大意轻敌了。俗话说：熟能生巧。两人在多次练习之后，动作变得轻盈起来，而且还能在冰上作出各种动作，逐渐体会到了滑冰的乐趣，她俩终于明白了父亲的一番苦心。毛泽东从未要求她们成为运动健将，要她们练习滑冰，意在培养她们的毅力和意志，通过这件事告诉她们一个道理：失败乃成功之母，要想成就一番事业，必须经过艰苦的磨炼，在困难面前不要屈服，要敢于迎难而上。

1958 年，李讷得了急性阑尾炎，住进北京医院治疗。毛泽东非常关心女儿的病情，并告诉她要以顽强的意志战胜病魔。他在给李讷的信中说："念你，害病严重时，心旌摇荡，悲欢袭来，信心动荡，这是意志不坚定。我也常常如此。病情好转，心情也好转，世界观又改观了，豁然开朗，意志可以克服病情，一定要锻炼意志。"

毛泽东以自己的切身体会，循循善诱，鼓励李讷微笑地面对病魔。毛泽东的这些教诲，潜移默化地深深地根植在每个子女的心中，使他们终生受益无穷。

现实生活中，有些家长把自己的独生子女当作掌中宝，捧在手里怕飞了，含在嘴里怕化了，生怕他遭受任何挫折，事事都为他安排得妥妥当当。这样使得有些人在成年之后，基本的生活自理能力都不具备。君不见，每到高校开学时，一人上学，全家陪往。父母提着大包小包，孩子却两手空空，轻闲自得，甚至还指手画脚，挑剔这没办妥，那没做好。从财务处到膳食科，再到宿舍，直到帮助子女完成最后一道入学手续，父母才千叮万嘱地离开。这样没有受过任何磨炼，在温室中长大的孩子，往往经受不住生活上的一点点失败和挫折，受到一点打击，就心灰意冷，他们缺乏独立生活的基本能力，即使学习成绩优秀，将来也难有大的作为。家长们应该以毛泽东为榜样，经常对子女进行"困难观""挫折观"的教育，从小就培养孩子的意志和毅力，不使教育走入误区。

五、不要把我挂在你们的嘴边上去唬人

毛泽东虽是党和国家的最高领导人，但他从不利用自己的权力和地位为子女谋取任何私利，反而经常告诫他们不要有任何特殊的优越感，不要在别人面前提起是毛泽东的子女。俗话说：树大好乘凉。但毛泽东从不主张子女们靠着他这棵大树来舒服地“乘凉”，坐享其成，更不允许他们以他的名义去为自己的生活、学习、工作等方面寻路子、找关系、谋私利。他时常教育子女，不管何时何地都要牢记，我是毛泽东的子女，处处、事事、时时都要夹着尾巴做人。李敏和李讷考上大学，都是凭着自己优异的考试成绩，毛泽东并未为她们说过半句好话。对子女们的工作问题，他也要求组织上严格按规矩办事，不搞任何特殊化。

毛泽东经常对子女们说：“靠我毛泽东不行，还是要靠你们自己去努力，去奋斗，不要把我挂在你们的嘴边上去唬人。”毛岸青刚参加工作时，毛泽东对他讲：“工作了，对同志们说时，你告诉人家，你是中宣部的翻译，不要说你是毛泽东的儿子。”当李敏还是一个学生时，毛泽东就告诉她说：“你还在上学，告诉人家你是学生，不要说你是毛泽东的女儿。”等到她参加工作后，毛泽东又对她说：“告诉人家，你是解放军干部，也不要说你是毛泽东的女儿。”

孔令华是炮兵司令部副司令员孔从洲将军的儿子，和李敏是八一学校的校友，在长期的学习生活中，两人彼此了解，情投意合。高中毕业后，孔令华考入北京航空学院，李敏考入北京师范大学，两人的友谊日渐加深，发展成为一对情侣。一天，孔令华去征求父亲的意见。当孔从洲听儿子说李敏是毛泽东的女儿时，以一种责备的口吻说：“你和主席的女儿恋爱，这么大的事情，怎么不事先告诉我们呢？”孔令华感到十分委屈，回答说：“她姓李，叫李敏，我怎么知道他是毛主席的女儿呢？何况她回家总是坐公共汽车，生活上平平常常，没有什么特殊，更不清楚她的

家庭背景。现在关系明确了，知道了这层关系，也就告诉你了。”

从小学到大学，孔令华和李敏相处多年，但直到两人明确了恋爱关系之后，才得知李敏就是毛泽东的女儿，可见，李敏严守父训，从未在别人面前提起过自己就是毛泽东的女儿，连自己的知心好友也不例外。

毛泽东的次女李讷有一次因病住院。毛泽东对身边的工作人员说：“你们不要报她的真名，更不许提她是毛泽东的女儿。”为了避免医院对李讷有特殊的照顾，他给李讷化名叫沈娟，对医院讲她是毛泽东身边保卫人员沈同的女儿。

毛泽东在世时，从不让自己的子女在新闻媒体中曝光，即使有时带她们去外地参观、学习，也不让记者把他们拍进镜头。毛泽东对子女的这些教育，深深地影响了他们的一生。每个人都时刻牢记父亲的话语，从不在别人面前以毛泽东的子女自居，甘愿过普通老百姓的平常生活。

20 世纪 90 年代中期，胡真曾对毛泽东的长女李敏进行过专访。李敏就住在北京景山附近一座大院子里的一套普通的三室一厅的房子里，每月的工资只有 400 来元。由于收入少，也请不起保姆。因为身体一向不大好，李敏极少在公共场合露面。在毛泽东诞辰 100 周年的纪念活动中，为避免惊动当地政府，她没有回湖南，她常对人说：“父母是父母，我是我，我是个普通人。”

毛泽东的次女李讷也在北京过着平静而安宁的普通生活。每当毛泽东的诞辰和逝世纪念日，她都与普通老百姓一样，排在长长的队伍中，静静地等候进入纪念堂去见父亲一面。然后，随着队伍出来，消失在茫茫人海之中。1988 年 12 月 25 日，毛泽东诞辰 95 周年纪念日的前一天清晨，李讷来到纪念堂。按照国家有关规定，她作为毛泽东的亲属，可以直接从纪念堂西门入内。但她却以普通公民的身份，随着前来瞻仰的群众组成的队伍，缓缓地走进纪念堂。直到一位曾在中南海工作过的纪念堂值班人员从人群中认出了李敏，才客气地将她请出了长长的群众队伍，以便让她能更好地端详父亲的遗容。

毛泽东在对子女的教育中，非常注重对其独立能力的培养，告诫他们要想成功，必须要靠自己的勤奋和刻苦，不要依靠任何人，包括自己的父母。

现在有些领导干部，对子女百般宠爱，利用自己的职权，事事都为他们安排得妥妥当当。为了子女能上一所好学校，能找一份好工作，位高者金口一开，下属不得不照办，位卑者，到处找人求情送礼。父母关心爱护子女，本无可厚非，但他们应该懂得关爱不等于溺爱。依赖心理太强，会使孩子缺乏主见，遇事犹豫不决，最终难成大器。领导干部们要以毛泽东为榜样，时时告诫子女：“不要把我挂在你们的嘴边上去唬人。”

六、要尊敬长辈 尊重他人

毛泽东一贯重视对子女进行文明礼仪的教育，他经常对子女说：“见了人不要没大没小，年纪大些的，你喊他伯伯、伯母、叔叔、婶婶；最老的要喊爷爷、老爹爹、老奶奶；跟你年纪差不多的，你就喊哥哥、姐姐或同志，不能随便就直呼人家的大名。”毛泽东的长子毛岸英，与毛泽东身边的许多工作人员年龄相仿，但毛岸英也要他称呼为“叔叔、婶婶”。毛泽东的秘书田家英，与毛岸英同岁，曾被毛泽东请来当过毛岸英的家庭教师。毛岸英对他十分尊重，从不直呼其名。当他第一次见到田家英的夫人董边时，毕恭毕敬地立正站好，叫了一声“师娘”，弄得比他还小两岁的董边羞红了脸。毛泽东的言传身教，深深地影响了四个子女，他们时刻牢记父亲的教诲，在人际关系中十分注意尊重他人，以礼相待。

毛岸英从小就饱尝生活的艰辛，8 岁丧母后，流落街头，在无拘无束中长大，不懂待人接物的基本礼节。少年时代就到了苏联，接受的又是苏联的一套交往习俗，这与中国的习惯完全不同。成年后，毛岸英回到延安，感觉很不适应，觉得一切都很陌生。刚开始时，毛岸英与当地老乡谈话，高兴时就旁若无人地放声大笑，手舞足蹈。由于他汉语基础较差，遇到听不懂，弄不明白的时候，总是习惯性地耸耸肩、摇摇头、摆摆手。他还特别喜欢用手势来加重与人谈话的语气，但他自己并未察觉有什么不妥。延安人看后感觉很别扭，有人私下议论说，毛泽东的儿子不懂规矩和起码的礼貌，瞎摆架子。毛泽东虽然知道儿子并非有意，但对于他这种不懂礼仪的做法，很不高兴。为了培养儿子按照中国的传统式礼仪，以礼待人，毛泽东经常给毛岸英以暗示。他通常是在毛岸英作出一些夸张性动作时，就用锐利的双眸长久地盯着儿子，搞得毛岸英莫名其妙。这样反复几次之后，毛岸英终于明白了父亲的意思。他知道父亲并不喜欢他的这些动作，但却并不直说，只是用眼神来告诉他，要他注意改掉这些坏毛病。看到儿子理解了自己的心情，毛泽东抓住时机，语重心长地对儿子说："你现在是在中国，在延安，不是在苏联，你要按照东方人的传统习惯行事。年轻人在长辈面前，在年纪大的人面前，要文静，要规规矩矩地跟人说话，不可手之舞之足之蹈之也。"

毛泽东教子很讲究策略和艺术，他总是先通过自己的暗示让他们意识到自己的过错。之后，再对其晓之以理、动之以情，以达到最佳的教育效果。毛岸英听到父亲的话后，就时刻提醒自己注意日常的言行举止，慢慢地他就"延安化"了，习惯了中国式的待人接物方式。有些长期养成的习惯，一下子实在难以彻底改掉，不自觉地就会冒出来，每当此时，他的眼前都会闪现出父亲那严峻的目光，就立即放下手，纠正过来。

1949 年 9 月，刘思齐早已过了法定的结婚年龄，毛岸英再一次向父亲提出结婚的要求，毛泽东这次欣然同意了。毛岸英和刘思齐经过商量后，拟定了一个参加婚宴人员的名单，名单上列有邓颖超、蔡畅、康克清、谢觉哉、陈瑾昆等人。毛泽东看过名单后，对他们说："你们只请了邓妈妈不行，请了邓妈妈还要请恩来叔叔；请了蔡妈妈，还要请富春叔叔；请了康妈妈，还要请朱总司令；请了谢老，还要请王定国；请了陈瑾昆，还应请梁淑华，还有少奇和光美同志也要请，弼时同志有病在玉泉山休息，就不要麻烦他了。"

从毛泽东对赴宴人员名单的修改中，毛岸英和刘思齐才觉察到，他们忽略了很多应该尊重的人，马上在名单中加进了毛泽东提及的那些长辈。

1949 年 10 月的一天，当双目失明的毛泽连从韶山来到北京时，毛泽东嘱咐儿女们说："你们的叔叔在旧社会吃过很多的苦，你们要好好照顾他，尊重他。"毛泽东吩咐毛岸英将毛泽连送到北京协和医院，并将陪同毛泽连住院治疗的事交给毛岸英，而将平时招呼侍候的事则交给了李敏和李讷姐妹，毛泽连在毛泽东家里的饮食起居由姐妹俩搀扶、服侍。

70年代初，毛泽东重病在身。一天，李敏来探望父亲，毛泽东躺在病榻上，将李敏唤到跟前，用微弱的声音说："我快不行了，有件事得请你们做。家乡还有两个叔叔连饭都吃不饱，你们要经常回去看看。"毛泽东指的是他的堂弟毛泽连和毛泽嵘。

毛泽东逝世后，李敏和李讷谨遵父训，1977年，李敏回韶山看望了两位堂叔。1984年，李讷同丈夫王景清第一次回到韶山。他们不忘父亲生前的嘱托，给生活困难的毛泽连叔叔送上100元钱，令毛泽连夫妇感动得热泪盈眶。1989年5月，李讷又和丈夫再次回到韶山看望了堂叔毛泽连，并送上若干钱物。

尊老敬贤是中华民族的传统美德，也是一个人道德修养的起点。人与人之间的互相尊重，是营造一个良好的人际氛围的关键。俗话说，你敬我一尺，我敬你一丈。只有充分地尊重他人，才能赢得别人更多的尊重，从而为自己建立起良好的人际关系网，这对每个人的学习、生活都将大有裨益。

毛泽东在对子女进行这一传统美德的教育时，从不居高临下，简单地训斥其错误做法，每一个眼神，每一句叮咛，每一次劝导，都会让子女受到深刻的教育。毛泽东和风细雨般的循循善诱，潜移默化地将中华民族的这一传统美德深深地根植在每个子女心中，伴随了他们整个一生，这充分显示了毛泽东在管理教育子女上的高超艺术。

七、你要好好继承父志

毛远志是毛泽民和王淑兰的女儿，毛泽东唯一的亲侄女。1921年，毛泽民随大哥毛泽东参加革命后，长年在外奔波，很少回家，王淑兰母子虽生计艰难，但她们以乞讨作掩护，坚持从事党的地下交通联络工作，历尽种种磨难。1929年夏，王淑兰母女不幸被国民党逮捕入狱，直到1930年夏，才在红军的帮助下越狱获救。出狱后，毛远志随母亲继续从事革命活动。1937年，中断了多年联系的父亲毛泽民突然从千里之外的延安来信，要远志去延安读书。1938 年初，毛远志和母亲历尽千辛万苦，辗转来到革命圣地延安，见到了伯父毛泽东。

毛泽东非常喜欢这个侄女，不久便安排毛远志进入延安保育小学学习。毛泽东对侄女要求相当严格。毛远志初到延安时，不习惯吃北方的小米饭，加上患胃病，只好到食堂找锅巴泡水吃。谁知这样不仅没有减轻病痛，反而加重了病情。毛泽东身边的一个同志见此情景，给了她一块钱，叫她每天花五分钱，要碗粥喝。毛泽东知道后，对毛远志说："你能不能吃小米饭呢？不吃小米饭要饿肚子的啊！"毛远志听从伯父的话，开始锻炼吃小米饭，很快就适应了当地的生活环境。王淑兰留在湖南老家从事地下工作，因为生活困难，她不得不经常一边讨饭，一边从事工作。毛远志为了帮助母亲解决生活困难，曾向伯父提出建议，给以资助。可是，正因为王淑兰是自己的亲属，毛泽东未能答应，只是让毛远志依照组织程序向上级反映，毛远志很懂事地只向上级申请了 20 元钱寄给了母亲。

毛远志出生在一个革命家庭里，从小耳濡目染，深受革命的熏陶，渴望着能早日成为一名共产党员。一次，毛泽东跟她谈话，知道了她的想法，便鼓励她先加入抗日民族先锋队。毛远志倔强地说："我想参加共产党，不想参加'民先'。"毛泽东见她不高兴的样子，便耐心地给她解释说："'民先'是党的外围组织，你现在年龄小还不能入党，可以先参加民族先锋队，好好宣传抗日，这也是为党工作嘛。"一句话解开了毛远志思想上的疙瘩。

1938 年 7 月，毛远志加入抗日先锋队。她谨记伯父的教导，工作突出，表现出色。3 个月后，不满 16 岁的毛远志便光荣地成为了一名中共预备党员。毛泽东对她所取得的优异成绩十分高兴，并勉励她要好好工作和学习，争取更大的进步，同时也嘱咐她，要注意身体，把病养好，更好地为党和人民服务。

在毛泽东的教诲下，毛远志刻苦学习，努力工作，深受领导的赏识。因为工作的需要，1938 年 9 月，她被调到中央军委二局做机要工作。她工作积极，对同志热情诚恳，密切联系群众，克己奉公，不计较个人得失，全心全意地投身革命事业，并先后被评为"模范妇女""先进青年"和"优秀党员"。由于身体上的原因，1943 年，她转业到北方局组织部工作，也就是这一年，毛泽民被反动军阀盛世才残暴杀害。

毛泽东得知这一噩耗后，万分悲痛，但他为了不影响毛远志的学习和工作情绪，一直没有将这件事告诉她。两年多后，毛远志远调北方工作，来向伯父辞行。毛泽东看到侄女已经成长为一个坚强的共产主义战士，才将她父亲牺牲的实情告诉她。毛远志听后，悲痛万分，毛泽东也不禁潸然泪下。他语重心长地劝导侄女说："'人生自古谁无死，留取丹心照汗青'。你要好好继承父志啊!"最后，毛泽东给她留下了珍贵的临别赠言："一、无论到哪里都不要希望人家鼓掌；二、无论到哪里都要和群众打成一片，不要有任何特殊……"毛远志强忍着巨大的悲痛，聆听着伯父的谆谆叮嘱和教诲，后来这几句话成为了她的行为准则。

全国解放后，毛远志先后在江西省妇联、中南军区司令部工作。1954 年转业后调到北京，先后在中央组织交通干部处、中央工业交通工作部干部处等机关工作。在"文化大革命"中，她爱护老同志，保护老同志，表现了对党的无限忠诚和对同志的深厚感情。1971 年她身体健康状况不好，仍自愿去干校工作，以病弱之躯坚持参加生产劳动。

离休后，毛远志又积极收集、整理资料，编写父亲毛泽民和母亲王淑兰的传记。她一生都牢记伯父毛泽东的教诲，勤勤恳恳、任劳任怨地为党和人民工作，从不计较个人得失，也不愿意显露自己。毛泽东去世后，每逢伯父的诞辰纪念日，毛远志都去毛主席纪念堂瞻仰遗容，但总是悄然而来，默然而去，签字簿上从未留下她的名字。

毛泽东对毛远志这个唯一的亲侄女虽然十分疼爱，但从不放松对她的要求，也没有给予她任何特殊的照顾，总是勉励她要好好学习，扎实工作，依靠自己的努力而取得进步。胞弟毛泽民不幸牺牲后，毛泽东为了不影响毛远志的学习和工作，一直默默地独自承受着失去亲人的切肤之痛，直到看见她日渐成熟后，才告之她这一噩耗，并嘱她好好继承父志，弘扬革命精神，全心全意为党和人民服务。这些教育对毛远志的成长起了巨大的作用。毛泽东凭着对后代高超的管教艺术，为党和国家培养了又一名优秀的共产党员。

八、不要搞特殊化 更不能贪污腐化

毛泽东对身边工作人员的要求素来都很严格，他经常教育他们说，不要因为在我身边工作就有特殊的优越感，在群众面前不要摆架子，要以一个普通劳动者的身份和群众进行交流，为群众多办实事，不为自己谋任何私利。1964年冬，毛泽东的秘书林克去河北新城县参加农村“四清”工作前，毛泽东对他提出了三点要求：一是化个假名；二是不要当官；三是深入群众，了解真实情况。

毛泽东不仅告诫身边工作人员不要搞特殊化，而且更注意对他们进行反腐蚀的教育。1962年春的一天，毛泽东在和汪东兴谈话时说，我发觉身边有“老鼠”，少部分工作人员有严重的资产阶级腐朽思想作风，并且有贪污和渎职的行为，我们一定要警惕资产阶级腐朽思想作风的侵蚀。他指示汪东兴在毛泽东办公室党支部开展整风运动，整顿思想作风，清除“老鼠”。

毛泽东一生清正廉洁，不谋私利。他容不得任何官僚主义和贪污腐化行为，甚至对身边两袖清风的工作人员，也一再提醒教育。李银桥是跟随了毛泽东15年的卫士，他聪明机警，为人正直，是毛泽东最为喜爱的工作人员之一。李银桥在其回忆录中真实地展开了毛泽东多次对他进行反腐蚀教育的生动画面。

中共七届二中全会后，西柏坡的中央机关开始做进北平城的准备工作。有一天，毛泽东问李银桥：“银桥，要进城了，你准备得怎么样啊！”李银桥满有把握地回答说：“东西都收拾好了，随时可以行动”“这里呢？”毛泽东指着李银桥的太阳穴问道。见他不解其意，毛泽东又说：“小心，不要中了资产阶级的糖衣炮弹，不要当李自成。”

进城后，毛泽东要在香山双清别墅接待民主党派负责人和各界代表，知名人士，想找一件好一点的衣服换上。卫士长李银桥在毛泽东的所有“存货”里翻了又翻，竟选不出一件像样的衣服，因为毛泽东说过进京赶考的话，所以李银桥说："主席，咱们真是穷秀才进京赶考了，一件好衣服都没有。"毛泽东听完后，语重心长地对他说："历来纨绔子弟考不出好成绩。安贫者能成事，嚼得菜根百事可做，我们会考出好成绩。"

"三反"运动中，刘青山，张子善巨额贪污受贿案件被揭发出来，毛泽东对这两位党内高级干部的腐化堕落深为痛心。有一天散步时，他望着李银桥突然问道："你有贪污没有？"李银桥微微一怔，答道："没有。""你现在不贪污，你以后贪不贪污？""我永远不贪污。"毛泽东满意地笑了："这就好，我们是共产党人，永远不能搞贪污，要经得起考验！你不贪污，你有浪费没有？""没有。""不贪污，也不能浪费，勤俭节约是共产党人的美德，做不到就不是真正的共产党人。"李银桥慎重地回答说："我一定努力做到。"毛泽东亲切地用手抚摸着李银桥的后背，接着说："要节约，比如说衣服，袖口、领口多擦些肥皂，这些地方容易脏，其它地方揉揉搓搓，一拧就行，这样可以节省肥皂。"

对于身边的其他工作人员，毛泽东也一再提醒他们："不要叫糖衣炮弹打中。你们在我身边工作，更要注意反腐蚀，要经受得起考验。""我们感情很深，可是，如果你们腐化了，就不要怪我翻脸不认你们。""你们在我身边，职务不高，地位可是不低，容易搞特殊化，你们要警惕，要夹着尾巴做人。""你没有贪污，有没有浪费，浪费也不行，浪费发展下去就会贪污腐化。"

毛泽东一贯反对特殊化，更不能容忍和姑息贪污、渎职行为。1962 年，一位工作人员在随毛泽东在外地视察工作时，曾向一些地方无偿索取各种物品。虽然这位同志在毛泽东身边工作多年，但当毛泽东知道了群众揭发的事实后，仍果断地将此人调离中南海，另行分配工作，并且从自己的稿费中拿出近万元派人到各地一一退赔并道歉，以挽回该同志造成的不良影响，这件事使在他身边工作的所有同志都深受教育。

现实生活中，有些领导身边的工作人员，总有一种特殊的优越感，总觉得高人一等。他们处处打着领导的招牌，颐指气使，不可一世，甚至凭借自己的特殊身份，大肆索贿受贿，最终滑向犯罪的深渊，这些都与领导干部的纵容和默许不无关系。领导者们要以毛泽东为榜样，在管好自己的同时，要经常教育提醒身边的工作人员艰苦奋斗，廉洁奉公，不谋私利，不搞特殊化，更不能贪污腐败。

九、勤俭节约好

毛泽东的人生格言可以概括成八个字：艰苦朴素、艰苦奋斗。对于身边的工作人员，他也同样严格要求他们要勤俭节约，不要铺张浪费。毛泽东的一言一行，都深深地感染着每一个在他身边工作的人员。这些人在毛泽东的教育和影响下，无一不保持了勤俭节约、精打细算、艰苦奋斗的良好生活作风。

战争年代，条件异常艰苦，毛泽东作为中共最高领导人，也和全国人民同甘共苦，艰苦奋斗，生活条件极为恶劣。工作人员心疼主席，担心他把身体搞垮，经常偷偷地为他开一些“小灶”，毛泽东知道后总是对他们进行严肃的批评教育。

1943 年冬天，延安寒风凛冽。勤务员们看见毛泽东彻夜工作，怕他受寒生病，想早几天把炉火生起来。但毛泽东不同意，他说：“能晚生几天，就晚生几天，要节约用煤。”有一次，大家看见毛泽东写东西时冷得老搓手，便趁他不注意，悄悄提来一筐煤，把火生了起来。毛泽东听见引柴噼噼啪啪的响声，马上走过来制止：“还早呢，不要浪费煤。”过了一会儿，毛泽东忽然问勤务员：“你知道煤是怎样来的吗？”勤务员把听来的煤是怎样生成的经过说了一遍，毛泽东微微笑了笑说，你说的不错，不过，还要经过工人辛辛苦苦地从地下挖出来，才能烧。另外，煤是工业重要的燃料，所以要特别注意节约。

从延安时期起，毛泽东的衣服一直由身边工作人员洗，他嘱咐工作人员说：“不要一洗衣服就用肥皂，比较干净的衣服用清水洗一洗就可以了，没有必要用肥皂。”我们后方的同志要时时处处注意节约，一个人节约一块肥皂、一条毛巾微不足道，但一千个人，一万个人都来节约，就可以多造许多枪炮子弹。工作人员听了后深受教育，以后便一直照毛泽东的吩咐去做。

新中国成立后，全国人民的生活条件渐渐好起来了，但毛泽东还和新中国成立前一样，粗茶淡饭，艰苦朴素。他身边的工作人员长期跟着他一起过着艰苦的生活，开始有些埋怨情绪了，经常向毛泽东念叨，要求改善生活条件。毛泽东听后，当面批评他们说："没有条件时不讲究，这一条很容易做到；有条件时不讲究，这一条很难做到。我们共产党员就要做到难做的事。不要因为条件好了，就贪图享受，艰苦朴素的作风丢不得啊！"

毛泽东对身边工作人员的教育，都是从身边小事开始的。有些事情看似微不足道，但毛泽东却善于以小见大，从小事情中讲出道理，说得工作人员心悦诚服，个个都养成了勤俭节约的好习惯。

一次，工作人员在收拾屋子时，随手将一个用过的空火柴盒扔进了垃圾桶。毛泽东发现后叫他将火柴盒捡回来。这位工作人员不解地问："主席，空盒子还要吗?"毛泽东说："凡是还可以用的，都不能丢掉！"事后，这位工作人员闲聊时说起丢火柴盒的事："一盒火柴一分钱，空盒子留下来干什么？扔了就扔了呗。"刚好这话让毛泽东听到了，他很生气，叫来这位工作人员谈话，语重心长地对他说："你这么说是错误的，我们国家还很穷，凡事都要讲节约，浪费不起哟，火柴盒确实不值钱，但它是用木材做的，丢掉它不就是丢掉木材么，制造一个小火柴盒，就要建造一个工厂，工人师傅要花费很多很大的劳动，要经过好几道工序才能制造出来，多么不容易呀！"工作人员听了，内心有所触动。接着，毛泽东又说："制造火柴盒用的木材，都是好木材，我们国家这么大，人口这么多，一年要用多少好木材呀！我们节省一点是一点。在旧社会，我们用的火柴是外国的，中国不会造，后来能生产了，还要从外国进口优质木材作原料。现在，我们生产的多了，也要注意节约呀！"

毛泽东语调平缓，但句句透彻，说得这位工作人员心服口服。以后，工作人员们每次都十分细心地将毛泽东用完的空火柴盒留下来，然后去北京火柴厂买回大量火柴棍，重新装上再使用，一只空火柴盒往往反复使用多次，直至完全不能使用时才扔掉，这样坚持了数年。毛泽东每每看到这些举动，都会面露会心的微笑。

1959 年，因为天灾人祸，国民经济进入十分艰难的时期，这一困境，持续达 3 年之久，身为领袖的毛泽东为此常常寝食不安。工作人员为了保重主席的身体，便格外注意饮食营养。毛泽东察觉后很生气，特别叮嘱工作人员注意节约，并提出要每月检查一次家庭生活账，这在毛泽东是破天荒的事。这位伟人平生最讨厌跟钱打交道，以至于后来连钱都不愿碰一碰。

1959年的国庆节前夕，赫鲁晓夫来访，对我国施加压力，被毛泽东顶了回去。苏联便向我们逼债，毛泽东仍然无所畏惧。国庆节后，毛泽东南下视察，亲眼看到了自然灾害给全国人民带来的困难。回到北京后，毛泽东对身边的工作人员郑重宣布两条：自力更生和艰苦奋斗。他说："全国人民都在定量，我也应该定量，是不是肉不吃了？你们愿不愿意和我一起带这个头啊？"大家异口同声地回答："愿意！"接着，毛泽东宣布："那好，我们就实行三不主义，不吃肉，不吃蛋，吃粮不超定量！"

这样，毛泽东和工作人员的日常饮食中便很难再见到一丝肉末。虽然生活条件非常艰苦，但工作人员都无丝毫怨言和半点牢骚，他们理解党和国家的困难，即便饿着肚子，仍然努力地干好工作。

如今，我国人民的生活水平已大大提高，勤俭节约的美德在某些干部心中，也好像和以往艰苦的岁月一同逝去。他们一味追求豪华的生活，讲排场、比阔气，行则豪华轿车，吃则山珍海味，住则高档酒店。自己尚且如此，对身边工作人员的管束更不必谈。于是生活上互相攀比之风，在官场上甚是流行，在群众中产生了极其恶劣的影响。领导干部们应如毛泽东一样，首先自己以身作则，艰苦朴素，同时也要经常教育身边的工作人员勤俭节约，不要铺张浪费，从而在群众中树立起良好的形象。

十、要做一个有文化的人

毛泽东身边的工作人员很多都是从小就参加革命战争，没有上过几年学，文化素质较差，有些人错字连篇，对物理、化学等科学知识更是一窍不通。毛泽东非常重视对他们进行科学文化知识的教育，时刻关心他们的学习情况，鼓励他们要勤于思考，刻苦努力，多学习些文化知识。

他经常问身边工作人员这样一些问题，如“为什么老鹰在空中翅膀不动可以飞？”“人在水上为什么会浮起来？”“海水为什么是咸的？”“你知道天上有多少颗星星吗？”“为什么星星会发光？”……当工作人员被问得面面相觑时，毛泽东就语重心长地对大家说：“等你们学了物理、化学就懂得了。”这些问题让大家认识到了科学文化的重要性，学习热情大大提高。

1954年的一天，毛泽东把秘书叶子龙和副卫士长李银桥叫去，提议为警卫战士和身边其他工作人员办一个业余学校。他让李银桥从他的工资中拿钱买来课本和笔墨、字典、地图、作业本等，给70多个工作人员每人发一套，同时为他们请了5位老师，分别教授语文、数学、地理、政治、自然等课程。

渐渐地，工作人员都意识到：到毛泽东身边工作，没有文化知识是不行的。知识面越宽越广，工作起来就越得心应手，与学识渊博的毛泽东沟通越方便。但他们每天还要站岗、放哨、搞制式训练，每周只有一天学习文化的时间，没有时间和精力来进行系统的学习，大家左右为难。毛泽东很体谅大家的难处，积极地为他们创造学习条件。他减少了工作人员的制式训练，增加了学习时间，并鼓励他们努力学习，争取三五年达到中学毕业水平，掌握更多的科学文化知识，多为人民做点工作，多为人民服务。

1956年9月15日，中共八大开幕的那天早晨，毛泽东利用大会开幕前的空隙，详细询问了工作人员的学习情况后，饶有兴致地说：“我来当你们的名誉校长，好吗？”学员们听后非常高兴，但同时也很是紧张。因为自己的基础太差，担心辜负主席的一片厚望。毛泽东为了鼓舞他们的信心，对他们讲了以前在身边工作过的张宝金的例子。他说，张宝金早先给地主放牛，后来做雇工，没有读过书，参加革命后在工作中学习，现在人民大学学习，考第一名。

毛泽东远见卓识，设身处地地为身边的工作人员着想。他考虑到这些人不可能一辈子都干这种工作，以后要想干一番事业出来，没有文化是不行的。他亲自指示部队党委为学员们制订了一个初中教育计划，并亲笔批示：“罗荣桓同志：可以照此办理，请你帮助他们办起来。”

此后，他一直惦记着该事的落实情况。不久，他就向警卫张剑明询问了文化学校的筹办进展，得到很快就要开学的答复后，毛泽东满意地笑了。

1957 年夏，毛泽东到外地视察工作，但心中仍牵挂着学员们的学习情况，不时地跟随卫的学员们谈起学习，嘱咐他们不要因为出来执勤而荒废了学业。他关切地问随卫的孙连忠现在学习的科目及感受，孙连忠如实地回答说，代数等自然科学学起来感到很吃力。毛泽东勉励他说：“代数一定要学好，物理好多计算都是用代数计算的，要是代数学不好，物理、化学也学不好，不要怕难嘛！”

毛泽东不仅要求学员学习态度要端正，要勤奋刻苦，而且也很注意教学方法的改革。他很反对那种教员讲，学生听的教学方式，提倡教员多采取启发式、讨论式的方法，充分调动学员的热情，让他们在讨论中自己去发现问题和不足，然后有针对性地加以改正。他鼓励教员自己动手编写教材，不要生搬硬套别人的东西。教务处根据毛泽东的指示，组织教员编写了适合学员特点的《语法修辞》《常用应用学文》《范文选读》，以及《农业常识》等讲义，深受学员们的欢迎。

几年后，学员们的学习获得了长足的进步，错别字大大减少，有的甚至还能写一些散文、诗歌等文学作品。毛泽东深感高兴，风趣地对他们说：“你们现在成文化人了，现在知道海水为什么是咸的了吧！”

毛泽东为了提高身边工作人员的文化素质，让他们更好地服务于人民，慷慨地解囊办校，并且在百忙之中抽出时间与学员们个别谈话，亲自对他们的学习进行指导，鼓励鞭策他们积极进取，勤奋学习。以毛泽东为名誉校长的文化学校，使很多人由文盲、半文盲变成了具备一定文化素质的人才，这些人后来先后走上了中层以上领导干部的岗位。用他们自己的话说就是：“没有那几年的学习，要完成上级赋予的重任，将是不可能的。”

在科学技术日新月异的今天，领导者们一定要有高瞻远瞩的战略目光，不要做井底之蛙，只顾眼前利益，而没有一个长远的规划，对于身边的工作人员，不要只是按部就班地只要求他们做一些工作范围之内的事，要注意对他们“充电”，多为他们提供一些学习机会，以提高其素质。如果领导者做不到这一点，很可能就会使目前还能胜任的工作人员，在激烈的竞争中日渐落伍，由合格变为不合格，最终只能“下课”。

管理

第十一章

管理社会事务的艺术

毛泽东说："我爱进步的中国，不爱落后的中国。"他一心所系的就是如何能使中华民族早日强大起来，屹立于世界民族之林。对于关系国计民生的庞大而繁杂的各项社会事务，毛泽东都极为关注，甚至亲自深入实际，进行及时指导，付出了很多的心血。我们从毛泽东对各项社会事务的管理中，不难发现一代伟人赤诚的爱国爱民之心。

一、精心绘制精美画卷

由于长期战乱和帝国主义在华巧取豪夺，新中国成立初期满目疮痍，百废待兴，要开展的工作千头万绪，而其中的重中之重则是如何解决6亿人民的吃饭问题。以美国为首的西方资本主义国家怀着对新生社会主义中国的敌视，在世界各地大肆宣扬说中国共产党根本无力使中国人民获得足够的食物，从而引起了社会各界对中国共产党人治国能力的怀疑。面对国际上强大的舆论压力和国内贫乏的经济基础，毛泽东毫无惧色。他信心百倍地向全世界宣布："我们相信，一个人口众多、物产丰富、生活优裕、文化昌盛的新中国，不要很久就可到来，一切悲观论调是完全没有根据的。"

为了在一片废墟的中华大地上绘制出一幅最美的图画，毛泽东从我国是一个农业大国的实际出发，首先致力于农业生产的恢复和发展。

发展农业首先要搞好农田水利建设。我国是一个自然灾害频繁的国家，历史上大大小小的旱灾、水灾、蝗灾、雹灾等连年不断，而其中水旱灾害破坏性最大。防治水旱灾害的关键是兴修水利。可以说，水利是农业的命脉。国民党统治时期，水利无人管。每逢发生水旱灾害，农田颗粒无收，地主催租逼债，农民被迫典地当房，卖妻卖子，逃荒要饭，处境异常凄惨，这使对劳动群众怀有无限热爱和同情之心的毛泽东异常心痛。新中国成立后不久，他便领导全国人民进行了一场史无前例的大规模水利建设。毛泽东深入实际，调查研究，亲自视察了淮河、黄河、长江、海河等水系，谋求根治水旱灾害的具体办法，生动地展现了一代伟人关心百姓疾苦，致力振兴华夏的赤子之情。

淮河是中华民族经济文化的发源地之一，它横跨河南、安徽、江苏、山东四省，全长1 000多公里。1938年，国民党为阻止日军进攻，炸毁了黄河花园口大堤，致使黄河夺淮入海，破坏了淮河水系，带来了无穷的水患。1950 年，我国北方长时间、大范围的降雨，造成淮河上游各支流洪水同时汇集，发生特大水灾，致使豫皖境内 4 000 多万亩农田受灾，灾民达 1 300 万人。当时华东军政委员会向毛泽东汇报了皖北受灾的详细情况，电文中写到：今年水势之大，受灾之惨，不仅重于去年，且为百年所未有。淮北 20 个县、淮南沿岸 7 个县均受淹，被淹田亩总计 3 100 万亩，占皖北全区 1/2 强，房屋被冲倒或淹塌就已报告 80 余万间，其中不少是全村淹没，耕牛、农具损失极重。由于水势凶猛，群众来不及逃走，或攀登树上，或失足坠水，或船小浪大，翻船淹死者，统计 489 人，受灾人口共 990 余万人，约占皖北人口之半……

毛泽东看到这些，心如刀绞，泪如雨下，拍案而起："不解救人民，还叫什么共产党！"他在"不少是全村淹没""统计 489 人"等处划上了重重的横线，并批示周恩来："请水利部限日作出导淮计划，送我一阅，此计划 8 月份务须作好，由政务院通过，秋初即开始动工，如何，望酌办。"

为了商讨治淮方案，毛泽东多次请教水利专家、民主人士，邵力子和傅作义即是其中两位。邵力子曾任国民党山西省政府主席，他当时十分重视黄河水利，先后主持修建了陉惠和洛惠两渠，被百姓誉为"当代大禹"。而傅作义则是中华人民共和国第一任水利部长，对水利治理也颇有研究。毛泽东与这两位专家一起商讨治淮大计，虚心地听取了他们的意见，并责成两人尽早拿出治淮方案。邵力子通过对江淮流域作了一个月的考察后，向毛泽东提交了考察报告。不久，毛泽东亲自打电话给邵力子说："先生的报告拜读了，觉得很好，也符合实际，中央已研究决定，先从淮河向水患开战。"

在毛泽东的亲自督促下，淮河治理工作以超乎寻常的速度上马了。1950 年 10 月 14 日，政务院发布了关于治理淮河的决定。11 月 15 日，《人民日报》发表社论《为根治淮河而斗争》，指出："淮河水灾是一个历史性的灾害，并且即将开始长期的水利工程，豫皖苏三省的干部群众应积极动员起来，在政务院和各级治淮委员会统一领导下，为完成伟大的治淮任务而斗争。"毛泽东也亲自为治淮工程题词："一定要把淮河修好。"

毛泽东关于根治淮河的指示传到淮河两岸，深受水患之苦的千百万群众莫不欢欣鼓舞，他们深切地感受到了党中央和毛主席的关怀，对治淮工程的热情不断高涨。11 月下旬，规模巨大的治淮工程在上中下游相继开工。

1951 年，毛泽东派以邵力子为团长的中央治淮慰问团看望和慰问了全体治淮员工，并把慰问信和毛泽东“一定要把淮河修好”的锦旗授予治淮委员会和各省治淮指挥部。慰问团转达了毛泽东对广大辛勤劳动在第一线的工作人员的亲切问候，代表党中央和人民政府向他们致以了亲切的慰问和诚挚的敬意。这些都极大地鼓舞了治淮员工们。在这种精神力量的鼓舞下，治淮员工们不计生活困难与工作艰险，全身心地投入到了这场造福百姓的伟大历史洪流中。治理淮河，共修建 13 处水库，17 处控制工程，还疏浚旧河，开挖新河，修建船闸等，工程量之大，举世罕见。淮河人民在毛泽东的领导和关怀下克服重重困难，肩挑手推，完成了这一巨大工程。接着，在毛泽东的领导下，我国人民相继完成了对黄河、海河等水系的治理工程，在中华大地上绘制出了一幅幅精美的图画。

毛泽东心系新中国的河流大川，心系中国人民的安危乐福，一心欲为中国人民造福，减去他们的千年贫困和饱受天灾人祸的困苦。中国农田水利建设在毛泽东的直接关心下，获得了巨大发展。据粗略估计，由于兴修水利，防止水患和扩大灌溉面积以百万亩计，同时还在发电、航运等方面收到了明显的效果，大大增强了农业抵御自然灾害的能力，初步改变了几千年来靠天吃饭的局面。

由于水旱灾害的严重破坏性，近代以来，历代统治者都曾对此予以过一定程度的关注。曾国藩曾上书呼吁导淮。孙中山也强调：“修浚淮河为中国今日刻不容缓之问题。”蒋介石也曾成立导淮委员会，但他们都未成功。因为他们没有人民的支持，没有真正动员如此巨大的人力物力，没有新中国人民翻身做主人后的精神动力。毛泽东凭借出色的管理才干，充分地相信群众、依靠群众、团结群众，在当时科学技术和经济条件都十分落后的情况下，领导全国人民发扬与天斗、与地斗的艰苦奋斗精神，万众一心，在短短几年里就完成了前无古人的壮举，在新中国水利建设史上谱下了壮丽的诗篇，在神州大地上绘下了最美的图画。

二、把房子打扫干净

新中国成立之初，旧中国存在的许多丑恶现象依然盛行，娼妓众多，妓院林立便是其中之一。这些丑恶现象是旧中国腐朽社会制度下的产物，与国民党反动政权一道为害作祟，毒害着人民的身心健康。为了巩固新生的人民政权，建立良好的社会治安秩序，毛泽东和中央人民政府，指示各级党政、公安机关，紧密配合波澜壮阔的清匪反霸、镇压残余敌特运动，展开一场清除社会丑恶现象的伟大运动。

1949 年 10 月，开国礼炮的余烟还未散尽，毛泽东便召见北京市委书记彭真，商讨清除旧式娼妓一事。彭真向毛泽东汇报了北京市娼妓盛行，妓院老鸨残酷欺压盘剥妓女的情况。毛泽东异常气愤，拍案而起，坚定地说：“新中国决不允许娼妓遍地，黑道横行，我们要把房子打扫干净，必须向娼妓制度开战！”

之后，毛泽东怀着解放处在社会最底层的中国妇女和彻底铲除娼妓盛行之风的丑恶现象的决心，指示公安部长罗瑞卿立即着手解决清除旧式妓院和娼妓。罗瑞卿遵照毛泽东的指示，马上部署除娼计划，并确定在全国大中城市采取两种方案：一是以北京等地为代表的，在短时间内摸清妓院的有关情况，集中力量，统一时间，一举将全部妓院予以关闭；二是以天津等大城市为代表的，采取“寓禁于限”的方针，在相对较长的时间内，逐步取缔妓院。

北京是中国的首都，代表着中国的形象，她应以崭新的精神面貌出现在世界人民面前。经毛泽东直接授意，罗瑞卿等决定先采取第一个方案，以迅雷不及掩耳之势封闭北京所有妓院。但封闭妓院也有一个形成共识的问题，因为妓院形成了一种独特的“服务行业”，除了妓女，还有一大批从业人员，妓院里的“司账”“跟妈”“伙计”都是底层劳动者，处理不好会伤害部分劳动群众的感情。对此毛泽东打电话告诉罗瑞卿：望向各界群众解释，并防止反革命分子的破坏，协助政府把这件事完全办好。

按照毛泽东的指示，罗瑞卿于1949年11月12日在北京市公安局集体办公会议上对市局和各分局的分管领导说："采取封闭妓院的行动，不是公安部门的单方面行动。这样做一定要通过人民代表会议，听听他们的意见，他们做出决定后再办。"会议起草了在北京立即封闭妓院的议案，决定在封闭之后，对妓女进行教育改造工作，对老板和领家，则视其罪行轻重依法惩办或强制改造教育。

1949年11月21日下午，封闭北京所有妓院的方案在北京市第二届各界代表会议上讨论通过。市委书记彭真、市长聂荣臻立即专门向毛泽东报告了北京市各界人民代表大会封闭妓院的决议。毛泽东听完他们对妓院老板的惩处，对妓女教育帮助的处理意见后，高兴地说："这个决议很好，应立即执行！"

当天晚上8点，罗瑞卿便命令北京市2400余名干警，分组扑向分布有妓院的5个城区及东郊、西郊。干警们和随行的卫生部消毒组首先对全部1268名妓女进行了有关卫生处理，将她们集中到设置在韩家潭的8个妇女生产教养队。接着，对妓院的财产和老板领家的财产进行登记，并予以没收，并在各家妓院的门口贴上"北京市人民政府1949年封"的长封条。至次日凌晨5时，全市的妓院全部封闭，行动干净利落地完成了。

毛泽东很关心封闭妓院的事，他一直在等待罗瑞卿报告的消息。11月22日上午，罗瑞卿在行动一结束，便在电话中向毛泽东汇报了封闭妓院行动的辉煌成果：全北京市的妓院老板269人、领家189人一网打尽，全部在各区公安局看押着，让他们反省，交代罪行，等审查后分别处理。全市1268名妓女已经集中起来，在韩家潭的8个教养院中进行教育改造，并帮助她们另谋正当的生活出路。集中工作顺利，秩序很好。

毛泽东听后十分满意，连连称赞罗瑞卿干得好，并进一步叮嘱道：要注意做好善后工作，并且继续在全国其他城市采取适当的措施，使全中国的妇女真正当家成为自己的主人。

根据毛泽东的指示，公安部对妓院老板、领家，视其犯罪行为情节轻重，分别给予教育保释、没收财产、有期徒刑、无期徒刑，以至死刑的惩处。对于北京的1268名妓女，人民政府则给予了无微不至的关怀，使她们在教养院里真正感受到了在人民掌权的新中国做人的快乐，感受到了自己是不会被人民国家遗弃的亲生骨肉。教养院第二天就对她们进行教育，给她们检查身体、治病，对有家可归者发放路费遣送回家，有对象者帮助结婚，年幼者安排送进学校读书，其余人员则安排学习生产技术。她们中的许多人在党的教育下，积极要求进步，光荣入党；有的成为先进工作者；有的成长为国家干部。这真是："千年的冰河开了冻，万年的枯枝发了芽。旧社会把人变成了鬼，新社会把鬼变成了人。"

其他具备条件的城市，如青岛、秦皇岛、洛阳、长沙等地，也都在统一的时间内封闭了妓院，并对妓女实施收容、教育、改造。

大规模的禁娼运动，在全国产生了极大的影响，给各地的妓院老板和妓女以强烈的震撼，同时也使他们陷入惊恐之中。

根据毛泽东示意，罗瑞卿继续采取措施，令各地公安机关针对这一新情况，结合着加强对妓院、妓女的整治管理，适时地作出部署，大张旗鼓地开展宣传运动，揭露娼妓制度的罪恶，鼓励妓女重新做人。

经过较长时间的工作，娼妓业已大为萎缩，大部分城市在1951–1953年之间，选择适当时机在规定的时间内封闭了妓院，如武汉、西安、上海等。在其它一些城市经过不同形式的反复工作和斗争，公开设立的妓院也在1954年前后被彻底禁止。到50年代中期，在中国绵延了2000多年的妓院被彻底禁绝，禁娼斗争取得了全面胜利。

娼妓现象是几千年封建社会留下的余毒，有着浓厚的社会基础。妓女和妓院伙计都是生活在社会最底层的贫苦人民，由于生计上的压力，才被迫走上了这条路。要想彻底清除这一丑恶社会现象，单靠武力是很难办到的。这样做很可能会使妓院由地上转为地下，公开与人民政府作对。同时也会伤害很多下层劳动人民的感情，造成无穷的社会治安隐患。毛泽东在清除旧式娼妓的管理工作中使用了两种策略，对妓院老板、领家和妓女、伙计分别对待：对压迫者给以严厉的处罚，对被压迫者进行教育改造。同时又对两者都给予生活出路，这样就减少了禁娼工作中的阻力。在毛泽东出色的组织管理之下，人民政府在较短的时间内就彻底根除了毒害中国人民达几千年的娼妓业，这对改良人心风俗，维护社会治安都起到了良好的作用。

三、铲除毒品祸患 净化社会风气

近代以来，中国人民饱受毒品之害。由于长期吸毒，旧中国国民的身体素质和精神面貌每况愈下，被西方列强蔑称为“东亚病夫”。到国民党统治末期，毒品祸患已到了积重难返的境地。新中国成立初期，鸦片烟毒所造成的祸患仍然严重地影响着国民经济的恢复和社会的安定。毛泽东对国民吸食鸦片毒品之风深恶痛绝，他下定决心斩草除根，灭绝毒患。新中国成立后不久，他便亲自领导全国人民开展了一场轰轰烈烈的禁烟禁毒斗争。

1950 年秋，根据毛泽东的指示，政务院内务部发布了《关于贯彻严禁烟毒工作的指示》，要求各地严厉打击烟贩，对于查获的毒品，要全部当众销毁。各级人民政府和公安机关遵照中央指示，对毒品运用治安管理等手段加以查禁，从而使公开制造、销售、吸食毒品的情况大为改观。

禁烟禁毒的一个关键就是要堵塞机关、团体、部队对毒品管理的漏洞。毛泽东在 1951 年初便意识到了这个问题。他向周恩来建议，应当向各行政区的各级政府重申禁绝烟毒的命令。同时，毛泽东还建议各级人民政府：“应当注意把禁毒和其他社会改革运动结合起来，以收到相互推动的功效，不能思维单一，就事论事。如在农村的剿匪、反霸和土改运动中，应当深入宣传禁绝烟毒的意义，逐步做到在内地禁绝种烟。”

按照这个建议，到 1951 年 3 月，西南多数地区的烟田已基本铲除，改种农作物。妓院的封闭，使毒犯失去了逃避惩处的避风港，镇反运动中清除了大批兼有反革命身份的毒犯。但是，由于新中国鸦片流毒甚深，其影响涉及到方方面面，因此，这场禁毒运动到 1951 年年底还未能从根本上解决问题。

在“三反”“五反”运动中，从铁路、航运、邮政、公司、司法、税务等部门以及很多地区，暴露出为数不少的国家机关内部工作人员庇护或勾结奸商、毒犯、流氓，甚至反革命分子从事贩运毒品的各种罪行。于是，禁毒与反禁毒的斗争成了这次运动的主要内容之一。

在“三反”运动中，刘青山、张子善巨额贪污受贿的严重罪行被揭发出来，引起了毛泽东的异常警觉。中央经调查后发现，刘青山担任高官后，过着极端腐化堕落的生活，特别是他竟然沾染上了吸毒的恶习，借口有病，长期不工作。在他由一个共和国的高级干部堕落成为人民罪人的过程中，毒品起到了催化剂的作用。毛泽东对此深为痛心，他立即召开中共中央紧急会议，及时地指出：必须严重地注意干部被资产阶级腐蚀发生严重贪污行为这一事实，注意发现、揭露和惩处，并需当作一场大斗争来处理。同时，要尽快地将烟毒斩草除根。

在“三反”运动中，还揭发了公安政法系统内部有人参与贩运、盗卖毒品并包庇毒犯的情况。针对这一事实，时任公安部副部长的徐子荣向毛泽东呈交了专题报告，向他反映了这一问题。看了徐子荣的报告后，毛泽东感到事关重大，必须立即采取措施。他当即召见徐子荣，让他针对这一情况谈一下自己的应对措施。徐子荣建议道：“应当做好充分准备，集中力量、集中时间，在全国范围内进行群众性的禁毒运动。”毛泽东听后非常赞成，他决定立即召开中共中央政治局会议，将这项建议付诸实施。

1952 年春夏之交，一场大规模的群众运动掀起了，把禁绝烟毒的斗争推向了高潮。在斗争高潮中，毛泽东高屋建瓴，及时指导，使运动按照预期的轨道顺利发展。

群众运动是毛泽东始终重视的一种方式。为了充分发动群众投入禁毒斗争，1952 年 4 月 15 日，毛泽东以中共中央的名义发出《关于肃清毒品流毒的指示》，对禁毒运动的方针、政策和打击的重点，都作了明确规定。这项指示下达后，毒犯们陷入了群众运动的汪洋大海之中。在禁毒运动日益高涨的情况之下，毛泽东认识到应当确定主要负责运动的部门，于是将目光投向了公安部，他指令由公安部统一部署禁毒工作，全国一致行动。公安部受命后，立即与中共中央宣传部联合发出《关于禁毒的宣传指示》，在群众中广泛宣传禁毒运动的重大意义。在公安部的统一部署下，广大群众积极行动起来，协助政府开展禁毒斗争。

在禁毒运动中，毛泽东一再强调“要充分发动群众，不要只靠政府机关，禁毒关系到民生的切身利益”。在党和政府的领导下，全国各地的群众，争先恐后地投入到检举毒犯的斗争中。在法律的威慑和群众的压力下，很多毒犯主动向政府坦白了贩毒的罪行，而对于继续顽抗或企图蒙混过关的毒犯，各级人民政府则进行了坚决的镇压。看到禁毒运动一浪高过一浪，毛泽东感到由衷的欣慰。他高兴地说："新中国的百姓终于能够有希望摆脱烟毒这个恶魔的控制了。"

1952年年底，禁毒运动接近尾声。为了巩固战果，进一步消除残毒，在毛泽东的指示下，12月12日，政务院作出《关于推行戒烟、禁种鸦片和在农村收缴存毒工作的指示》。《指示》要求将肃毒工作向前推进，戒除吸食、注射，并在广大农村收缴残存的毒品，进一步禁止种植鸦片。同时，政务院内务部在国家财政相当困难的情况下，先后拨出旧币100亿元用于救济特殊困难的烟民，拨出旧币290亿元作为研究、制造戒毒用品的专用经费。

这样，经过三年的强制戒毒，在中国大地上数量众多的烟民，彻底戒除了毒瘾，成为社会主义建设事业的新生力量，社会风气得到了极大的净化。毛泽东不无感慨地说："除了中国共产党，还有谁能领导中国百姓摆脱烟毒的祸患呢？还有哪个政府能够将烟毒斩草除根呢？"

在整个禁烟禁毒运动中，毛泽东始终密切地关注着斗争的发展方向，及时地总结各地在禁毒工作中出现的新情况和新问题，不断适时地予以指示，领导禁烟禁毒运动朝着正确的方向发展。在毛泽东出色的组织下，全国人民积极地投身于禁毒斗争中，将这一运动不断地推向高潮，使得毒犯们在广袤的神州大地上无处藏身。经过短短的三年时间，毒害中国人民长达100多年的烟毒之祸在中华大地上销声匿迹，有力地保证了国民经济的恢复发展和社会的安定，净化了社会风气。毛泽东杰出的管理社会事务的才干也为后人所景仰。

四、颁布新《婚姻法》

从一般意义上讲，为了实行有效制度化管理，法律制度和行为准则的制定和修改是一项经常性的组织管理工作。但是，在一个组织的发展历程中，有些时期是特别重要的要害时候，这种组织发展的要害时候当然也是管理的要害时候，而在这种时候制定出必要的法律制度和行为准则，对于加强制度化管理的力度，往往具有十分重要的作用。毛泽东对这个道理似乎有比别人更深的理解。

新中国成立初期，封建主义的旧式婚姻制度作为封建余毒，在全国很多地方盛行。包办买卖婚姻、干涉婚姻自由、一夫多妻、虐待妇女等事件时有发生。旧的封建婚姻制度，不仅是家庭痛苦的一种根源，把占人口半数的妇女投入被奴役的深渊，而且也严重阻碍了社会进步。如果不从根本上对旧的婚姻制度进行改革，必将严重地影响新中国的革命和建设事业。

毛泽东认识到了目前建立新型的婚姻制度是迫切需要完成的任务，这是新社会的需要，也是广大劳动群众特别是劳动妇女的强烈愿望。虽然 1949 年 9 月制定的《中华人民共和国政治协商会议共同纲领》中规定了有关“婚姻自由”和保护妇女权利的条款，但这些条款还不够具体，缺乏明确系统的法律规定。因此，毛泽东建议和支持有关负责部门通力合作，着手《婚姻法》的起草以及讨论工作。

到 1950 年 3 月，新《婚姻法》的起草基本完成。为使这一法律充分体现民意，切实有效可行，毛泽东亲自主持召开了包括中央人民政府委员会主席、委员、政务院总理、副总理和委员以及政协全国委员等人员在内的联席座谈会，广泛征求对草案的修改意见。毛泽东在会上首先肯定了《婚姻法》起草工作取得的成绩，说它“体现了群策群力”，“体现了集体智慧”。接着，他又诚恳地鼓励与会者“将自己的建议提出来，不要有所保留”。在毛泽东的鼓励下，与会者围绕着以下几个问题展开了热烈的讨论。

关于婚姻自由问题。有人认为，一切的离婚都是人间悲剧，所以最好不要有任何离婚的现象发生。经过讨论，多数人认为，事实证明，并不是一切的离婚都是悲剧。有正当原因迫不得已而要求离婚的男女，尤其是深受旧婚姻制度之害而坚决要求离婚的妇女，如果不能达到离婚的目的，只能使男女双方或一方忍受无限痛苦。离婚自由已经成为一部分感受痛苦婚姻的男女，尤其是妇女的迫切要求。因此，新《婚姻法》第十七条规定：“男女双方自愿离婚的，准予离婚。男女一方坚决要求离婚的，经区人民政府和司法机关调解无效的，亦准予离婚。”

关于结婚登记问题。有人认为，这只是一种形式，如果一切条件均符合婚姻法，就是没有登记，也应算合法。这个问题讨论了很久，结果大多数人认为，登记不是形式，而是审查、认可的必要手续。审查的意义，主要在于反对封建包办、强迫婚姻制度的存在。不登记的婚姻，原则上是不予承认的。新《婚姻法》第十七条第二款对登记作了规定。

关于夫妻双方对家庭财产有平等的所有权与处理权的问题。有人提出，丈夫是一家之主，理应享有财产的处理权。讨论后，大家一致认为，夫妻双方是平等的，只有按照《婚姻法》中第七条、第八条的精神过共同生活时，对财产的所有权与处理权才是真正平等的。

关于非婚生子女，享受与婚生子女同等权利的问题。有人认为，这样会产生偏差，会鼓励"打游击"的非婚男女。经过讨论，大家认为，新民主主义社会，是执行一夫一妻的婚姻制度，坚决反对对婚姻采取不正确、不负责任的态度。《婚姻法》第十五条中已经规定，非婚生子女的生父应负担子女必需的生活费和教育费的全部或一部，直至子女 18 岁为止。这一方面保护了儿童的权利，同时加重了生父的负担，实际上是对不合法婚姻的一个很好的警告与限制。因此，《婚姻法》中规定了非婚生子女与婚生子女有同样的权利。

在上述讨论的基础上，1950 年 4 月 29 日，中央人民政府委员会第七次会议讨论和通过了《中华人民共和国婚姻法》。4 月 30 日，毛泽东签发主席令，宣布《中华人民共和国婚姻法》于 1950 年 5 月 1 日起公布实施。

新中国《婚姻法》诞生之后，毛泽东十分重视它的贯彻和执行情况。他考虑到中国是一个封建传统很深的国家，婚姻家庭领域里的旧制度、旧思想还存有很强的社会影响力，在一段时期内，在贯彻执行婚姻法的问题上，各地的发展肯定是会不平衡的，特别是农村地区，必然还存在大量包办、强迫与买卖婚姻的现象。因此，在《婚姻法》通过的当天，毛泽东就以党中央的名义发出了《中共中央关于保证执行婚姻法给全党的通知》，号召全体共产党员在执行新《婚姻法》时要起到先锋模范作用。

然而，由于封建传统思想影响根深蒂固，《婚姻法》的执行并不完全尽如人意，干涉婚姻自由与侵害妇女权益的事件时有发生。这些情况引起了毛泽东的高度重视，他下决心在全国范围内开展一场贯彻执行《婚姻法》的运动。

1952 年 11 月 26 日，党中央发出了《中共中央关于贯彻婚姻法的指示》，中央人民政府政务院也于1953年2月1日发出了《关于贯彻婚姻法的指示》，规定以1953年3月为贯彻《婚姻法》运动月。同年2月18日党中央再次发出了《中共中央关于贯彻婚姻法运动月工作的补充》。这样，在全国范围内，一场贯彻执行《婚姻法》的运动展开了。

这次运动取得了很好的效果。全国各农村、工矿、街道进行了广泛的《婚姻法》的宣传。1953年三四月份陆续在全国75%左右的地区开展了学习婚姻法的运动，《婚姻法》基本上做到了家喻户晓。中国人民婚姻家庭关系发生了深刻的变化，旧的婚姻制度已经崩溃，新的婚姻制度得到了健康发展。毛泽东曾高度评价新《婚姻法》是“摧毁封建主义婚姻家庭制度的有利武器，也是建立新民主主义新型家庭关系的法律准绳”。

五、送 瘟 神

毛泽东是伟大的人民领袖，他的心中时刻装着人民的冷暖，在日理万机之余，还关注着人民的衣、食、住、行等生活的各个方面。对于和人民生命健康有关的大事，毛泽东尤为牵挂和重视。

1958年6月30日深夜，毛泽东在杭州疗养休息处的刘庄园内还亮着一盏灯。毛泽东正坐在一张藤椅上，手执一张报纸，看得入神，卫士封耀松走进来，他都没看见。封耀松和他打招呼，他才知道封耀松来接班了。

主席在看什么呢？封耀松好奇地走过去，瞄了一眼。报纸是当天的《人民日报》，那上面既没有社论，也没有大块的文章，好像全是一些“豆腐块”。毛泽东的两只手扯着整张报纸，目光却始终停留在一个地方，脸上显现出兴奋的神情，嘴里还念念有词。

封耀松又凑近些，才看清是一篇通讯，题目是《第一面红旗——记江西余江县根本消灭血吸虫的经过》。

毛泽东一遍又一遍地读着这篇报道："江西余江县在全国血吸虫病防治工作战线上插第一面红旗———首先根除了血吸虫病，给祖国血吸虫科学史上增添了新的一页。"

放下报纸，毛泽东起身走到窗前，深深地吸了口气，又踱回椅子边坐下去，再度拿起报纸看，很快又站起走到床前，躺下去，靠着枕头。由于激动，他的胸脯起伏不停。

"你把笔和纸拿来。"毛泽东吩咐封耀松，同时又把报纸拿起来看。

封耀松拿来一张白纸和一支铅笔。毛泽东将报纸两折，垫在白纸下，便自顾自哼哼两句什么，又落笔写上几个字，又哼哼，又写，有时又涂掉几个字。封耀松知道毛泽东在作诗，于是插空劝他说："主席，你哼哼啥呀，天都快亮了，明天你还要开会呢!"

"睡不着呀!"毛泽东撤开稿纸，又拿起那张报纸说："江西余江县消灭了血吸虫，不容易啊！如果全国农村都消灭了血吸虫，那该多好啊!"

说完，他拿起那张诗稿，又去改改写写。过了好久，毛泽东站起来，舒展地活动了几下身体，走到窗前，拉开窗帘，向外张望，嘴里说："天亮了么？哦，天亮了!"天真的已经大亮了。

毛泽东没有一点倦意，他抓起毛笔，浓墨饱蘸，龙飞凤舞般写下了《七律二首 送瘟神》几个字。沉吟片刻，又加写道："读六月三十日人民日报，余江县消灭了血吸虫，浮想联翩，夜不能寐。微风拂煦，旭日临窗。遥望南天，欣然命笔。"毛泽东在激情中挥就了两首不寻常的诗：

其　一

绿水青山枉自多，
华佗无奈小虫何！
千村薜苈人遗矢，
万户萧疏鬼唱歌。
坐地日行八万里，
巡天遥看一千河。
牛郎欲问瘟神事，

一样悲欢逐逝波。

其　二

春风杨柳万千条，
六亿神州尽舜尧。
红雨随心翻作浪，
青山着意化为桥。
天连五岭银锄落，
地动三河铁臂摇。
借问瘟君欲何往？
纸船明烛照天烧。

血吸虫病，在中国流行至少有2000多年了。从湖南长沙马王堆出土的女尸中就发现了血吸虫卵。得这种病的人肚胀如鼓，骨瘦如柴，身无半分力气，妇女还不能生育。在旧中国，由于统治者的忽视，或措施不力，长期不能根治这一大灾害，任其肆虐，乃至造成田园荒芜，人烟稀少，“万户萧疏鬼唱歌”的悲惨景象。新中国成立后，党和政府对血吸虫病危害人民健康的情况非常重视，在毛泽东的领导下，一场防治血吸虫病的硬仗打响了。经过几年的奋斗，就使血吸虫病得以根治，创造了历史的一个奇迹。喜讯传来，毛泽东自然“浮想联翩，夜不能寐”，喜不自胜而写诗祝贺。

毛泽东在领导防治血吸虫病的过程中，体现了英明果断的工作作风和高度认真的工作态度。首先，毛泽东对防治血吸虫病的工作高度重视，抓得紧，抓得细，不出成效不罢休，直至彻底胜利。

1953年沈钧儒在太湖疗养，发现在长江中下游各省血吸虫病流行极为严重。9月16日，他写了一封信给毛泽东，反映了这一情况。毛泽东读信之后，双眉紧锁，陷入了沉思，人民的疾苦使他深受触动，心里久久难以平静。经过思考，毛泽东铺开信纸，立即给沈钧儒写了一封回信，信中指出：“血吸虫病危害甚大，必须着重防治”，并告以来信及附件已交政务院有关同志负责处理。

1955年冬，毛泽东在杭州召集华东、中南地区省委书记开会研究农业问题时，把卫生部负责同志请来，一起专门研究了血吸虫病的防治工作。毛泽东在会上指出，有这么多农民患血吸虫病，流行的地区又那么大，要充分认识到血吸虫病的危害性，我们一定要消灭血吸虫病。会后，在毛泽东的主持下起草《农业十七条》和《全国农业发展纲要》四十条（草案）时，都把防治和基本消灭血吸虫病作为一项重要内容写进去。1956年2月17日，毛泽东在最高国务会议上又发出“全党动员，全民动员，消灭血吸虫病”的战斗号召。在毛泽东号召下，从1955年底和1956年春开始，有计划、有组织、大规模的防治血吸虫病的群众运动，在各个疫区蓬勃开展起来。

毛泽东在领导防治血吸虫病的过程中，善于把专家、群众、党政领导等几个方面的积极性都充分调动起来。大家各尽所能，相互配合，使危害极大的血吸虫无藏身之地。

毛泽东在1955年冬的那次会议上谈到管理粪便、管理水源、消灭钉螺等艰巨任务时说，要发动群众，不依靠群众是不行的，要使科学技术和群众运动相结合。光靠卫生部门是不行的，要在党委统一领导下，全面规划，党内要成立血吸虫病防治领导小组。

1956年、1957年毛泽东分别在广东、上海接见从事血防工作的专家教授、倾听他们的意见，指示研究的方向，给科技工作者以很大的鼓舞。毛泽东对当时广大农民和疾病作斗争的豪情壮举非常重视。1955年12月27日，毛泽东在《中国农村的社会主义高潮》一书的序言中写到：“许多危害人民最严重的疾病，例如血吸虫病等等，过去人们认为没有办法对付的，现在也有办法对付了。总之，群众已经看见了自己的伟大的前途。”

毛泽东在领导防治血吸虫病的过程中，计划周密，并善于进行具体的方法指导。毛泽东计划七年根治血吸虫病，即“一年准备、四年战斗、两年扫尾”。他还说要充分发挥中医的作用，要研究更有效的防治药物和方法。1956年，他采纳一位专家的意见，建议卫生部重视用火烧消灭钉螺的办法。

几年的奋斗，终于有了结果。在党中央、毛泽东的关怀下，作为重点疫区的江西省余江县，经过两年多的艰苦努力，到1958年就消灭了血吸虫病，从而在全国树起了“血防”的“第一面红旗”，这怎能不令毛泽东感到高兴呢？长期作恶的“瘟神”终于被送走了，毛泽东写诗为人民的胜利而高兴，而祝贺。

第十二章 管理风格

在长期的领导实践活动中，毛泽东形成了自己独特的管理风格。毛泽东经常告诫党内同志要当政治家，不要当书生。书生爱空谈，遇事优柔寡断，缺乏灵活性；政治家则能够正确估计形势，审时度势，多谋善断，善于团结人，既有原则的坚定性，又有策略的灵活性。毛泽东在这方面特色独具，才能非凡，不愧为伟大的领袖和伟大的政治家。

一、乐观坚定 精神聚众

事物的发展道路不是一帆风顺的，而是呈螺旋式地、盘旋曲折地上升的。在这个过程中，失败、挫折是难以完全避免的。遇到困难、挫折、失败时，领导者首先要有坚定的意志，乐观的精神以及战胜困难和挫折的信心。只有这样才能团结和带领群众走出困境，取得胜利。因为领导是群众的主心骨，是我们事业的台柱子。好比一座房屋，只要台柱子不倒，房屋就不会倒；台柱子倒了，整座房屋就会“轰”地一声坍塌。所以困难越大，任务越艰巨，对领导者意志的考验就越大，领导者坚定乐观的信心就显得越重要。

中国革命和建设的道路是艰难曲折的。每当革命遇到挫折，处于低潮，前途难测时，毛泽东总是站得高、看得远。他坚定乐观，能够从不利中看到有利，从黑暗中看到光明，从低潮中看到高潮，从失败中看到胜利。他总是教育人民：困难和挫折是暂时的，是不用怕的，我们一定会取得最后的胜利。这对于人民坚定信心，克服困难，战胜敌人起了极大的鼓舞作用。在人民心中，毛泽东就是勇气和胜利的化身，只要有他在，就什么也不用怕。在毛泽东的领导下，中国革命越过了无数激流险滩，每一次都柳暗花明、峰回路转，转危为安。

1927 年，秋收起义失败以后，部队由毛泽东率领进入井冈山，准备在那里建立革命根据地。一路上遭到敌人的围追堵截，处境十分艰难，疲劳、困苦、饥饿、惊慌的情绪充满了部队。疟子、痢疾传遍了每个战士。从晨光熹微的两旁丛草中，不到几步，又躺下几个，用那微微的声音在那里颤颤地发抖。离开宿营地的头四五里路，每天总是嗅着一种难闻的腥气，已经到达宿营地准备宿营的时候，还要更动几处地方。

到了江西永新三湾，毛泽东决定把留下来的部队进行改编。首先由师长集合部队开会。师长愁眉紧锁，一脸不舒服的样子。他宣布了改编的命令，接着就发了一通牢骚："我们的部队好像打了几十个败仗的样子……现在人员减少了，部队要缩编，从一个师改编为一个团，一个团还不足，改编为两个营……"大家听不下去了，全场的人都瞪着眼睛，痴也似地望着他，好像失了魂似的。接着是毛泽东讲话。他以和蔼的态度，含笑的面容，走到部队前面："同志们，敌人只是在我们后面放冷枪，这有什么了不起？……大家都是娘生的，敌人他有两只脚，我们也有两只脚……贺龙同志两把菜刀起本，现在他当军长，带了一军人，我们现在不只两把菜刀，我们有两营人，还怕干不起来吗？……你们都是暴动出来的，一个可以当敌人 10 个，10 个可以当他 100，我们现在有这样几百人的队伍，还怕什么？……没有挫折失败，就不会成功……"当队伍解散以后，只看到大家三五成群地在那里议论着："毛先生他都不怕，我们还怕什么?""贺龙同志两把菜刀能够起本，我们几百人还不能起本吗?"

三湾改编，毛泽东的这番讲话，对于当时部队恐慌失望情绪的转变，起了很大的作用，渡过了红军发展史上的一个难关。

每当重大关头，毛泽东都善于以坚定乐观的精神鼓舞人心士气。他善于"精神聚众"。

什么是精神聚众呢?

朝鲜战争胜利以后，毛泽东向聂荣臻解释为什么提出"抗美援朝，保家卫国"的口号时，说道："历代的农民起义领袖，无不采取在精神上号召民众这个方法。从陈胜吴广起义时的'大楚兴，陈胜王'的传说，到'苍天已死，黄天当立'的号召，以及李自成起义时广为流传的'开大门迎闯王，迎来闯王不纳粮'都是用精神号召民众的方法。简单来说，这种方法就叫精神聚众，《共产党宣言》的封面上也写着'全世界无产者联合起来'。"并说："'抗美援朝，保家卫国'这个口号就很好。它同我们民族的利益联系起来了，使全国人民知道，不仅是抗美援朝，还有保家卫国的问题，所以，这个口号把国际主义和爱国主义统一起来了。"

毛泽东精神聚众的方法有提口号、抓典型等。这种方法，在中国革命和建设的各个阶段，毛泽东经常使用，而且得心应手，匠心独运。尤其在革命和建设遭遇暂时困难时，毛泽东更加重视用这种方法来凝聚人心，振奋斗志，以克服困难。

1930 年，古田会议刚刚开完之后，身为纵队司令员的林彪写了一封信给毛泽东，提出了"红旗到底打得多久"的疑问。林彪的这种想法不是个别的，而是代表了当时革命队伍内部一部分人对革命前途悲观失望的思想倾向。毛泽东觉得这种危险的情绪不可轻视，于是在给林彪的回信中，提出了"星星之火，可以燎原"的重要思想和口号，帮助了这一部分人转变了错误的观念，重新树立了革命必胜的信心和勇气。

当抗日根据地出现严重困难时，毛泽东发出了“自己动手，丰衣足食”的号召，根据地广泛开展了大生产运动。运动中涌现出一批先进典型模范。毛泽东抓住这些典型，进行宣传，号召人们向他们学习。如把野草丛生的南泥湾开发成“陕北好江南”的三五九旅，工业生产典型赵占魁，农民劳动模范吴满有等。

60年代初，国民经济严重困难时期，毛泽东发出了“向雷锋同志学习”的伟大号召。在全国广泛宣传雷锋、王进喜、焦裕禄等社会主义建设时期的英雄模范人物的先进事迹；在全社会树立共产主义道德风尚，增强人民群众对党的向心力和对社会主义的凝聚力，促使人们为克服困难而奋发图强，艰苦努力。

毛泽东重视并善于运用先进模范事迹来宣传群众、组织群众、鼓动群众。他重视精神聚众，通过提口号、树典型等办法，把需要推广的经验和实现的目标具体化、明确化、形象化，从而产生强大的号召力、感染力。

毛泽东青年时期提出的“与天奋斗，其乐无穷，与地奋斗，其乐无穷，与人奋斗，其乐无穷”，成为他一生的写照。这种乐观坚定，敢于斗争的精神使他产生了一种独特的人格魅力，吸引着千百万中国人民奋不顾身地、前赴后继地沿着他指引的道路去革命、去奋斗。从这一点来说，毛泽东自身就是中国人民一面光辉的革命旗帜，一个伟大的革命的典范。他的一生是乐观战斗的一生。他领导中国人民把许多当时好像不可能的事变成了可能，把许多当时看来不能实现的事变成了现实。在他手里，创造了一系列的奇迹，实现了中国人民百余年来独立自由的梦想，并为中国走向社会主义的强国之路奠定了基础。

二、以身作则 率先垂范

中国共产党是中国无产阶级的先锋队组织，以全心全意为人民服务作为自己的宗旨。这种性质和宗旨决定了党不但不会谋取高踞于人民之上的特权，而且对自己的党员和干部提出了比对一般群众更严格的要求。党对国家和人民的领导有一个突出的特点和优点，就是注重发挥党员和干部的先锋模范作用。要求群众做到的，党员干部必须先自己做到；要求下级做到的，上级领导干部必须自己先做到。因此，党领导的特点不是简单地批文件、发指示、作报告，而是通过全体党员干部在群众中的榜样和示范作用，把党的路线、方针、政策变成群众的自觉行动，贯彻下去。这种领导方式和工作作风我们可以称之为“以身作则、率先垂范”。毛泽东等老一辈无产阶级革命家堪称是这一方面的典范。

在抗日战争最艰苦的时期，为了克服严重的物质困难，毛泽东在延安发动了大生产运动。他和大家一样，亲自参加生产劳动，在自己住处附近开了一块荒地种菜。看到主席下地，身边的警卫员和勤务员也拿起锄头和主席一起挖，主席阻止他们说：“你们有你们的生产计划，我有我的生产任务，这点地，你们都挖了，我没有挖的了。”毛泽东在地里种上西红柿等蔬菜，并和勤务员一起抬大粪，给菜地施肥。主席参加劳动的事迹使群众深受感动。杨家岭村有个二流子，成天闲逛，不务生产，当他看到主席冒着炎日，在地里锄草、浇水，感动得流下了眼泪，跑回家里，提起锄头上山生产去了。

在革命战争年代，干部参加生产劳动是为了克服经济困难，减轻人民负担。新中国成立以后，毛泽东仍然强调干部要参加生产劳动。这已经不再是从经济方面考虑了，而主要是从政治意义上来考虑了。

在党的八大二次会议上，毛泽东说：“像我们这些人是否每年可体力劳动一个月，分几次，目的主要是锻炼思想意识，也可锻炼身体，增长知识。”在毛泽东看来，干部参加劳动是使干部改造思想，不浮在上面，不当官做老爷，同群众打成一片的重要途径。

1958 年 5 月 25 日，星期日。这一天，是北京少有的大热天，烈日高照，没有一丝风。在十三陵水库的工地上，一位 60 多岁的老人正在手执铁锹铲土。他头戴草帽，身着布衣，脚蹬圆口布鞋，一副劳动者的装束。成千上万的民工，围拢过来，注视着这位老者动作熟练地一锹一锹铲起土，装进战士们的柳条筐里。这位正在劳动的老人就是毛泽东。这一天，他率领全体中央领导在十三陵水库参加义务劳动。

运土的战士考虑到不能让毛泽东累着，常常不等筐满，就挑土走了。毛泽东发现后说，不要把我同群众分开，不然，这样干会影响建设速度的。他的汗湿了衣衫，有人劝他休息一下，他没有停锹，还告诉大家，劳动能改造思想，劳动能锻炼人哩。毛泽东等领导人在工地上劳动了一个小时，直到夕阳西下时，才离开工地。毛泽东来到十三陵参加劳动，给了水库建设者们以极大的鼓舞。

毛泽东总是这样，要求别人做到的，首先要求自己做到。他曾多次征求身边工作人员对他的意见，做自我批评，令人深为感动。李银桥回忆说：

> 有一天，我帮毛泽东做睡前按摩。他抓住我的手背亲切地问：“银桥，你怕我吗？”
>
> 我说：“不怕。”
>
> “别人呢？别的卫士怕吗？”
>
> “一般说，都不怕。也许个别……就怕主席睡不好觉发脾气。”
>
> “这是我的不对。人睡不好觉容易烦躁，烦躁了就容易发脾气。我也是人，也有点脾气。可我又是主席，发脾气就容易给同志们造成压力。”毛泽东吁口气，恳切地说：“告诉同志们，毛泽东不可怕。我没想到我会当共产党的主席。我本是想当一名教书先生，就是当名教书先生也是不容易的呢。”

类似的话，毛泽东曾经和许多卫士及秘书、医护人员讲过。毛泽东对于他睡不好觉而发过脾气的卫士都曾作过诚恳的自我批评。

毛泽东多次讲过：“流水不腐，户枢不蠹。共产党是执政党，必须经常地整顿作风，反对官僚主义、宗派主义和主观主义，防止脱离群众，防止腐败变质。”

毛泽东在生活上艰苦朴素、以身作则，是有口皆碑，传为佳话的。60年代初，在严重的经济困难面前，毛泽东首先想到的是严于律己，与全国人民患难与共。在最困难的1960年，他7个月没吃过一次肉，常常是一盘马齿苋充当一餐饭，一盘炒菠菜支撑着一天的工作。他流着眼泪吃下身边警卫战士从农村带来的农民的口粮———糠菜窝头，他甚至同全国人民一样因饥饿而浮肿。

常言道：身教重于言教。其身正，不令而行，其身不正，虽令不从。领导者不但是群众的组织者和管理者，而且还是群众和下属的教育者。不但要“言传”，更重要的是“身教”。群众不但听领导怎么说，还要看领导怎么做。所以，领导干部要赢得群众的支持和拥护，把领导工作做好，必须要做到言行一致，以身作则，率先垂范。

有一些领导干部嘴上说得比什么都好听，什么反腐败啦、一心为民啦、清正廉洁啦。其实，背后尽是贪赃枉法，腐化堕落的事。对于这些人的两面派嘴脸，群众看得清清楚楚。试想，这样的领导干部怎样去说服教育群众，怎样去赢得民心，怎样去领导人民干好工作？他们只能遭到人民的鄙视和唾弃，只能受到人民的讽刺和嘲笑。他们的花言巧语只能成为人们茶余饭后的笑料，他们最终会遭到党纪国法的严惩。

三、虚怀纳言　从善如流

常言道，三个臭皮匠，赛过诸葛亮。一个人智慧再高，经验再丰富，在思考问题时，总会有所疏漏，有所偏颇之处。而集中众人的智慧进行决策，则可以有效地弥补缺漏，纠正失误。更重要的是，“诸葛亮”并不是什么都懂，在某些方面，他还缺少“臭皮匠”那样丰富的实践经验。因此，“诸葛亮”要丰富发展自己的智慧，同样需要虚心向“臭皮匠”请教，否则也会犯错误。因此，毛泽东常说：“群众是真正的英雄，而我们自己则往往是幼稚可笑的。”他要求领导干部放下臭架子，甘当群众的小学生。这个道理同“诸葛亮”“臭皮匠”的关系是一样的。

毛泽东相信群众、尊重群众，坚持“从群众中来，到群众中去”的工作路线，从而使他的领导工作具有集思广益、虚怀纳言的特点。

毛泽东有一个表兄叫贺晓秋，1960 年去世前，要他儿子贺凤生把最近几年下面发生的一切告诉毛泽东，让毛泽东了解基层的情况。年底，贺凤生来到北京，毛泽东安排专门时间与他交谈。

贺凤生说：“主席……吃食堂饿死人啦！食堂不散我不回去了。”毛泽东说：“讲下去，讲下去……”贺凤生讲了解放后的发展和变化。毛泽东打断他的话：

“不要唱什么赞歌了。”贺凤生就不客气地说起发生在农村的一些不好的现象。他说：总路线、“大跃进”、人民公社三面红旗提出来了，情况就变了。“五风”刮得不像话，“大跃进”了，要搞公社化，好不容易一家一户有了房子，一夜之间，全部都要拆了去居民点，土砖墙要捣碎了熬肥料，弄得到处鸡飞狗跳，哭的哭爹，骂的骂娘，一百户两百户连在一起，越大越集体化。小铁锅砸了炼钢铁，小灶拆了积土肥，筷子碗全部归公，只允许一个大队开一个食堂，大锅饭、钵子饭、双蒸饭，还没得饱饭吃，吃得男人大肚子水肿，女人没崽生。现在干部都兴放“卫星”，仓里没有几粒谷，还硬说达几千斤，干部当老爷，严重脱离群众，老百姓饿得要死，只能在背后冲天骂娘。说着说着，贺凤生流泪了。毛泽东一边耐心地听着，一边思考着。后来他把这些情况转告给刘少奇、周恩来等中央其他领导人。经过研究，决定解散食堂，恢复生产，制止浮夸风。

又过了几天，贺凤生准备回家，他到毛泽东那里辞行。毛泽东对他说：“感谢你为中央提供了最有价值的情况，那是少奇、恩来和我都捞不到的真实情况呀!”“社会上像你贺凤生这样敢讲真话的人太少了。中央领导下去，下面尽讲好听的。带着看好的，很难得到真实情况。他们怕说拐了丢乌纱帽。农村有句俗话，叫‘三十吃年饭，尽赶好的搬’，这是不行的，要提倡各级干部都讲真话。”贺凤生问：“食堂散不散呢?”毛泽东回答说：“食堂是肯定要散的。我的意见是大锅改小锅，大碗改小碗。要让农民吃饱饭，不能风一阵，雨一阵，任何一级干部都不能搞假家伙。”

毛泽东虚怀纳言的事例不胜枚举。抗日战争爆发后，关于八路军作战方针的提法，毛泽东虚心采纳前方同志的意见，逐步加以修改和完善。1937 年 8 月，毛泽东在洛川会议上提出了开展“独立自主的山地游击战争”的战略方针。在这里，毛泽东只强调游击战争，而且是“独立自主的山地游击战争”，没有提土地革命战争后期的主要作战形式——运动战。但是后来，抗日前线的八路军高级将领根据自己的实践经验，在给毛泽东的电报中提到了在有利条件下集中兵力进行运动战的必要性和重要性。毛泽东经过思考，逐渐修正了自己的看法。1937 年 12 月 9 日的政治局会议上，毛泽东提出八路军的战略方针应该是“独立自主的山地游击战”和“在有利条件下打运动战，集中优势兵力消灭敌人一部”。1938 年 2 月至 4 月间，毛泽东根据八路军深入敌后建立根据地的实践，多次致电八路军、新四军领导人，提出，不仅山地可以创造抗日根据地，平原地区也同样可以发展游击战争，建立根据地。

从此以后，毛泽东在表述战略方针时，不再提“山地”二字，表明他对战略方针的认识又有了修正。

这个战略方针的确来之不易，它是毛泽东的智慧和前线将士用热血换来的宝贵经验相结合的结果。毛泽东提出自己的观点，又能够采纳前线将士有益的建议，勇敢地修正自己的观点，从而使这个战略方针变得更正确、更完善。

为了进一步研究抗日战争的战略问题，1938 年初春，毛泽东邀集当时在延安的对军事理论有所研究的萧劲光、罗瑞卿、刘亚楼、郭化若等到自己的窑洞里座谈。等被邀请的人落座后，毛泽东笑容可掬地提出了座谈的主题。他说，今天请大家来谈抗日战争的战略问题。而且对萧劲光等说，你们是先生，我是学生，愿意听听大家的高见。毛泽东风趣而幽默地说，不过，今天一反常理，学生给先生出题目。毛泽东态度诚恳而谦虚，大家畅所欲言，座谈会开得很成功。

中国历来有“圣君贤相”的佳话。“圣君”之所以为“圣”，是因为他们能够虚怀纳谏，避免了一些可以避免的错误，同时也避免了奸佞小人阿谀奉承之词的包围。先有“圣君”呢？还是先有“贤相”呢？应该是先有“圣君”，后有“贤相”，“贤相”的出现要以“圣君”的存在为条件。如果君不“圣”，听不得批评和建议，那么“贤相”“忠臣”的进谏很可能是自找死路，毫无意义。所以领导者要有谦虚宽容的态度，要正确对待不同的意见，不要一听到不顺耳的话就不高兴或发脾气，而是要耐心听，听进去，人家讲对了就接受，讲错了，也不要计较。只有这样，才能广开言路，集思广益，把我们的事业不断推向前进

四、情动于衷 以情感人

作为一个领导者来说，他所领导和管理的对象是一个个活生生的人，而不是一架架的机器。因此，他的工作绝对没有开动机器那么简单，机器没有思想感情，而

人是有感情的。开机器需要一定的智商，而管理人，除了智商以外，还需要较高的情商。

在现代社会中，对领导者情商的要求越来越高了。二十世纪五六十年代以来，世界范围的经济逐渐结束了匮乏经济，进入了剩余经济的时代，一般社会生活达到了富余经济的水平。与此同时，随着人类登上月球和实现全球通信，人与人的通信联系越来越方便容易，人际关系越来越密切。随着信息经济和全球化进程的加快，今天，在每一个人的生活细节中都可以越来越深切地感受到这个进程各方面的影响。

在这种社会环境中，人与人之间的情感关系（而不是他们之间的智力上的关系）变得越来越突出，越来越重要。并不是说，完成任务变得不重要，而是说，任务的完成是通过调动干部、群众的积极性、能动性而完成的。这个变化，对于领导者来说，是至关重要的。领导活动，本身就是通过调动干部群众的积极性、能动性以完成特定的任务。而在现代的社会环境中，这个要求，已经不仅仅是领导活动自身的内在要求，而且，也成为一种时代性要求。

毛泽东不但有很高的智慧，而且有过人的情商。在领导和管理活动中，他十分重视发挥情感的作用。我们可以把他领导和管理活动的这个特点称之为“情动于衷，以情感人”。

要感动别人，首先自己心中要动感情，而不能虚情假意。毛泽东的情感世界是非常丰富的，其中，最为引人注目的是他对人民群众的持久真挚的感情。毛泽东时刻把群众的疾苦冷暖记在心头，群众遭受苦难，他感到非常地难过。李银桥有这样的回忆：

> 大约是 1957 年 12 月左右，警卫队一位战士探家回来，不但写了调查报告，还带回一个窝头，又黑又硬，交给毛泽东说：“我们家乡的农民生活还很苦，他们就是吃这种窝头，我讲的是实话”。毛泽东接过窝头时，我看到他的手有些抖，眼圈一下子就红了。他是非常容易动感情的。在陕北时，毛泽东就讲过：“我这个人平时不爱落泪，只有三种情况下流过眼泪。一是听不得穷苦老百姓的哭声，看到他们受苦，我忍不住要掉泪。二是跟过我的通讯员，我舍不得他们离开。有的通讯员牺牲了，我难过得落泪。三是动感情的戏也会落泪。我这个人就是这样”。

毛泽东一边掰一块窝头放嘴里，一边分给我们这些身边的工作人员：“吃，你们都吃一块。这就是我们农民的口粮，这就是种粮的人吃的粮食呵!……”

我也分到一块，放到嘴里，确实难吃。嚼了很久才咽下去。

那天，毛泽东失眠了。嘴里不断喃喃着：“为什么是这样呢？为什么？……人民当家作主了，不再是为地主种田，是为人民群众自身搞生产，生产力应该获得解放么……”

毛泽东把党群关系比作鱼水关系。他反复教育全体党员干部要热爱人民，要全心全意为人民服务。他经常深入群众，访贫问苦，帮助群众解决实际问题，群众很受感动。这样的事例很多。

1937 年 1 月，中共中央和毛泽东由保安迁往延安。毛泽东到延安不久，发生了一次到医院探望伤员的动人事件。

驻延安城东约 40 里的拐峁村的野战医院，有一天从黄河东岸转来一个伤员。子弹打在他的胸部，伤势很重，看来无法挽救了。伤员时常处于昏迷状态，可嘴里不时地，以微弱的声音呼唤着：“毛主席，毛主席……”医生问是怎么回事。原来是他参加革命几年，从来没有见过毛主席，在临终前，他有一个最大的心愿，就是见一见自己敬爱的领袖，哪怕只见一面，看一眼也好呵!

医院的同志感到有点为难：主席工作非常忙，住地离这里又远，恐怕没时间来。可是，伤员的伤势垂危，想见主席的心情殷切。这可怎么办？他们最后决定给主席打个电话，就是来不了，让主席知道一下也好。

清早，毛泽东的秘书接到医院打来的电话，告诉了毛泽东。主席吩咐：赶快搞饭吃，伤员很危险，不知能不能看到他。

毛泽东草草吃了几口饭。一出门，跨上小黄马，迎着寒风，奔跑起来，不一会儿，便到达了医院。小黄马已经浑身淌汗，气喘吁吁了。

主席走进医院，顾不上喝水，立即赶往病房。伤员闭着眼睛，平静地躺在床上。主席在门口停了一下，示意大家不要惊动伤员，然后轻轻走近床边。这时，有一个小护士抑制不住内心的激动，兴奋地对伤员说：“同志，你不是想看毛主席吗？毛主席来了!”

伤员猛睁开眼睛，看到毛主席站在他床边。他用尽力气，想坐起来。主席忙弯下身去，经心地扶着他，要他安静地躺着。伤员伸出双手，紧紧地握住毛主席的手，两眼激动得闪出泪光。

站在旁边的人看到这一情景，也深受感动，眼眶不由得也湿润了。

伤员的脸上浮现着幸福的笑容。他无力地垂下双手，缓慢地合上眼睛，停止了呼吸。

“同志，安息吧!”毛泽东悲痛地、坚定地说：“你是我们党的好同志，我们永远不会忘记你。”

毛主席来到拐峁的消息，迅速地传遍了野战医院。能动的伤病员纷纷走出窑洞，站在山坡上看望毛主席，躺在床上不能动的重伤员，也急得要求护士背他们前去看毛主席。主席知道了这个情况，就对医院的负责同志说，请伤病员同志回自己的窑洞，他要到每个病房里去看望大家。主席不顾劳累，走遍了野战医院的全部病房，和伤病员们一一握手、慰问。伤病员们十分感动，能够见到毛主席，与毛主席握手、谈话，是多么幸福和光荣呵!

这一天，毛泽东从早晨到黄昏，没休息一会，也没有吃一点东西。

毛泽东喜欢和群众在一起。他每到一地，群众只要认出他，便热烈地从四面围上来，高呼：“毛主席万岁!”而他也从不回避人多，热情地和群众打招呼。人民喊他“万岁”，他也喊“人民万岁”。人民崇敬自己的领袖，领袖热爱自己的人民，一种强烈的、真挚的情感把领袖和人民的心紧紧地联结在一起。毛泽东为什么有那么崇高的威望，为什么会有振臂一呼，万众云集的号召力，其原因之一就在于他的心中时时刻刻装着人民，和人民群众同忧同乐，同悲同喜。这种情感的力量，使他赢得了民心，赢得了人民的崇敬、支持和拥护。

五、树立靶子　以破促立

矛盾是普遍存在的，任何事物都有它的对立面，如善与恶，美和丑，真与假，虚与实，等等。正确和错误也是对立统一的，并与之相比较而存在，相斗争而发展的。没有错误，就无所谓正确，没有错误作对照，正确就成为无法理解的东西。在工作中，我们要使人们认识到什么是正确的，首先就要使他们认识到什么是错误的。要使正确的东西确立起来，首先就要把错误竖立起来，作为靶子，进行批判，要批倒批透。错误的靶子一倒，正确的旗帜随之确立。毛泽东在领导工作中，很善于运用这种方法，我们把它称之为：树立靶子，以破促立。

毛泽东很重视对错误思想的批判。长征中，张国焘犯了逃跑主义、军阀主义和分裂主义的错误。长征到达陕北之后，中共中央在延安召开政治局扩大会议，清算张国焘的错误。会后，又在全党和全军广泛开展了揭发和批判张国焘错误路线的斗争。经过斗争，总结了经验，明辨了是非，提高了思想认识，挽救了大批受张国焘错误思想影响的同志，增强了党和军队的团结。

毛泽东发动延安整风运动的主要目的之一，就是清算王明的教条主义。1931 年至 1935 年的王明“左”倾冒险主义错误，几乎断送了中国革命。经过遵义会议、瓦窑堡会议以及后来一系列的斗争，到 1941 年，批判王明教条主义思想路线的工作已经取得了很大的成绩，但并未彻底解决问题。王明等人所犯错误的影响还没有肃清。毛泽东觉察到问题的严重性，认为如果不统一全党对王明错误的认识，不肃清王明错误的影响，将会影响全党的战斗力，影响党的团结。于是，在 1942 年正式开始了对全党的整风运动。

经过整风，清算了王明的教条主义错误，确立了毛泽东提出的把马列主义基本原理同中国革命实际相结合的正确的思想路线。党的七大正式把毛泽东思想确定为党的指导思想，使全党在毛泽东思想的旗帜下达到空前的团结和统一。

50 年代中期，随着党在过渡时期总路线的贯彻执行，社会主义改造事业深入开展，在毛泽东的号召下，1954 年党在意识形态领域开展了宣传唯物主义批判唯心主义的斗争。

1954 年 10 月 16 日，毛泽东在《关于红楼梦研究问题的信》中指出：“看样子，这个反对在古典文学领域毒害青年三十余年的胡适派资产阶级唯心论的斗争，也许可以开展起来了。”

五四运动以后几十年来欧美资产阶级文化先后输入到半殖民地、半封建的旧中国，其中影响最大的就是胡适从美国杜威那里贩来的实用主义。马克思主义者最早向胡适的实用主义开火的是李大钊。以后30年来，马克思主义者与胡适的实用主义的斗争，一直在进行着。新中国成立以后，有些人尽管在政治上唾弃胡适的反动行为，却依然迷恋他的实用主义治学方法。因此，认清胡适的唯心主义思想的危害性，清除他的流毒和影响，将有利于知识分子的思想改造，使马克思主义牢固地占领思想、文化等各个意识形态领域的阵地。正因如此，毛泽东号召在意识形态领域对胡适唯心主义思想进行一次全面深入的批判，就成为必要的了。

1955年3月，中共中央发出了《关于宣传唯物主义思想、批判唯心主义思想的指示》。指示指出开展对唯心主义思想的批判，是在学术界中，在党内外知识分子中宣传唯物主义的有效方法，是推动学术讨论和科学进步的有效方法，是促进各个学术领域中马克思主义新生力量成长的有效方法，是培养、组织理论工作队伍的有效方法。

1954年12月初，中国科学院和作协主席团决定联合召开批判胡适思想的讨论会，并成立“胡适思想批判讨论工作委员会”。随后，胡适思想批判全面展开。这次批判，不仅使很多人开始懂得什么是唯物辩证法，什么是唯心论和形而上学，开始同胡适思想划清界限；而且在意识形态领域为建设新中国清扫了基地。

运用“树立靶子，以破促立”，要把“靶子”找准，一定要把真正错误的人和事当“靶子”，而不能把正确的东西当作批判的“靶子”。如果找错了“靶子”，把正确的东西当作错误去批，去斗，则会越批越出错，越斗越糟糕。另外，对于作为“靶子”的人要作宽大处理。只能彻底批驳其错误思想，而不能抓住思想问题，对其在政治上、组织上进行残酷斗争，无情打击，乃至肉体消灭。

六、洞察古今 以史为鉴

领导干部必须要具备一定的历史知识。对于这一点，毛泽东非常重视。在《改造我们的学习》这篇演讲中，毛泽东郑重地向全党提出了学习和研究中国历史的任务。

历史是现实的渊源，现实是历史的继续，未来又是历史和现实的归宿。所以，历史、现实、未来是前后贯通，紧密相连，不可割裂的。我们学习和研究历史的目的，就是为了把握社会发展的规律，用以指导今天的实践，为现实服务。一些在过去起作用的规律，在今天仍然发挥着影响和作用。因此，通过研究历史，我们就可以认识和把握这些规律，就可以减少行动的盲目性，从必然王国走向自由王国。

历史是现实的一面镜子，在很多情况下，现实就是历史情境的再现。历史人物或成或败的经验教训为我们今天的活动提供了宝贵的鉴戒，使我们对现实的认识更清醒、更深刻，使我们的行动更自觉更正确，更少走弯路，更少犯错误。

毛泽东不但对现实有透彻的认识，而且对历史的认识也是深刻、独到、全面的。读书是他学习历史的主要方法。他喜欢读书，尤其喜欢读历史书。一部武英殿本《二十四史》，3200多卷，洋洋4000万言，他通读了一遍，重点史册、篇章，读了三四遍。他强调，研究中国历史："必须扎扎实实把《二十四史》学好。"毛泽东做到把学习历史和了解现实情况结合起来。他站在历史的基础上来看现实，目光更宏大、更深远；站在现实的角度来看历史，见解更新颖、更独特。在毛泽东那里，历史和现实真正达到了融会贯通，水乳交融的境界。

毛泽东读史，除自身的兴趣使然之外，更重要的是为现实计。他强调活读《二十四史》，从历史的后院走到现实的前院，借史喻今，借史明理。在他看来，读史不是目的，而是手段，是为了加深对现实情况的了解，为解决现实问题服务。除了《二十四史》之外，毛泽东还喜欢看地方志，认为地方志中有很多好东西，读地方志是了解地方情况一项不可或缺的内容。1958年3月，毛泽东到成都召开中央工作会议，在这个蜀汉古都借览《四川省志》《蜀本纪》《华阳国志》等地方志书来看。

在对现实情况充分了解，透彻分析的基础上，丰富的历史知识成为毛泽东的一张"王牌"。他在领导工作中对这张"王牌"的娴熟运用，达到了出神入化的境界，产生了令人惊叹的效果，形成了他独特的管理风格。

毛泽东善于运用历史知识作借鉴，避免自己在决策中出错。他读史时，总结项羽有三误，其中之一就是楚汉订立了鸿沟协定，项羽认真了，解除戒备了，而刘邦却不以为然，不久违反协定，东进攻楚。1949年，国民党蒋介石打出"和谈"的旗号，企图先“划江而治”，赢得喘息的时机，再卷土重来。毛泽东识破了蒋的诡计，要求“宜将剩勇追穷寇，不可沽名学霸王”，命令人民解放军渡江作战，追歼国民党残余军队，为彻底埋葬蒋家王朝而奋勇前进。

毛泽东还善于运用历史典故来赞扬人，来抒发自己的思想感情。新中国成立之初，在以陈云为首的中财委的具体领导下，取得了平抑物价和统一财经工作的胜利。毛泽东赞扬说，陈云同志有这样的能力，我在延安时期还没有看得出来，可称之为“能”。接着就顺手在纸上写下一个“能”字。在这里，他是借用诸葛亮在《前出师表》里叙述刘备夸奖向宠的用语（“将军向宠，性行淑均，晓畅军事，试用于昔日，先帝称之曰能”），来赞扬陈云同志的理财之能。

毛泽东还善于用历史知识来教育人、启发人、鼓励人。在中共八届七中全会前后，毛泽东连续写了五封党内通信。他说：“包产能包多少，就讲能包多少……收获多少，就讲多少，不可讲不合实际情况的假话。……老实人，敢讲真话的人，归根到底，于人民事业有利，于自己也不吃亏。爱讲假话的人，一害人民，二害自己，总是吃亏。应当说，有许多假话是上面压出来的。”他还多次用卞和献璞的故事来教育干部坚持真理，不怕打击。他说：楚国有个卞和得到一块很好的玉石，献给楚王，楚王说他骗人，把他的右脚砍掉了。卞和坚信真理，第二次又献上去，楚王还说他骗人，又把他的左脚砍掉了。卞和第三次再献上去，被确实证明了是块好玉，才取得了信任。

1959年6月的颐年堂会议，毛泽东讲到了办报的问题。他说，报纸办得好坏，要看你是政治家办报，还是书生办报。我是提倡政治家办报的，但有些同志是书生，最大的缺点是优柔寡断。袁绍、刘备、孙权都有这个缺点，都是优柔寡断。要多谋，但多谋还要善断，不要多谋寡断，也不要多谋寡要，没有抓住要点，言不及义，这都不好。听了许多意见之后，要一下抓住问题的要害。曹操批评袁绍，说他志大智少，色厉而内荏，就是说没有头脑。办报也要多谋善断，要一眼看准，立即抓住、抓紧，形势一变，要转得快。

毛泽东把他丰富的历史知识灵活运用于各种场合，运用到他在不同场合的谈话、演讲、报告以及不同时期的著述中去。这些信手拈来的历史知识的巧妙运用，使他的讲话、著述生动有趣、寓意深刻，引人入胜，又具有不可辩驳的力量，使他的决策正确、英明、果断，具有高屋建瓴、视野开阔、总揽全局、大气磅礴，经得起时间检验的特点。

要以史为鉴，就要洞察古今，就要对历史和现实都要有深刻的了解。我们应当深入实际，调查研究，以取得对现实情况的合乎实际的认识，同时，我们要多读史书，掌握丰富的历史知识。在此基础上，经过自己的分析思维，寻找现实和历史的共通点，结合点，把历史上历时久远而凝结成的智慧和经验作为我们解决现实问题的启示和借鉴。

七、全面规划 巧作安排

一位成功的领导者，必须要有全局观念。要胸怀全局，顾及到方方面面，而不能抓住一个问题，而把其他的问题统统撇在一边。干工作，作决策要做到全面规划，而不能顾此失彼，手忙脚乱，东奔西走，穷于应付。既要做到全面规划，对具体工作又要巧作安排，要分清事情的轻重缓急，不能眉毛胡子一把抓，平均使用力量，分不清中心和重点。

“全面规划，巧作安排”好比下棋。落一颗子之前，要从整个棋局的态势来考虑问题，要想一想这颗子落下之后，对整个局势有何影响，第二步、第三步……又怎么下。又比如指挥作战。毛泽东是战略战术的大师。他认为，初战的计划必须是全战役计划的有机序幕。在打第一仗之先，必须想到第二、第三、第四以及最后一仗大体上如何打法。这是战役眼光。更进一步，还要有战略眼光：处于此一战略阶段时，要想到彼一战略阶段的文章，而且应该尽可能地计算到往后许多阶段，由此确定贯彻全战略阶段乃至几个战略阶段的、大体想通了的、一个长时期的方针。没有这种计算，束缚于眼前的利害，就是失败之道。所以，领导要有战略眼光。作决策时，要体现全局性和长期性，要照顾到各个方面和各个阶段及其相互联结。切忌“一叶障目，不见森林”，只顾眼前，不顾今后。

新中国成立时，党中央和毛泽东决定用3年左右的时间完成恢复国民经济的任务，为有计划地进行经济建设作好准备。所以，这时确定的中心工作是进行民主改革和恢复国民经济。

但是，“树欲静而风不止”。当我们需要和平的国际国内环境，一心一意从事建设和改革时，美帝国主义却在朝鲜把战火烧到了鸭绿江边。中国的国外安全受到了严重的威胁。为保家卫国，毛泽东决定进行抗美援朝战争。

于是，我们的主要工作由两项变成了三项，即战争、建设、民主改革。那么是只抓一项，放弃两项；或抓两项，放弃一项；或三项同时抓呢？在这个问题上，当时有一些不同的意见。

朝鲜战争爆发后，曾任美国副总统的华莱士以其现有农场主的身份，写信给毛泽东说：“如果新中国在学会制造卡车和拖拉机之前，先学会了制造坦克，这将是一个世界悲剧。”华莱士的目的是希望中国不要出兵朝鲜。他的话暗含的意思是，中国要么先集中力量搞建设，“制造卡车和拖拉机”；要么为了战争，而一心学会造坦克。他的观点是不对的，其实，造卡车和拖拉机与造坦克是可以同时进行，并行不悖的。华莱士的观点和国内一部分害怕与美国打仗的人的观点有相通之处，他们认为，中国在经济基础这么薄弱的情况下，与世界头号资本主义强国较量，会给本国的建设带来灾难性的后果。所以，开始时，这些人主张不要出兵。

毛泽东在关于战争、建设、改革三者之间关系的问题上，他有自己的考虑和安排。他认为这三者之间有对立的一面，但也有统一的一面，只要安排得当，是可以互相促进，相辅相成的。对于这三项工作，毛泽东进行了全面规划，作好了巧妙的安排。

首先，他认为这场战争非打不可。不是我们愿不愿意打的问题，而是美帝国主义把战争强加在我们头上，逼我们打这一仗。而且这一仗，只能胜利，不能失败。仗打输了，什么建设，什么改革，都谈不上。所以抗美援朝战争应当是第一位的，其他工作要为这个工作服务。

战争时，经济建设和民主改革的工作，不但不能放松，而且还要加强。因为只有经济工作搞好了，才能保持国内的稳定，才能有力地支持战争。战争开始以后，毛泽东提出了“边打、边稳、边建”的方针，积极进行经济建设并取得了卓著的成效。从1950年到1952年，虽然军费开支从28亿元增加到57亿元，而经济建设费用也由17亿元增至76亿元，文教费用由7亿元增至22亿元，均大于军费开支的增加幅度。整个战争期间，国内一直保持了财政收支的平衡和市场物价的稳定，并初步提高了人民的购买力，改善了人民的生活。

在抗美援朝战争期间，毛泽东还领导了新解放区的土地改革。这对于打败美国侵略也起到了积极的促进作用。要打败美帝国主义的侵略，必须要调动全国人民生产和革命的积极性。农民人口的绝大多数，无论革命和建设，都是一支重要的依靠力量，全国土地改革的基本完成，废除了封建土地所有制，使农民从政治上、经济上翻了身，极大地推动了农业生产的发展和农民生产、革命积极性的提高。这对于抗美援朝战争，不能不说是起了很大的支持作用。

在志愿军出兵朝鲜作战的同时，毛泽东在国内开展了轰轰烈烈的抗美援朝运动。工人、农民响应毛泽东“增加生产，厉行节约，以支持中国人民志愿军”的号召，响亮地提出了“工厂就是战场，机器就是枪炮”和“要人有人，要粮有粮”的口号。广大青年积极报名参军赴朝参战。成千上万的铁路职工、汽车司机、民工组织运输队、担架队，大批医务工作者组成医疗队，赴朝为中朝部队和朝鲜人民服务。各界人民开展的慰问志愿军和朝鲜人民的活动，遍布城乡，家喻户晓。在政治思想上，展开了仇视、蔑视、鄙视美帝国主义的运动，大大清除了由于美国对中国长期侵略所造成的一部分人亲美、崇美、恐美的思想，提高了民族自尊心和自信心。

抗美援朝运动极大地激发了全国人民的爱国主义和国际主义感情，从而有力地促进了国内的民主改革和经济建设的进行。

在美帝国主义肆意侵略的情况下，毛泽东毅然作出决策，领导人民进行了伟大的抗美援朝战争。同时，国内的经济建设和民主改革仍在进行。毛泽东全面规划，巧作安排，使战争、建设、改革这三个看似矛盾的方面互相配合，相得益彰，取得了非凡的成果，充分体现了毛泽东把握全局的能力，以及过人的胆略与智慧。

八、适时顺势 灵活善变

制定政策既是一个主观的思维活动过程，又是一个主观反映客观，并与客观相适应的过程。客观形势是我们制定政策的依据，我们一定要使制定的政策与发展变化的客观形势相符合。

在制定政策时，我们要对形势进行客观、科学的分析，要抓住形势的特点和发展方向，要使我们的政策符合形势发展的特点和方向。只有这样，我们的政策才是科学的，有效的，符合形势发展需要的，才是顺应人心民情的，才能受到人民群众的支持和欢迎，才能在实践中顺利地贯彻下去。否则，就会造成政策和实际的脱节、抵触和违背。这样的政策，难以在实践中贯彻执行，即使强行推行，也会造成人心不顺，给革命和建设事业造成损失，犯“左”或右的错误。

如果我们的政策是根据客观形势，科学地制定出来的，那么一般来说，我们的政策和形势是相适应的。但是客观形势在不断地发展变化，有时甚至是“瞬息万变”。尽管我们在制定政策时充分考虑到了形势变化的因素，具有一定的前瞻性。但有时形势的变化太快或太难以预料，我们原来的政策和变化后的新形势又不相符合，不相适应了。这时，要使我们的政策同变化了的时势相适应，我们必须对原来的政策作相应的改变或调整。

适应时势，灵活善变，并不是主观随意，朝令夕改，使人无所适从，而是根据客观形势发展的需要，对政策不得不作的改变或调整，这与我们的保持政策稳定性的原则并不矛盾。

毛泽东善于根据变化了的客观形势，对原有的政策进行及时的调整。

毛泽东刚进城时，设想在新中国成立 15 年之后，中国才向社会主义开始转变。也就是说，在新中国成立之初的 15 年里，不要考虑向社会主义过渡的问题。刘少奇在 1948 年的中央政治局扩大会议和华北财经委员会的会议上，提出：民主革命胜利后，还不能马上直接采取社会主义的实际步骤。他说："过早地采取社会主义的政策是要不得的。""过早地消灭资本主义的办法，则要犯'左'倾的错误"。毛泽东赞同刘少奇的观点，他还补充说："到底如何开始全线进攻？也许全国胜利后还要 15 年。"但后来形势发生了变化，促使毛泽东改变了最初的设想，开始重新考虑向社会主义过渡的部署。

经过三年恢复时期，我国社会情况发生了如下变化：第一，民主革命的遗留任务，特别是土地改革的任务完成了，工人阶级同资产阶级的矛盾上升为社会的主要矛盾；第二，人民民主专政得到了巩固，国家财政经济状况有了根本好转，这就为进一步开展社会主义建设和改造创造了条件；第三，经过稳定市场物价斗争和几次大的政治运动，特别是经过"三反""五反"运动，工人阶级对资产阶级的优势进一步加强，而资产阶级唯利是图的本性、虚弱的本质和孤立的处境也进一步暴露；第四，在土地改革的基础上，农村的互助合作运动已有初步开展，40%的农民加入了互助组，农业生产合作社出现了几百个；经过两次工商业调整，已有一半左右的资本主义工业被纳入不同形式的国家资本主义的轨道。由于这些情况的变化，毛泽东改变了刚进城时的设想，在 1952 年下半年，开始考虑要立即采取步骤，向社会主义过渡的问题了。

1953 年 2 月 27 日的书记处会议上，毛泽东讲了在湖北视察时同孝感地委负责同志谈话的内容。他说，什么叫过渡时期？过渡时期的步骤是走向社会主义。类似过桥，走一步算是过渡一年，两步两年，三步三年，10 年到 15 年走完。我让他们把这话传到县委书记、县长。在 10 年到 15 年或更多一点时间内，基本上完成国家工业化及对农业、手工业、资本主义工商业的社会主义改造。要水到渠成，防止急躁情绪。

从这里，我们可以看出，毛泽东在中国向社会主义过渡的问题上，根据形势的变化，改变了原来的设想。这种改变表现在两个方面：一是原来设想，在新中国成立后，最初的 15 年时间里，不采取向社会主义过渡的措施。改变后，认为在三年恢复时期之后，立即采取步骤，向社会主义过渡。二是，原来设想，等 15 年之后，条件具备了，展开对资产阶级的全线进攻，一举转变到社会主义。改变后，认为从新民主主义到社会主义，不是一举转变，而是一个渐变的过程，需要采取逐渐推进的社会主义改造的步骤和政策，一步步地向前过渡，即使社会主义因素一年一年地增加，争取用10年到15年或更多一点时间完成这一过渡。

中国古代有一些很好的寓言故事，讽刺那些不顾客观形势的变化，墨守成规，不思变革的人，如“刻舟求剑”“守株待兔”等。形势变化了，我们的政策和策略，也要随之发生变化。我们要顺应时势，灵活善变，与时俱进，开拓创新，把事业推向前进。

九、坚持真理 实事求是

我们认识世界的目的是为了改造世界，我们获得的对客观世界的认识，是客观世界在我们头脑中的反映。这种反映，与客观事物相一致、能正确反映客观世界实际情况的则被称为真理。这种反映，与客观事物不一致的，则被称为谬误。所以，真理就是同客观对象相一致的认识，是人的意识对客观事物及其规律的正确反映。我们只有获得真理，并在真理的指导下，才能制定和贯彻正确的路线、方针、政策，才能取得革命和建设的胜利，达到成功改造世界的目的。而谬误，只能把人们引入歧途，给革命和建设事业带来损害。

要获得真理，必须要有实事求是的态度。对于“实事求是”，毛泽东的解释是：“‘实事’就是客观存在着的一切事物，‘是’就是客观事物的内部联系，即规律性，‘求’就是我们去研究。我们要从国内外、省内外、县内外、区内外的实际情况出发，从其中引出其固有的而不是臆造的规律性，即找出周围事物的内部联系，作为我们行动的向导。”因此，要获得真理，必须要实事求是地对客观实际进行调查研究。

共产党人是彻底的唯物主义者，是无所畏惧的。为了坚持真理，可以牺牲一切。毛泽东提出，要有“五不怕”的精神准备：一不怕撤职；二不怕开除党籍；三不怕老婆离婚；四不怕坐牢；五不怕杀头。为了坚持自己正确的主张，毛泽东多次遭到“左”倾教条主义者的无情打击，但他始终没有屈服过，始终坚信自己的主张是正确的。

坚持真理，必须要同错误作斗争。我们不但需要与错误作斗争的勇气，还需要与错误作斗争的谋略。

错误总是披着“正确”的外衣，欺骗人们，俘获人心，借以壮大自己的声势。“左”、右倾机会主义者，总是把自己的真实面目掩盖起来，宣称自己是“真正”的马克思主义，而别人是“机会主义”。这样颠倒是非，混淆黑白，在一定的条件之下，他们欺骗了不少人，势力大增，乃至取得支配地位，而真正的马克思主义真理反倒被推上了被告席、审判台，遭到肆意的嘲笑、攻击、排斥、打击。但是真理的光辉是遮盖不了的，它最终将驱散上空的乌云，显露出它本来的面目。因为是不是真理，不是靠说谎、欺骗、诽谤、污蔑等手段就可以确定的，还必须经过实践的检验。是真理还是骗子，经实践这块试金石一试，便立见分晓。所以机会主义者骗得了一时，骗不了长久，它们最终会在事实面前碰得头破血流，而遭到人们的唾弃。所以，真理的代表者，不能因一时的挫折而萎靡消沉，而要隐忍待发，韬光养晦，等待时机，争取反败为胜的机会。

真理的掌握者，在同错误作斗争的过程中，最有力的武器就是事实。在事实面前，任何错误和谎言都是不攻自破的。毛泽东就很善于运用事实同错误作斗争。1928 年 3 月，毛泽东决定兵分两路去迎接朱德、陈毅上井冈山。在此之前，“左”倾盲动主义者多次批评毛泽东不执行所谓“以红色恐怖对抗白色恐怖”的大烧大杀的“左”倾盲动主义政策。毛泽东根本不同意这种政策，进行了耐心的说服工作，但无用，毛泽东很生气。所以，他在部队前面讲话时气愤地说：“我们犯了个大错误，没有执行烧杀政策。我们这次下湘南要大烧（房子）大杀……”果然，在部队向湘南进发时，沿途写的标语都是“烧！烧！烧！烧净一切土豪劣绅的房子！”“杀！杀！杀！杀净一切土豪劣绅！”真是一片烧杀的气氛。在经过酃县、中村镇到桂东的路上，连烧了几把大火。在桂东得知朱德率湘南暴动的部队已经离开，便决定原路返回。当部队回到中村镇时，连住的房子也找不到了，那正是我们部队在桂东时自己烧掉的。面对一片断壁余烬的惨状，毛泽东就以这一事实教育大家，他说："你们看，我们比兔子还蠢。兔子还不吃窝边草哩，我们竟把自己的窝都给烧掉了！"这使一些有"左"倾盲动思想的同志受到一次生动的教育。

真理之所以具有不可战胜的力量，原因在于它与客观实际是一致的，是经得起实践检验的。所以真理不怕与谬误并存，不怕与谬误作斗争。在与谬误的斗争中，真理不但不会削弱，反而会越来越强。毛泽东对这一点认识很深。

毛泽东坚持实事求是的原则，从实际情况出发，经过调查研究，发现和找到真理，并且在自己的工作和实践中坚持真理、发展真理。

真理和错误是一个事物的两个方面，要坚持真理，就必须与错误作坚决的斗争，并取得胜利。实事求是，坚持真理，反对错误，贯穿于毛泽东领导和管理工作的各个方面。

主要参考书目

1.《毛泽东选集》（一至四卷），人民出版社 1991 年版。

2.《毛泽东选集》（第五卷），人民出版社 1977 年版。

3.《毛泽东著作选读》（上、下），人民出版社 1986 年版。

4.《毛泽东早期文稿》，湖南出版社 1990 年版。

5. 周三多等编著：《管理学——原理与方法》，复旦大学出版社 1999 年版。

6. 李捷、于俊道主编：《东方巨人毛泽东》全四卷，解放军出版社 1997 年版。

7. 胡真编：《中国第一人——毛泽东》，湖南人民出版社 1999 年版。

8. 毛泽东之路书系：《横空出世》《民族救星》《立国兴邦》《晚年岁月》，中国青年出版社 1993 年版。

9. 孙津著：《新中国外交启示录》，广东人民出版社 1998 年版。

10. 官力著：《毛泽东外交风云录》，中原农民出版社 1996 年版。

11. 谢益显主编：《中国当代外交史》，中国青年出版社 1997 年版。

12. 阎奉平主编：《跟毛泽东学智慧》，红旗出版社 2001 年版。

13. 刘峰、路杰主编：《跟毛泽东学领导》，红旗出版社 2001 年版。

14. 荣晨等编著：《评说毛泽东》，湖南人民出版社 1999 年版。

15. 梅剑主编：《延安秘事》（上、下册），红旗出版社 1996 年版。

16. 蒋建农主编：《世纪伟人毛泽东》（上、中、下册），红旗出版社 2001 年版。

17. 武在平著：《巨人的情怀——毛泽东与中国作家》，中共中央党校出版社 1995 年版。

18. 陈晋著：《文人毛泽东》，上海人民出版社 1997 年版。

19. 萧诗美著：《毛泽东谋略》，红旗出版社 1996 年版。

20. 吴晓梅著：《毛泽东视察全国纪实》，湖南文艺出版社 1999 年版。

21. 唐振南等著：《刘少奇与毛泽东》，湖南人民出版社 1998 年版。

22. 雷国珍、吴珏编著：《毛泽东大成智慧》，当代中国出版社 2001 年版。

23. 孟庆春著：《跟毛泽东学领导艺术》，中央文献出版社 2002 年版。

24. 柯延主编：《毛泽东的历程》（上、下册），解放军文艺出版社。

25. 卢瑞莲等主编：《共和国领袖的决策艺术》，湖南人民出版社 1997 年版。

26. 卢瑞莲等主编：《共和国领袖的政治智慧》湖南人民出版社 1997 年版。

27. 韶山毛泽东纪念馆编著：《毛泽东生活档案》，中共党史出版社 1999 年版。

28. 陈登才主编：《毛泽东的领导艺术》，军事科学出版社 1993 年版。

29. 费虹寰等著：《毛泽东的科学预见》，中央文献出版社 1999 年版。

30. 赵志超著：《毛泽东一家人》，中央文献出版社 2000 年版。

31. 潘相陈编著：《毛泽东家书钩沉》，中共中央党校出版社 1997 年版。

32. 李敏著：《我的父亲毛泽东》，辽宁人民出版社 2000 年版。

33. 江波、黄代银著：《跟毛泽东学用人》，红旗出版社 2002 年版。

34. 顾龙生著：《毛泽东经济评传》，中国经济出版社 2000 年版。

35. 戴木才著：《毛泽东人格》，江西人民出版社 2000 年版。

36. 钱宏鸣、孙美娥著：《毛泽东人格魅力》，浙江人民出版社 1994 年版。

37. 李银桥著：《在毛泽东身边十五年》，河北人民出版社 1991 年版。

38. 刘学琦主编：《毛泽东风范词典》，中国工人出版社 1991 年版。

39. 王伯福主编：《毛泽东轶事大观》，山东人民出版社 1997 年版。

40.何虎生编著：《毛泽东初进中南海们 》，中共党史出版社 2002 年版。

41. 李约翰等著：《毛泽东和省委书记们》，中央文献出版社 2000 年版。

42. 张素华等编著：《说不尽的毛泽东》（上、下），辽宁人民出版社 1993 年版。

43. 武力著：《意气风发——1956 年的中国》，中国工人出版社 2000 年版。

44. 金冲及主编：《毛泽东传》，中央文献出版社 1996 年版。

45. 陈守信主编：《毛泽东身边工作人员的回忆》，西苑出版社 1991 年版。

46. 高菊村等著：《青年毛泽东》，中共党史资料出版社 1990 年版。

47.《回忆毛主席》，人民文学出版社 1977 年版。

48. 薄一波著：《若干重大决策与事件的回顾》（上、下卷），中共中央党校出版社 1991、1993 年版。

49. 萧三著：《毛泽东同志的青少年时代和初期革命活动》，中国青年出版社 1980 年版。

50. 萧显社、王丽文著：《统帅毛泽东》，上海人民出版社 2000 年版。

51. 李蓉著：《人民民主——毛泽东的理想与实践》，中央民族大学出版社 1997 年版。

52. 董边著：《毛泽东和他的秘书田家英》，中央文献出版社 1996 年版。

53. 李智舜著：《毛泽东与十大将》，中央党校出版社 1995 年版。

54. 李智舜著：《毛泽东与开国上将》，中央党校出版社 1995 年版。

55. 吴晓梅著：《倾听毛泽东》，广东人民出版社 19993 年版。